「十三五」国家重点出版物出版规划项目

马克思主义研究译丛 典藏版

革命的马克思主义
与20世纪社会现实

Revolutionary Marxism and
Social Reality in the 20th Century

［比］欧内斯特·曼德尔（Ernest Mandel）／著

颜岩／译

中国人民大学出版社
·北京·

总　序

　　"马克思主义研究译丛"问世已逾十五个春秋，出版著作数十种，应当说它已经成为新世纪我国学术界有较大影响的翻译介绍国外马克思主义最新成果的大型丛书。为适应我国哲学社会科学繁荣发展的新形势，特别是满足马克思主义理论研究和教学的迫切需要，我们将继续加大这套丛书的翻译出版力度。

　　"译丛"在不断成长壮大，但初衷未改，其直接目的是为国内学术界乃至整个思想文化界翻译介绍当代国外马克思主义研究的最新成果，提升我国马克思主义理论研究水平，并推动建构有中国特色的哲学社会科学体系，包括学科体系、教学体系和话语体系等；而根本目的是借鉴当今世界最新文明成果以提高我们民族的理论思维水平，为实现中华民族伟大复兴的中国梦乃至推动人类文明进步事业提供思想资源和理论支撑。

　　"译丛"的鲜明特征是与时俱进。它站在巨人的肩上不断前行。改革开放后，我国学者翻译介绍了大量国外马克思主义研究成果，特别是徐崇温先生主编的"国外马克思主义和社会主义研究丛书"等，将20世纪国外马克思主义的主要理论成果介绍到国内，对推动我国学术研究发挥了巨大作用。20世纪末，特别是进入21世纪后，世界格局出现重大转折，国外马克思主义研究也随之发生了很大变化，形成了一大批新的研究成果。我们这套丛书的使命，就是要在前人工作的基础上，继续进行跟踪研究，尽快把这些新的思想成果介绍到国内，为人们研究有关问题提供参考。

　　我们所说的"国外马克思主义"是"世界马克思主义"的一部分。"世界马克思主义"有广义和狭义之分。广义的"世界马克思主义"是指自1848年马克思恩格斯发表《共产党宣言》以来的所有马克思主义，既包括经典马克思主义，也包括中国的马克思主义以及其他国家的马克思主义。狭义的"世界马克思主义"则是中国学者通常指称的"国外马克思主义"，即马克思、恩格斯、列宁等经典作家之后的中国以外的马克思主义。

160 多年来，世界马克思主义对人类社会的发展产生了巨大影响，不仅在实践上改变了世界格局，而且在思想文化上影响深远。仅从思想文化角度看，其影响至少表现在五个方面。第一，它是当今世界上最大的话语体系。如"经济—政治—文化""生产力""经济结构""资本主义""社会主义"等，已经成为世界通用的概念。不管人们是否赞同马克思主义，都离不开马克思主义的概念和分析方法。第二，它影响并带动了世界上一大批著名学者，包括卢卡奇、葛兰西、哈贝马斯、沃勒斯坦等。正是这些思想家在引领世界思想潮流中发挥着不可替代的积极作用。第三，它深刻影响了当今世界各国的哲学社会科学，包括哲学、经济学、社会学、政治学、法学、新闻学等。第四，它深刻影响了世界各国的社会思想文化和制度文化，包括文学、艺术、新闻、出版、广播、影视以及各种具有社会主义性质的制度文化。第五，它深刻影响了世界各国的大众文化，包括大众语言、生活节日，如三八国际劳动妇女节、五一国际劳动节、六一国际儿童节等。应当说，在当今世界上，马克思主义已经深入人类文明的方方面面。

160 多年来，世界马克思主义本身也在发生着巨大变化，从资本主义一统天下局面下的经典马克思主义发展到社会主义和资本主义两种制度并存局面下多种形态的马克思主义。20 世纪以来，在资本主义国家，先后出现过社会民主主义模式的马克思主义、与苏联模式相对应的"西方马克思主义"，以及近几十年来出现的"新马克思主义""后马克思主义"等；在社会主义国家，则先后形成了苏联模式的马克思主义、中国化的马克思主义，以及其他各具特色的马克思主义。

尽管世界马克思主义形态纷繁多样，但其基本的立场、观点、方法和价值指向是相同的，这就是在资本主义向社会主义转变的历史大潮中不断批判资本主义，寻找替代资本主义的更好方案，探索社会主义发展的正确道路。中国作为当今世界上最大的社会主义国家，同时也是最大的马克思主义理论翻译和研究大国，认真研究借鉴当代国外马克思主义的最新成果，对于推进中国特色社会主义事业和人类文明进步事业，都具有十分重要的意义。

世界潮流，浩浩荡荡。进入 21 世纪以来，中国的发展一日千里，世界的变化日新月异。全球发展中的机遇与挑战、中国发展中的成就与问题，都在不断呼唤马克思主义的理论创新。

从世界范围来看，全球化的深入推进、信息技术的广泛应用促使人类社会发展进入了一个全新的时代。同时，以中国为代表的新兴经济体的迅速崛起，以及世界各具特色的社会主义的新一轮发展，正在引发世界格局的重大变化。这些都为马克思主义、社会主义的发展提供了极好机遇。同时，也应当看到，尽管今天的世界是"一球两制"，但资本主义仍然占据主导地位，社会主义主导人类文明的时代尚未到来。时代的深刻变化向人们提出了一系列亟须回答的重大课题。比如，究竟应如何定义今天的时代？对此，国外学者给出了各种答案，诸如"全球化时代""后工业时代""信息时代""后现代社会""消费社会"等。又如，随着经济全球化、政治多极化和文化多元化的深入推进，人类世界交往的深度和广度都远远超越了以往任何历史时代，由此引发一系列全人类性的问题。如全球经济均衡发展、国际政治民主化、生态环境保护、人的全面发展、后现代状况、后殖民状况、多元文化、世界体系重构、全球治理等问题，越来越受到国际社会的普遍关注，也越来越多地进入思想家们的理论视野。近些年来，随着中国的发展以及资本主义世界金融危机的普遍爆发，马克思主义、社会主义又重新焕发生机，并受到世人的广泛关注。《共产党宣言》《资本论》等马克思主义经典著作又引发世界思想界乃至社会大众新一轮的研究热潮，特别是对"中国模式"的研究方兴未艾。关于社会主义、资本主义以及二者关系问题，马克思主义经典文本等的研究仍然是当代国外左翼学者普遍关注的问题。所有这些问题以及国外学者所做出的回答，都从不同方面反映了人类社会发展的时代潮流。了解这些思想潮流，有助于我们认识、研究当今中国和世界发展的问题。

从中国现实来讲，随着改革开放的深入进行，中国经济社会的发展突飞猛进，国际地位空前提高。中国正在逐步从世界舞台的边缘向中心迈进。中国化的马克思主义理论成果也不断推出。随着中央组织实施的马克思主义理论研究和建设工程不断向纵深发展，我国的理论研究与改革开放实践进程交相辉映，这使我国哲学社会科学在理论与实践、历史与现实、国内与国际、研究与教学的结合上愈加深入，愈加科学，愈加丰富，愈加具有实践性、时代性和民族性。中国思想界从来没有像今天这样朝气蓬勃而又富有创造精神。然而，也应当看到，我国的现代化建设还面临各种困难与问题、风险与挑战，如社会不公、贫富分化、权力腐败、物质主义泛滥、人文精神失落、生态环境破坏等。为解决这些发展中的突出问题，中央提出了"四个全面"战略布局、"五大发展理念"等。要把这些发展的新理念、新思想、新战略等变为现实，还需要做深入的研究。这是我们理论研究面临的首要任务。再者，我国这些年的经济社会发展成就斐然，但国际话语权还很小，这是制约我国走向世界的关键。中华民族要实现伟大复兴的梦想，就必须在未来世界文明的舞台上有所作为，不仅要解决好自己的发展问题，还要关注人类的命运。这就需要站在世界潮流的高度看问题，特别是要把握和处理好社会主义与资本主义的关系，既要做好社会主义与资本主义长期并存、相互影响的准备，又要培养担当精神，主动引领世界文明的发展，为构建人类命运共同体，最终实现社会主义新文明对资本主义旧文明的超越，做出我们中华民族的新贡献。而要赢得世界的话语权，乃至引领世界文明潮流，就需要认真总结人类现代文明发展的经验，特别是要总结中国特色社会主义建设的经验，把这些实践经验上升到思想理论和学术研究的高度，形成一套现代化的国内外人们普遍认同的价值理念、思维方式、话语体系、学术体系、学科体系等，使之能够进入世界各国的学术研究领域、教学教材体系乃至变成大众的生产生活方式。正是在这样的背景下，中央提出了构建有中国特色的哲学社会科学体系的历史任务。

作为 21 世纪的中国学者，要承担时代赋予我们的使命，就必须始终站在学术前沿，立足中国，放眼世界，不断汲取人类一切优秀的思想学术成果，以丰富自己的头脑，创新马克思主义理论，为推进中国和世界的发展提供理论智慧。

正是出于上述考虑，我们力求站在世界潮流发展的高度，结合我国现代化建设和理论研究的实际，从国外马克思主义研究的最新成果中选择有时代性、创造性、权威性、建设性的作品，译介给我国读者。这应当说是"译丛"选题的基本原则。

至于选题的内容，主要包括以下四个方面：一是有关基础理论研究成果，即关于马克思主义经典文本和思想发展史的研究成果，如关于马克思恩格斯的文本、基本观点及其发展历程的研究成果，关于国外马克思主义发展史的梳理分析，以及马克思主义中国化的研究成果，等等。这些成果的翻译引进可以帮助我们更加深入地研究马克思主义经典著作，推进马克思主义基本理论和马克思主义发展史、传播史的研究。二是有关重大理论问题研究成果，即关于人类社会发展历史、规律和未来趋势方面的新成果，如关于社会主义的发展、资本主义的走向、人类文明转型、现代性与后现代性等的研究成果。这有助于我们科学把握人类社会发展的规律、现状和趋势，推进马克思主义基本理论的创新与发展。三是有关重大现实问题研究成果，如关于经济全球化、政治民主化、生态问题、后殖民主义、文化多元主义、人的发展问题、共享发展问题等的研究成果。这有助于我们回答和研究一系列重大社会现实问题。四是海外有关中国道路、理论、制度的研究。这是近些年来国外学术界研究的新亮点，也应当成为我们这套丛书的新亮点。翻译介绍这些成果有助于我们了解国际思想界、学术界乃至国际社会对中国改革开放和现代化建设的认识，从而有助于加强与国际学术界的交流互鉴，提升我们在国际学术界的话语权和影响力。除了这四个方面之外，其他凡是有助于马克思主义研究的新成果，也都在选题之列。当然，由于所处的社会文化环境不同，国外学者的思想认识与我们的观点不尽相同，也不一定完全正确，相信读者会用科学的态度对这些思想成果进行甄别和借鉴。

为更好地完成丛书的使命，我们充实调整了顾问与编委队伍。邀请国内著名的世界马克思主义研究专家作为丛书顾问，同时，邀请国内一批著名的专家学者作为编委，还适当吸收了青年学者。这些学者，或精通英语、德语、法语、日语，或对某一领域、学派、人物等有专门研究，或对国内某一地区、某一方面的研究有一定的权威性。有这样一支语种齐全、研究面广、代表性强的老中青队伍，加之广大学者的积极支持，我们有信心把丛书做得更好。

"译丛"自 2002 年问世以来，得到我国学术界乃至社会各界同人的广泛关注和大力支持。其中有的译作在社会上产生了较大影响，对推进我国马克思主义理论学科建设发挥了积极作用。这套丛书还日益受到国际学术界的重视，不少国际著名学者表示愿意将自己的新作列入丛书。为此，要衷心感谢所有关心、帮助、支持和参与丛书工作的朋友！需要说明的是，由于这方面的研究成果很多，而我们的能力有限，只能有选择性地陆续翻译出版，有考虑不周或疏漏乃至失误之处，也请大家鉴谅。希望新老朋友们继续为丛书推荐书稿、译者，继续关心、支持我们的工作，共同为繁荣发展我国哲学社会科学和理论研究事业奉献智慧与力量。

杨金海

2016 年 6 月 16 日

于北京西单

序　言

当把一些最初独立写成的论文结集成书时，内容编排上可能会有几种不同的方式。显然，其中一种便是将所有内容仅仅按照时间先后顺序排列，另一种则是按照主题或者问题排列。我选择将本书内容分为三个大类：历史文论、列宁主义的组织理论以及马克思主义的纲领和理论方面的其他问题。在这些宽泛的主题范围内，论文按时间先后的顺序排列（列宁主义的组织问题除外）。

将组织与一种纲领性或理论性质的其他问题分开，甚至颠倒该部分所属两个篇目发表的时间先后顺序，既有实践上的原因，也有教习上的原因。专门探讨组织问题的有两篇论文，如果我将它们与其他理论作品合并，即将本书仅仅分为两个部分，结果便可能会使第一部分明显少于第二部分。因此，三个部分的结构划分是有一定道理的。

这样做也符合我编排材料时的目标，即力图使曼德尔（Mandel）较为理论化的著作在那些可能对马克思主义基本概念和术语不甚了解的读者那里并不那么扎眼。因此，较短小、较通俗的篇目出现在第一部分，以便对这些基本观点和概念进行介绍，在逻辑上紧随其后的是第二部分的第一个篇目，由于它最初以非书面的演讲形式发表，故对于那些没有任何马克思主义基本前期经验的人来说，应该更容易接受。在阅读第二个较长篇目（详尽考察了列宁政党组织概念的哲学理论基础）之前先阅读这个篇目，将有助于在第一部分较易理解的材料与第二部分较长、较抽象的论文之间形成一个过渡。

当为了再版而编辑过去的作品时——事情可以追溯至 20 世纪 70 年代初甚至更远，那时，我们所有人都意识到（由于第二波女权主义）西方语言中存在固有的性别歧视——人们可能会面临一个困境：用男性方式指代整个人类意欲何为？在本卷中，这个问题尤其凸显于 1947 年首次发表的

《托洛茨基：其人其业》（Trotsky：The Man and His Work）一文中。在这一点上，我选择不更改最初英文版原貌的方式，请读者们谨记，但凡用"他"和"男性"这样的词汇指代整个人类的地方，均源于材料写作年代的一种普遍知识倾向。在后期的著作中，曼德尔自己纠正了这一点——不仅在语言上，也在社会总体意义上承认了女性完全平等（这也是在全书所有文章中他反复强调的一个普遍主题）。

对于那些并非曼德尔所加的注释，我们将指明出处，并以"英译者注"或"编者注"的形式标出。

史蒂夫·布卢姆

目　录

导　论

　　本书中最早的一篇论文发表于 1947 年，最晚的一篇发表于 1990 年，曼德尔关于第四国际和革命马克思主义的这些著作和贡献横亘了 40 多个春秋，人们甚至可以将曼德尔在世界托洛茨基运动中的活动进一步追溯至第二次世界大战（及更早）时期欧洲的反纳粹斗争。

　　至少可以这样说，一个年轻的革命激进分子长期保有革命意识和承诺，直到成为我们所说的年迈的革命激进分子，这是十分罕见的。大多数情况下，年轻的激情会在重压于我们这个社会的无穷无尽的物质压力面前屈服，或由于斗争的困难而屈从于愤世嫉俗和道德败坏，再或成为血腥镇压（通常打击那些为人类解放而战的人）的牺牲品。

　　我们的运动因这种通常意义上的个人急速反转付出了巨大的代价。在缔造一个革命组织的过程中，一个甚至拥有十年经验的激进分子将不可避免地获取大量的实践知识。如果我们将这些实践知识与少量理论化、纲领性的理解结合起来（这些理解要么通过基本的教育性著作获得，要么在处理阶级斗争出现的具体问题时获得），便不难发现用一个新成员去取代一个失去的干部是多么困难。有多少人隶属于组织这一问题另有深意，我们还必须询问，这些人到底能够表现出多少集体意识和经验。

　　在阅读本书时，牢记这个一般性的问题是重要的（特别是作为一个活跃的革命领导者，欧内斯特·曼德尔持续 70 年之久的生命历程绝不能作为个人来称颂），确切地说，这个一般性的问题之所以重要，就在于它有助于我们理解这些论文背后的东西，这是一种对劳动人民的事业、对钻研（推动）社会变革的纲领和理论以及对半个多世纪斗争中相当丰富的经验真正意义深远的承诺。

　　众所周知，多年来曼德尔一直被视为世界上最重要的马克思主义经济学家。正如本书涵盖的广泛主题所清楚表明的，曼德尔的经历和专长并不仅仅限于经济学，其范围从 20 世纪初对罗莎·卢森堡（Rosa Luxemburg）在社会民主运动中的作用的评价到马克思主义理论在当今世界中应用的一系列讨论不等（中间涵盖夹杂着大量领域）。然而，尽管主题多种多样，但仍有大量线索可以将本书所有材料结合在一起。

同任何一位优秀的马克思主义者一样，曼德尔展现了一种真正的方法论的一致性。在许多方面，他的著作可以作为历史唯物主义最好的入门级教科书（因为它们阐明了如何自觉理解社会发展的辩证法并将之运用于生活，阐明了如何让人们运用这些辩证法更好地理解我们居存的现实，并向我们提供了关于这一现实的可能性变化的真正洞见）。从各个方面看，从研究马克思主义的方法入手，要比从不同哲学观点的抽象讨论入手更为有效（尽管继续对理论上的哲学问题进行深入研究本身，一定会使每一个激进行动者更好地理解事件在社会中的运行方式，进而增强他们分析和用行动改变现实的能力）。

在我们阅读本书时，意识到方法论的重要性具有特殊的意义。尤为突出的是，对于理论和哲学的一般性研究，这些研究能够增进我们对于现实世界现实问题具体的、共同的理解，曼德尔一生到底给予了这些研究多少关注？年轻的激进主义者通常对这个事实不耐烦，他们更愿意相信，他们针对社会不公基本的、颇为深刻的、完全合理的义愤之辞，应该足以让这个剥削和压迫的体制土崩瓦解。因此，只要有少部分阅读本书的读者能够受到鼓舞，并对曼德尔分析时所倚重的革命马克思主义的总体方法和哲学进行一种更为深入的研究，就基本达到了本书的目标。

同时，人们一定会注意到，曼德尔总是一次次回归许多特定的主题（这里所列没有特定的顺序）：纲领与活动中可以区分革命者和改良者的那些方面；一种 20 世纪革命观点的现实可行性与一切希望通过改良资本主义解决人类问题的观点的彻底乌托邦本性；革命运动认识历史真理并从各个方面表达现实的绝对必要性——即使（或者尤其是）有时候可能会令那些运用自身意识形态之斧讥讽挖苦的人不那么舒服；民主总体上在革命党内部以及群众运动中发挥的关键性作用；无产阶级革命进程中关于国际斗争与国内斗争相结合的辩证法；在革命进程的成熟期，被马克思主义者称作革命主客观因素的复杂相互关系；工人阶级的核心革命作用，然而这却不能成为拒斥其他斗争形式重要性的理由。此外，还有更多的主题。

曼德尔在这些著作中的所有近期预测，甚至是历史预测，在时间上无法一一得到验证。例如，当在《马克思主义对今日革命的辩护》（The Marxist Case for Revolution Today）中读到曼德尔关于苏联未来可能发展方式的预测时，我尤为震惊。这一预测同那个世纪苏联发展现实的比较（甚至同这篇论文完成后一个较短时期的比较），为我们提供了一个鲜明的对比（我做出这个声明时充分意识到了这一点，即苏联在接下来的岁月里所发生的事情或许正如它的近况一样，充满了急剧转变和诡异，可以想象，这甚至会迫使我在这些文字付梓之前，修改我说过的话）。

但是，这种不一致性不应令我们过于沮丧。毕竟，每一个曾经落笔纸上的马克思主义者都有过类似的失误。这是事实，因为任何试图以我们的理论知识为基础做出的预测必然是有条件的（也就是说，要受到我们做出预测的那一刻的现实条件的制约，并且要以我们对于"现实是什么以及作用其上的社会力量是什么"的有限知识为基础）。我们经常发现条件以出乎意料的方式发生了变化，大多数情况下，这是因为我们对它们的理解不够全面，对那些在表层下运行的隐藏不露的某些因素未加关注。曼德尔本人在《建立第四国际的理由及其今日缘何依然有效》（Reasons for Founding the Fourth International and Why They Remain Valid Today）一文中探讨了这个具有普遍性的问题，该问题深受托洛茨基 1940 年逝世前——关于第二次世界大战之后可能发生什么——这一预测的影响。

然而，从这一问题出发得出结论说，马克思主义的方法本身是无效的，或者否认马克思主义持续做出普遍性预测（可以作为我们日常活动的指南）的重要性，那也将是错误的。同任何科学一样，马克思主义也是这样发展的，它首先形成关于现实世界的概念，然后随着现实的展开（在这一过程中，我们可以进一步理解理论和现实）不断去发展验证它们。因此，为了思考那些我们以前不知道的事物，要努力改进我们的理论学说。

只有当人们把马克思主义想象成它最拙劣的模仿者们所鼓吹的那种形式时（如同一个包括大祭司或长老会的教会，借助经文或某种全知全能的力量，总是已经和将会为我们提供一切问题的一切答案），我们才会相信对于阶级斗争中某一特殊事件所做的错误预测会使我们的基本方法无效。人们或许同样可以认定所有的医学都是欺诈，理由是病人有时候会因为他们的医生没有预见到并发症而死亡。

马克思主义不是一个教派，这便是它能够合法地被称为科学的原因（尽管与医学相比，它的确具有更少的精确性，或许艺术也比它更为精确）。我能够确定无疑地声明，像曼德尔那样效忠于无产阶级解放事业的其他马克思主义者，将会在这些书页中找到他们并不认同的具体要点（我之所以如此确信，部分原因是我自己发现了大量这样的要点）。

所有这些都是有好处的。因为不仅我们科学的发展是通过在现实中验证知识取得的，其他科学也有类似的特点，马克思主义正是通过个体与现实不同阐释之间的积极理论（甚至是争论）斗争不断向前发展的。再强调一次，从来没有谁可以拥有一切答案，我们要么通过一种集体努力达及真理，要么根本无法发现真理。

于是，这就需要本书（或就此而论所有的马克思主义著作）的读者保持批判能力，书中所说的一切均无须不加怀疑地接受。一旦充分理解了这一点，就需要从曼德尔在这些书页中发展出的具体观念和关于世界的一般方法中学习大量知识。

第一部分

历史文论

1．托洛茨基：其人其业[*]

"无论是当前的无产阶级，还是刚刚退场的无产阶级，列宁都是［俄国］工人阶级的镜像、形象。……他从民族背景中吸取自身所需，用来实现所有伟大的历史革命行动……"于是，托洛茨基就这样刻画了布尔什维克主义的创立者，一如列宁今日之所现。除了是俄国古老过去整体局势的产物之外，即一种将独裁缺陷和自身特有流弊结合在一起的帝国主义，为了不致滋养流行于西方国家工人贵族中的和平演变幻想而发展着。列宁身上没有一点宿命主义被动论的痕迹，其他方面也不可能有这样的痕迹，作为俄国革命的领袖，他青年时就是行动派。事实上，列宁一生是这样一种最为突出的例证，即汇集人格的所有力量去实现阶级的历史目的。在1914年之前，西方工人阶级运动的领袖只是将列宁视为一个难以理解的捣乱分子，但在1914年之后，在很大程度上，他们又开始痛恨这个不安分的仇敌。

托洛茨基则有所不同。尽管童年在农场里度过，他受本民族农民力量的影响远不如帝国主义世界大都会对他的影响大，尤其是头两次流放（伦敦、柏林、维也纳、巴黎、马德里、纽约）带给他的影响。在所有伟大的俄国革命家当中，托洛茨基无疑是最具欧洲人气息、吸收西方文明最彻底的人。他把俄国工人阶级内部完好无损保留下来的革命动力注入西方文明，从而成功地使革命在20世纪达及它的最强音。

对列宁来说，行动是其生命的自然流露，从具体实际出发，他将行动铭记于大量与之不可分离的观念之上。对托洛茨基来说，行动是思想的自然实现，行动围绕着把握具体实际而展开，从来没有让它溜走过。这里仅

＊ 本文1947年7—8月间发表在美国社会主义工人党理论刊物 *Fourth International*（Vol. 8，no. 7，New York，p. 205）上。

有一丝差异，但正是这个细微差别使他们始于 1917 年的合作日臻成熟。

这两位巨匠并没有过着传奇英雄般的简单生活，就这一点，托洛茨基说，"只有不可救药的庸人才会把列宁想象成永不犯错的圣人"，他们的缺点和过失与其思想深刻的本性紧密相连。对于离开无中介的领域并将作为革命激励力量的无产阶级概念推向尽头，列宁是缄口不谈的。在列宁看来，不提前排除无产阶级政党与最终依赖农民的政党之间形成一种革命联盟的可能性，就意味着没有提前排除最快、最直接、最低风险的推翻独裁政治的道路。[1] 然而，这个错误始终存留在列宁革命气质的框架内，他将再也无法与孟什维克主义有任何共同之处，后者同样将俄国革命的特征描述为起先受到资产阶级革命界限的制约，随后将历史进程领导权拱手让给"自由"资产阶级（托洛茨基说这是不存在的，事实证明他是正确的）。列宁严格转向寻求全部"理论"问题解决方案的意愿仍显得过于死板，以至于其无法想象无产阶级直接获取权力。12 年后，当托洛茨基的理论实现时[2]，幸亏有列宁的领导，在理论和行动的必要转向上，他一刻也未迟疑，但在关键时刻他难道没有说过"这让他头晕"的话吗？

就他本人来说，托洛茨基在政治上处于与孟什维克主义相对立的另一极，长期以来因过于相信不同政治思潮可以仅仅通过知识劝诱结合在一起而误入歧途。[3] 尽管那时还很年轻，托洛茨基提出不断革命的概念确是一个天才之举，该概念成为我们理解 20 世纪绝大多数革命的关键，进而也将他同其他俄国革命家以及所有的欧洲革命家区分开来。然而，托洛茨基始终太过留恋"传统的"、不充分的西方社会民主组织形式，以至于无法理解分裂的必要性，在欧洲工人运动领袖们的眼里，分裂通常表现得很残酷。对于一切欧洲国家来说，运用布尔什维克主义的组织方法是必需的，甚至列宁自己都还没有领会到这一点。尽管在实践中为组织的和解而战，托洛茨基一生对宿命论却深恶痛绝，他并不满足于德国领导者抛出的空洞希望，即认为"革命"进程将"自动"令列宁"夸大其词的言论"消弭于无形。这就是他为什么允许自己为"八月联盟"（August bloc）这个声名狼藉的组织工作的原因，要知道，这个联盟是彻底敌视他的政治理念的。这还可以用来解释如下悖论：在强烈意志支配下的列宁为了实现他的目标，尽管在自己党内率先同中派主义的组织概念断然决裂，却长期对考茨基保有景仰。而对托洛茨基来说，那些关于欧洲工人阶级运动更为深刻的认识令他远早于列宁便参透了考茨基主义者意识形态终将破产，然而，多年来他却一直是俄国中派主义[4]组织原则的拥护者。

但是，真正的伟大人物都具备这样一种品质，这种品质可以让他们在关键时刻超越自身特定的局限性，把自己擢升到历史向他们的阶级提出的紧迫任务的高度。1917 年，无论是列宁还是托洛茨基，这种转变都是"自然而然"形成的，没有任何冲突和内部矛盾。同样，列宁一生都超人般地固守他曾经接受的政治原则，在俄国革命的第一天，他便抛弃了关于"工农民主专政"的原则（正如他所说，"事过境迁"），成为一个为无产阶级专政而战的党派信徒。作为"调解人"，托洛茨基在同一时刻以同样迅捷的速度认识到（历史的讽刺在于，正是斯大林促使他认识到了这一点），布尔什维克与孟什维克之间"不再可能"实现"统一"，进而成为"最优秀的布尔什维克"（列宁语）。只有革命本身才能以最小的困难实现这种双重转变，因为这两个真正的革命家已经感觉到并认识到，对于使他们的阶级走向胜利来说革命是必不可少的。

人们经常指控托洛茨基，说他在对待党的态度上过于野心勃勃和"私人化"，在对待同志的态度上过于傲慢。这些指控是荒唐的。当拥有高品质的心理洞察力的列宁将托洛茨基部分"关注事物管理方面"的缺点说成是一种"过于明显的魅力"时，他有着一种清晰的洞见。然而，甚至是上了年纪的安杰利卡·巴拉巴诺夫（Angelica Balabanov）（经常不过是获取一些来自楼廊碎语的花边新闻，并将之转化为历史的动力）也做出了这一颇具洞察力的评论：在革命期间，恰恰就在群众将托洛茨基举在肩上那一刻，他比以往任何时候都更能抹去性格中明显"私人化"的特征。当托洛茨基手中掌握着发动革命的所有线索时，"领袖"的傲慢恰恰比其他任何时候都离他更远。安杰利卡认为，凭借天赋的机敏，托洛茨基在最有必要（然而对大多数凡人来说认识到这一点却非常困难）的时刻，知道如何开展最严厉的自我批评。正是在这里，我们看到了性格的真正力量，这是一切伟大行动的基础。

在托洛茨基身上，丝毫没有庸俗"马克思主义"的痕迹，后者认为，人们可以像手相占卜师通过手的纹路理解未来那样利用统计学理解历史进程。远远超出了作为独立学问的"经济学"和"社会学"，托洛茨基试图捕获人类现实的方方面面，这便是他当之无愧是迄今为止最伟大的一位历史学家的原因，这也是他在"过去的完整复兴"方面比其他任何人表现得更为出众的原因，要知道这种"复兴"自朱尔斯·米什莱（Jules Michelet）时代以来就只能在梦里出现。[5]凭借他那锐利的目光，托洛茨基很快便将伟大的群众运动与政治领袖的个性、面包价格与文学报刊的语调、证券交易的变动以及沙龙中无意听到的妙趣横生的逸闻尽收囊中。他强有力的大脑就像是一个巨大的熔炉，在这里，历史的所有构成要素可以被重塑。托洛茨基著作所涉及的主题从哲学开始，中经政治经济学、应用经济学、社会学、政治诡辩术、历史学、传记、军事技术，直至新闻评论和艺术批评。如何归总这项如此广泛的事业？它仅仅是一项政治新闻事业吗？或者是一种"应用的马克思主义"吗？它确是如此，但绝不仅限于这些。它是为了人类的转变负责，对人类整体所做的一种巨大且持续的努力。它也是这样一种持续努力，即将人类活动各个阶段诉诸自觉批判，从而使它们可以在人类批判意识的指导下实现转变。

普遍的兴趣

尽管托洛茨基有着普遍的兴趣，他却游走于浅尝辄止和博采众长两个对立的极端之间。为了现实有效，这种普遍兴趣需要达成基本的一致性，需要被整合在这样一种关于世界的观念下，即认为世界永远是"生成"的，它仍将保持一种统一的样态，同时拥有清晰的轮廓。比任何其他当代思想家更专注于人类现实的多面性，托洛茨基对文件资料的运用十分准确、严密，甚至达到了迂腐的地步。同时，他的观点十分宽泛，能够脱离当前利益，把握事件的基本方向。从直接观察到的无数人类活动的现实出发，托洛茨基运用魔法雕刻家之手描绘了一系列基本轮廓清晰可见的宏伟的景象。

将托洛茨基所有著作联系在一起的"主旋律"是历史唯物主义概念。这个他熟练运用的"主旋律"并不一致，有时候，从阶级斗争这一"基本现实"出发，一直分析到精神生活最"遥远"的表现形式；另一些时候，又自信地深挖事物表层，去探寻政治和意识形态现象背后深刻的阶级根源。对于每一项任务，托洛茨基都带着极大的热情去完成，以至于他无法容忍那种对马克思主义理论粗心大意、一知半解、漠不关心的态度。在他看来，马克思主义是理解历史不可或缺的一把钥匙，多亏有了这把钥匙，他在著作中才总能够使历史活灵活现。同时，他又是马克思主义最严厉的批评者和最雄辩的预言者，之所以能够身兼两职，就是因为他对历史的理解相当出色。

在托洛茨基那里，理论与实践、思想与行动是完全一致的。列宁将无产阶级的愤慨倾泻在叛徒考茨基身上，因为这个人背叛了他们解放事业的利益和斗争。托洛茨基则用轻蔑尖刻的讽刺痛斥考茨基的思想，指出其走向没落的原因在于脱离行动，同时，一种脱离了原则的实践，也确实是堕落的。托洛茨基自身理论与行动的统一更为明显地表现在其革命策略中，并且在胜利的无产阶级军事策略中达到了它的最高表现形式。当革命领袖发现自己身处群众的最前方时，便肩负着泰山压顶般的责任，军事领袖亦是如此，另外，他们还要为麾下千万名战士转瞬即逝的生命负责。除了那些愤世嫉俗者、精神错乱者或心智混乱的杰出人物，人们在面对这样的责任时，多半仍然会暴露出他们的疑惑、信仰、意志与决断力。杰出的军事领袖托洛茨基还有另一个身份，那就是无产阶级的革命领袖。就像他懂得如何去感受历史的脉搏一样，只需敏锐的一瞥，他便能拿起一份军事地图，确定一切努力应该聚集的关键点。他行动的决心、力量以及钢一般的锐利，源于对无产阶级事业合理性的一种透彻理解和坚定信念。在托洛茨基看来，面向红军战士的演说与 1917 年 9 月在彼得格勒现代圆形剧场（Cirque Moderne）中的演说是一样的。对东南前线参谋部的指挥工作，不过是他在革命军事委员会的指导方向的逻辑延续，而这反过来又是他在党的中央委员会工作的逻辑结果。

任何试图从托洛茨基的军队演说和他对前线的看法中觅寻好战分子狂妄自大的痕迹，抑或一种险恶的"军事精神"（这种"精神"暴露出一种荒谬的纪律、枯燥的惯例以及官僚主义的方法，总体上与那种将人类视为最廉价材料去嘲弄的"策略"相连）的做法，都是徒劳无功的。与所有普通将军（包括目前斯大林的元帅在内）诉诸最低级的本能和皮鞭恐吓来保持军队凝聚力的方法相反，托洛茨基从未停止过激发被压迫者的革命意识。对于仅仅为了同资产阶级纪律相抗衡而反对战争集中协调的假革命浪漫主义，托洛茨基提出用无产阶级自觉自愿的纪律来代替它。关于这个主题，20 年后他声称："即便是在内战期间（甚至是在某场战役中），我都会想方设法地在军队中为共产党员提供充足的机会，让他们讨论所有的军事决议，正如我曾经在自传中所阐明的那样，我甚至会同士兵和逃兵们一起讨论这些决议。"既然必须在敌人的世界中临时拼凑一切事情（许多敌人他甚至不得不加以利用），又有谁能够指责托洛茨基经常没能完全实现这一点呢？必须要考虑到：思想与行动的统一涉及一种对手段与目的辩证交互作用的理解，该理解指导着每一个真正革命家的行动，尤其是通过其实现他自身阶级意识提升的愿望。

革命的军人

人们对这位革命军人形象的描绘大不相同，这不仅适用于他的政敌，也适用于他的某些崇拜者。在一幅著名的漫画中，匈牙利白色近卫军曾将托洛茨基描绘成一头端坐在巨大头骨金字塔上的红狮。另一方面，卡尔·迈耶（Karl Mayer）告诉我们，说到底，托洛茨基的内心带着某种温顺和善，这无疑源自他似乎可以洞悉万物的智慧。这份温顺在他的临终嘱咐中再次出现，在表达了对于我们的运动必将取得胜利的信念后，他补充说，他的一生都在为实现一个消除一切暴力的社会而奋斗。

怎么可能还有别的呢？在每一个真正的马克思主义者心中都有对人类的信念，没有这个信念所有的人类革命活动都将失去意义。在托洛茨基生命的最后 20 年里（那是一个在退却中战斗，同丑行、诽谤和人性不断退化作斗争的岁月），他并未落入幻想之网，他继续保持着坚定的信念，并将强大的敏锐观察力贯彻到底。他喜欢反复强调，人类从半猿阶段攀爬出来是长期的、艰苦的，但尽管如此还是取得了不少进步。对于如何去蔑视那些总是因为自己的幻想而在人类身上寻仇的悲观主义专业人士，托洛茨基再清楚不过了。他说，所有生命终归于死，但统计数字不断表明，人们并未因此就停下了迈入世界的步伐……

实际上，在所有人类活动的根基处都存在着一种牢不可破的乐观主义，这不过是人类保护性本能的另一种表现形式而已。马克思最喜欢的谚语是一句拉丁格言："人所具有的我都具有。"托洛茨基明白，一个革命领袖必须是一位杰出人物，他最出色的著作始终流露出这种乐观主义的思路，这不过是对生命的一种依恋，而对所有心智健全的人来说，这常常构成一种额外的吸引力："睁开眼睛，用一种永不屈服的批判精神去热爱生命，不要有幻想，绝不粉饰它，而总是随它去，不论它可能不得不提供给我们些什么，甚至更重要的是，也不论它可能在某时变成什么——这就是一种最高秩序的实现！"托洛茨基比其他任何人都更了解这一点。

但是，托洛茨基对人类的信念与神秘主义和非理性主义毫无关系，它不过是意识的最高形式。爱一个人就是要抓住这个人自身的本质异化，它意味着要反抗导致这种挫折的社会不平等，意味着要为人类融入无阶级社会而奋斗。在托洛茨基看来，不仅思想和行动要完全一致，思想和激情亦应如此。咄咄逼人的理性利剑由艺术的感性之火推动着，这一令人惊叹的结合被注入他的演说和著作中。同时，群众向革命方向的行进表现出庄严的韵律以及险恶警示精神的特征！工人们一听见托洛茨基说话，便立即可以感受到与他的完整交流，他们本能地信任他，因为他们感到他不仅为他们的利益辩护，而且还和他们同爱同恨、一同战斗、同甘共苦。托洛茨基并没有把无产阶级理想化，但他却可以很好地理解他们，因为他知道，不理解工人就不可能领导他们走向胜利，而要想彻底理解他们，就必须真正和他们团结在一起。

托洛茨基的全部过去和他的整个性格注定了他必将成为反对苏联新生官僚机构①的旗手，即便当他生活在克里姆林宫时，厚厚的石墙也从未将他与群众生活阻隔开来，即便在他当政期间，他还是习惯于倾听工人的幽默、批评和不满。凭借概括问题时的突出天赋，自1923年起，托洛茨基便能辨明在历史力量剧烈分化之初来自底层的不满怨言。在这个力量分化的过程中，他的地位是注定的。对于那些为了成为敌对社会力量的传动带（transmission belts）而不再自觉创建历史的人，他定会嗤之以鼻，而对于那些满足于开豪华轿车去办公室这类抱负的保守主义者，在他眼中又是多么的可怜！他自己的"抱负"包含这样一个雄伟的目标：世界无产阶级的革命解放！当克里姆林宫的政治指向偏离这个目标时，他便毫不做作地以一种相同的方式与之分离，这种方式是他毕生所熟知的，即如何让行动与信念一致。许多浅薄的批判者指责托洛茨基，说他在1923年"争夺权力"时犯了"犹豫不决"的"错误"，其实，这正是他内在本性的外在表现，即绝不违背自己的信念展开行动。官僚机构篡夺权力，这本身就是左翼反对派革命力量衰退的征兆，在群众陷于被动的时期"争夺权力"，那是冒险家和反动的旗手们干的勾当（即使这些人有时把自己掩藏在以往革命旗帜的褶皱之下）。对于那些认为"权力"仅仅来自群众革命进攻的人，在反动时期的任务显然是保留革命传统、同党的先进分子保持联系、分析"热月"（Thermidor）[6]的发展，进而在世界舞台上（包括苏联）为未来的革命高潮做好准备。左翼反对派和全世界第四国际的骨干们就萌生于这些任务，这也是他们在托洛茨基领导下马不停蹄地所要努力完成的任务。

这就是托洛茨基：他的每一个行动都是完全自觉的！当法国小说家塔塔扬斯（Tatayans）问及他的"幸福观"时，他答道："思考——书写——实现自己的思想。"于是乎，他住在巴黎的旅馆房、克里姆林宫的客厅、第三次流放的半牢房以及那个临终前的阳光牧场。对生活物质条件的变化漠不关心，在一条笔直的方向上，托洛茨基的天资变得更加成熟、思想变得更加明晰、文风变得更加充实精练。因此，他的一生本身就是一座良知的纪念碑、一座未来人类的丰碑，那时，人类将彻底摆脱物质奴役的状态，不再过和自己的本质相异化的生活。

---

① "bureaucracy"一词有多个意思，根据具体的文意，分别译为官僚政治、官僚制（度）、官僚主义、官僚机构等。——中译者注

真正的马克思主义

马克思否认他是一个"马克思主义者"，列宁对"列宁主义者"这个术语嗤之以鼻，并认为自己不过是一个"坚定的革命马克思主义者"。轮到托洛茨基，他在著作中总是谨慎地在"托洛茨基主义"这个词上标注引号，并用它指称多年来斯大林官僚主义者的布尔什维克主义。正如人们不可能对列宁主义的真正马克思主义特征存有丝毫怀疑一样，在经过一番客观审视后，人们也很少能够质疑托洛茨基主义的真正列宁主义特征。此外，正像列宁主义能够在依然保持原貌的同时，构成丰富和发展马克思主义的一个明确阶段那样，作为对马克思、恩格斯、列宁学说的一种扩展，具有自身独特品质的托洛茨基主义在今天所呈现的样态也是如此。托洛茨基主义是我们时代的马克思主义，在最深远的意义上，这是正确的。

从思想史的观点看，托洛茨基的主要功绩正在于此，即在工人运动普遍衰退，传统政党和意识形态彻底堕落的过程中真正地保全了马克思主义。他在理论层面和战术层面捍卫了列宁主义的遗产，抵制了列宁的拙劣模仿者与斯大林文士们的包抄运动（enveloping movements），从未退让一步。凭借同样坚韧不拔的精神，他捍卫了这一遗产，抵制了改良主义和中派主义虚弱却连续不断的正面进攻。

伟大的传统运动在思想上的衰落要比其在组织上的解体更为迅速和深远。反过来，1914 年欧洲社会民主主义在实践上同阶级政治的现实脱离，要早于它在理论上同革命马克思主义的彻底决裂。德国社会民主党在 1921 年采纳了一个官方"改良主义的"党纲（格尔利茨纲领），并且直到 1925 年才最终这样做（海德堡纲领）。但可以毫不夸张地说，自 1914 年起，德国社会民主党便不再关注理论了。1914 年之后出版的罕见的"理论"著作，完全充斥着对党在各阶段"策略"的经验合理性论证。堕落的社会民主党的"思想成就"包括：面对资本主义的衰退，偶尔在理论上试着为他们领袖的被动犯罪进行"辩护"、对所有革命活动进行冷嘲热讽的拒绝、公开宣布融入资产阶级"民主"、在资产阶级的攻击面前表现懦弱、对他们自己队伍的反叛不安好心。这一切的后果便是一种机械宿命论（mechanistic fatalism）和进化痴呆症（evolutionary cretinism）的混合物。就在 1929 年危机爆发前的几个月，希法亭（Hilferding）居然预测将会有一个"长期"高涨的资本主义繁荣期！——这使得读者只能在倦怠与遗憾之间作出抉择。

斯大林官僚主义意识形态的衰退仍以迅雷不及掩耳之势发生着。正像中世纪哲学成为神学的奴仆、成为教会世俗权力必要的掩饰一样，"理论"成为官僚机构欲望催动下的一个"策略"的卑屈奴仆。从列宁天才般的高度降至伟大领袖①职业辩护士笨重的脚下，"理论"从未堕落得如此低俗。斯大林主义的"理论家"（他们的唯一职责是用"经典的"语录粉饰那位非常有名的厨子为俄国和全世界无产阶级准备的辛辣盘菜）的奴态使他们自己（甚至包括他们的主子）颜面尽失。但这种彻底的意识形态无能却被历史上前所未闻的最强大的物质机构所武装，荒谬虚妄书籍的大批量生产与国家政治保卫局（G. P. U.）的适时突袭结合在一起，被证明是一种异常强大的社会力量。马克思曾说过，理论一经掌握群众就会变成物质力量。只要群众没有退出政治舞台，谎言在一个无耻机构手中就仍然是一种可怕的力量。

假如托洛茨基卒于 1923 年，情况又将会怎样？一想到这里，人们便会不寒而栗。当然，作为当代社会现实及其内在动力的一种表达，马克思主义将会由其他人维系。数十个，随后在五大洲将会有成百上千个青年理论家和策略家共同努力，按照马克思主义的观念去分析事件。但比较一下这些努力的结果，即相应得到的积极结果，便会发现白费力气和浪费时间达到了惊人的地步。只身一人，托洛茨基弥补了因缺失整整一代人而导致的工人运动史上的缺陷，这代人的精神被斯大林主义腐化，身体被斯大林主义驯服，他们在凄惨的连续挫败面前士气低落，在反动和法西斯主义浪潮的攀升过程中被彻底消灭。那些在很大程度上"扬弃"了托洛茨基主义的论战性著作已渐渐被人们遗忘，这难道不是因为作者本人在很大程度上作为"托洛茨基主义者"被处死了吗？然而，托洛茨基这一阶段的著作却被全世界数以千计的青年工人和知识分子不断研读着，因为只有这些著作才在这个人类历史的黑暗时期代表着马克思主义的传统。幸亏有了托洛茨基的这些著作，对新的革命马克思主义骨干进行教育才有了可能。在退却和反动的那些岁月里，托洛茨基保留了马克思主义，并为刚刚开始的上升时期备好了跳板。面对斯大林主义的胜利，托洛茨基习惯于相信历史的判断。在他逝世七年后，该判断在观念领域已经得到澄清——正像托洛茨基从未怀疑过的那样！

与任何经验事实的研究和系统化方法一样，马克思主义只有在不断丰

---

① 指斯大林。——中译者注

富的条件下才能坚持。任何一种固守"传统"而不努力涵盖新发展的企图（正在通过剔除唯物主义辩证法而不断再现），都必然会导致一种灾难性的理论僵化，并以理论的必然灭亡告终。托洛茨基的事业代表着这样一种唯一认真的努力，即按照马克思主义去解释近 30 年来令人困惑不安的现象：法西斯主义的发展、苏联官僚机构对权力的篡夺、苏维埃经济的曲折发展、资本主义世界令人震惊的加速衰退、无产阶级革命领导层的危机。通过对帝国主义、世界大战以及第一次革命浪潮的研究，列宁丰富和发展了马克思的遗产，他的著作是帝国主义上升时期和十月革命时期的马克思主义。落在托洛茨基肩上的重任是，在反动与反革命胜利的时期丰富马克思和列宁的遗产。因此，他会同他的前人一样，以同样罕有的清晰度、宽广的视野和敏锐的分析去延续这个传统。

保有特权的本能（个体有意识同这种本能相决裂的情况除外）赋予思想一种狭隘且不可超越的框架，凭借这一框架，一切"客观"社会研究的努力都将趋向失败。革命无产阶级思想的活力恰恰在于，它可以将人们从一切社会特权中"解放"出来，从社会的观点看，其"物质利益"同一种"无私利性"（disinterestedness）是相一致的。但工人官僚（无论是改良主义者还是斯大林主义者）反过来却成为当代社会持有特权的、保守的社会力量。正像他们通常将意识形态贬损至满足物质贪欲的水平一样，他们也使自己的思想在历史不断要求的新研究面前表现得乏味无效。西班牙内战期间传统领导层的背叛（这是用他们自身物质利益反对世界无产阶级物质利益的历史表现）就采取了这样一种完全乏力的形式，既没有理解法西斯主义的重要性，也没有理解资本主义的衰退以及能够克服这些额外障碍的无产阶级革命策略。所以，20 年来斯大林主义和改良主义"理论家"从未出版过一部著作（一些孤立的或次要的现象除外）绝非偶然。马克思主义在历史学、社会学、艺术研究、文学、心理学领域的一切丰富成果，均可以在托洛茨基门徒或曾受其精神熏陶的人的著作中找到。当然，反动时期（这个时代刚刚结束）是不利于马克思主义数量较多的一代人成熟壮大的，这一代人现在才刚刚开始叩门。然而，在第四国际的支持者和党员队伍里，我们可以发现一种对于理论研究的兴趣，他们正致力于最紧迫的思想问题的研究（历史尚未澄清的唯物主义概念的重要方面、马克思主义与心理学的关系、对历史主观因素的研究、对唯物主义辩证法的研究、试着阐明一种关于艺术和文学批评的唯物主义概念）。所有这些始于法国、印度、美国、阿根廷、巴勒斯坦的青年理论家的努力，已在利昂·托洛茨基的著作名下完成。在这些著作中，人们可以发现一个关于新研究方法的丰富思想和纲要的无尽宝藏。要阐明通过他的著作所散布出来的建议，需要整整一代人的努力，只不过幸好有他努力创建的学派，这一代人才可能继续工作并取得成功。

但是，通过研究我们时代的新现象维系马克思主义及其丰富性，仅凭这一点，并不能标示出托洛茨基在马克思主义思想发展进程中的位置。在他那个年代之前，未被系统化的马克思主义的主要部分已经存在了。

马克思的全部著作只是对社会及其转变内在倾向的科学阐释，至于自觉实现该转变和现实的无产阶级革命，他能为我们留下的仅仅是总则和大量孤立的评注，而不是系统的研究。相反，他坚决抵制任何详细阐述的"预先规划"和公式化的"一般准则"，这恰好源于这样一种清晰的理解：对无产阶级夺取政权的战略策略的详尽研究必须建立在广泛的革命经验基础之上。马克思有生之年只看到了巴黎公社沿此观念进行规划的最初成就，在这个意义上，这就是他为什么不得不把完善马克思主义的任务留给其后继者的原因所在。

就列宁而言，他在明确阐明和界划主观因素作用的问题上付出了巨大努力：党的重要性、先锋的形成、先锋与阶级的关系。这些努力同一种周密系统的斗争策略（这些策略是原则性的、现实可行的、革命的）结合在一起，在我们看来，它们在今天仍具有一种普适性，但至少直到1914年，列宁的眼界仍局限在俄国社会民主党内。然而，自第二国际瓦解之日起，他的行动范围便迅速扩大了。他成为整个世界无产阶级的导师，他关于革命失败主义的策略、革命党的建立、统一战线的策略、民族和殖民地问题的著作，还有他在俄国革命期间以及革命之后的整个实践活动，构成了无产阶级详尽阐述一项革命政策所拥有的最宝贵的学说。不过，列宁的经验却局限于俄国革命和德国革命的第一个阶段，后来的经验表明，对主观因素以及革命党的作用和政策的总体研究（这些构成了列宁对当代马克思主义的贡献），必须被一种对无产阶级革命发展内部规律、革命机制、革命党夺权策略的特殊研究补充和完善。这种对马克思主义必不可少的补充，"革命的科学"这个具有双重意义的术语，只有在比1917年更为广泛的革命经验的基础上才能被系统地详尽阐明。托洛茨基在《十月革命的教训》（*Lessons of October*）和《列宁之后的共产国际》（*The Communist International after Lenin*）中开了一个好头，在《不断革命论》（*Permanent Revolution*）、《俄国革命史》（*History of the Russian Revolution*）以及1930—1938年以德国、法国、西班牙为主题的著作中，更是简明扼要地阐述了基本要点和纲要。在第四国际纲领性的著作中，我们可以找到这一历史性重要工作的要

17

旨。因此，这些不仅代表着马克思和列宁的遗产，《共产党宣言》（*Communist Manifesto*）、《资本论》（*Capital*）、《怎么办?》（*What Is to Be Done?*）、《帝国主义论》（*Imperialism*）、《共产国际最初的四次代表大会》（*First Four Congresses of the Communist International*）中的学说，还代表着无产阶级在社会不断摇曳于革命与反革命之间的那个年代中 30 年的成败。

在革命党的缔造艺术以及革命党政治策略的原则性发展上，列宁教育了整整三代俄国工人激进分子，但直到 1917 年，他才对无产阶级专政有了一个清晰的理解。对于大多数布尔什维克党的领袖来说，他们未能吸取 1917 年 10 月的教训，更不用说那些 1919 年加入共产国际的革命激进分子了。他们以自身的个人经历为基础去理解这些教训，在战前"和平"发展年代严重脑残，在战争年代孤立无援，在战后革命浪潮中又过于迅速和喧嚣地崛起。这个先锋的后继发展完全被第三国际（始于 1923 年）的堕落（斯大林主义反对世界无产阶级最穷凶极恶的罪行）封死。不是以政治成熟度为基础选拔革命领导层，而是以对克里姆林宫的卑屈和顺从为基础来选拔。当托派人士被排挤出共产国际时，一切不得不重新开始。创建一个新的革命先锋的工作开始了，这是一个能够根据十月革命胜利和相继失败的教训行动的先锋，正是为了完成这个任务，托洛茨基投入了他一生绝大部分的时间，该任务的完成将对未来的历史进程产生最深远的影响。

缔造这一新的革命先锋，是在极为困难的条件下进行的，当时，世界工人阶级运动正被拖入一连串的失败之中。因此，它必然是一次"逆流而上"的运动。在被托洛茨基人格化的活马克思主义周围，尤其汇聚着所有那些未被失败打倒的分子，他们常常不是最优秀的，但却是最无畏的。那些由于同无产阶级联系甚密、反映着该阶级幻想和挫折感的人，没能进入我们的阵营。那些从未将自己融入群众运动的人，毫不迟疑地走向了一小撮弃儿的行列。对这一先锋的教育，更多地采取了一种文学的、学术训练的方式，因为革命策略唯一的现实课堂就是积极参与群众的革命运动。先锋由于与世隔绝，出现了大量过失，在整个退却期显出这样一些特征：过度的党派之争、宗派主义、知识分子的自以为是及其不可避免的后果、职业无产阶级性。对于任何一个健全的组织来说，内部控制工作和政治讨论都是必要的，然而这里却呈现出过于抽象的特征，几乎不涉及将策略概念按照它们在工人斗争中的具体运用进行批判性审视的情况。此外，在欧洲以及苏联和远东，法西斯主义、斯大林主义以及帝国主义的恐怖毫不留情地刈除了我们最勇敢、最有才能的骨干，进而将这支新先锋在教育和经验上的连贯性——破坏。所有这些因素在不同国家有不同的表现方式，可以概括如下：既然一个真正的革命先锋只有密切联系阶级活动才能被缔造出来，既然一个真正的革命政策只有联系群众并在群众的批判目光之下才能被详细阐发，那么，在退却期行将结束时，我们在大多数国家所拥有的就只剩下核心群体与骨干组织了。然而，战争的初次检验已经表明，这一必要准备是多么的富有成效！一些人可能已经被遗弃，各地的人类物资或许表现得过于脆弱，不少国家新的革命团体已经不得不接过火把，幸好托洛茨基在战前已经为我们提供了纲领、传统和骨干，各地的基本政策才得以制定，一条共同的路线才得以详尽阐明，相同的组织方法才得以应用。以托洛茨基详尽阐明的纲领为基础，所有那些想要缔造真正革命政党的人聚集到了一起。在工人阶级运动的历史上，托洛茨基率先开创的一个传统是，一个真正的世界领导层不仅仅是民族领导层的总和，也不仅仅是一个领导他人的组织权威。因此，早期共产国际软弱无力的其中一个基本原因或许能够避免，我们运动的和谐发展也有了额外的保障。

在第四国际成立的时候，托洛茨基曾预言，十年内其成员人数将达到100万。喜好挖苦的批评家充满敌意地分享着引用该预言的乐趣，并询问这百万党员现居何处。然而，历史预言不可能像支票那样在某一特定日期兑现。历史进程的发展比托洛茨基的预测滞后了许多，但它却是沿着同一条路线前进的。在诸如法国、印度、美国、玻利维亚这样的国家，有数以万计赞同我们观念的工人和贫苦农民，而在世界舞台上，这样的人无疑已经有好几百万了。与成就我们的事业所必需的力量相比，这些人仍然寥若晨星，但与1938年我们薄弱的力量相比，这股力量现在已经是一支令人震撼的军队了。法国工人斗争重要的第一波足以让形色各异却同样敌视我们运动的机关报——如斯大林主义的《人类》（*L'Umanità*）杂志以及亨利·卢斯（Henry Luce）的《时代》（*Time*）杂志——发现"托洛茨基的影子"正在将自身投射在事件上，仅这一点就足以让我们充满信心。

我们极度强烈地怀疑，在下一个历史阶段将会再次碰到这些批评家！

放慢速度

对于我们当前前途的展望，所有人都曾犯过错，这表现为过于机械地同1918年的情况进行类比。托洛茨基的基本观念并没有完全浸染我们，该观念认为我们不得不"要为战争、暴动、和平的短暂间歇、新的战争和新的暴动准备多年（如果不是数十年）"。然而，现在十分清楚的是，我们并不是在经历一个短暂的时期，类似于1918—1923年那个时期，在那个时期里，无产阶级的革命活力由于极度暴力和决战的接连出现而迅速耗尽。这样一个时期不会在欧洲重演，因为在那里，资产阶级史是尤比软弱，经济更是无比动摇。就无产阶级而言，已经不可能有决定性的行动了，因为它起始于一个比1918年低得多的意识水平和组织水平。在这之后，即使无产阶级对自身的力量充满信心，也不可能是进步的30年，由于已经留下了怀疑论和挫折感的危险遗产，因此只能是连续失败的25年。必须理解这个悖论：原子弹时期革命发展的步调要比首架轰炸机时期更为缓慢。然而，正是这种较为缓慢的发展节奏"将会给年轻的革命党提供考验自己、积累经验和走向成熟的机会"。我们已不再拥有托洛茨基活生生的大脑，凭着无比明晰的思想，他将更容易发现，在表面平静的海面下，强大的水流已经正在昭示着即将到来的风暴。但是我们可以把他的方法作为一个指南，他关于我们时代性质的学说让我们今天可以自信地重复他过去说过的话："历史是一部服务于我们观念的强大机器，它带着无情的故意和冷漠运转着，但它是在运转着！我们相信它。只有当它贪婪的机制吮吸我们心脏滚烫的鲜血那一刻，我们才会大声呼喊：'你正在做的事，请再快一点！'"

注释

[1] 编者注：在1917年著名的《四月提纲》（April Theses）之前，列宁相信，紧随一场俄国反沙皇革命之后出现的政体应该是一种"无产阶级和农民的民主专政"。他接受了时下马克思主义者的传统观念，即认为由于国家经济落后（这意味着极其有限的工业基础和小规模的工人阶级等），一场真正的无产阶级革命在俄国不可能发生。革命至少在它的初始阶段，将要严格承担资产阶级民主革命的任务，也就是说，要为资本主义的发展铺平道路，要为无产阶级的革命打下基础。但是，列宁也明白（与俄国社会民主运动中的孟什维克派不同），俄国资产阶级太过软弱和优柔寡断，以至于无法领导这样一场革命。于是，列宁宣称，革命将通过一种对俄国社会的彻底重组，由工人和农民沿着资产阶级民主的路线完成。

[2] 编者注：这里指的是托洛茨基的"不断革命论"。与列宁一样，托洛茨基认为俄国革命的驱动力将会是工人和农民，而不是"自由的资产阶级"。但他坚持认为，一旦他们开始启动这一革命进程，群众将不愿停留在一种严格的"资产阶级民主"革命界限内，他们将不可避免地朝着完全解放的方向前进，这与资本家阶级对经济的持续控制是对立的。与农民不同，无产阶级有一个替代资产阶级政治经济

纲领的可行性纲领，因此，即便在数量上非常弱小，他们也处于领导工农联盟的位置上。俄国经济落后且工人阶级的规模小，这是现实存在的问题，但它们可以通过俄国革命西扩至欧洲工业化较发达的国家来解决（这些国家会在俄国经济发展过程中施以援助）。

［3］编者注：在1917年革命之前的岁月里，托洛茨基既拒绝加入俄国社会民主工党中的布尔什维克派，也拒绝加入孟什维克派。他坚持认为，这两派在为运动的分裂进行辩护时，在尽力实现两派的统一时，并没有原则性的差别。

［4］编者注："中派主义"（centrism）这一术语指的是这样一种政治思潮，它尽管比彻底的改良主义激进，却对独立的工人阶级政治行动缺乏一种充分的理论理解或承诺。这使得中派主义者不可能以一种真正革命的方式行动，而只能倾向于在革命立场与改良立场之间摇摆不定。

［5］编者注：朱尔斯·米什莱（1798—1874）是一位支持穷人和被压迫者事业的法国作家和历史学家。

［6］编者注：托洛茨基曾用"热月"这个术语在法国革命和俄国斯大林官僚主义发展之间进行类比。他宣称，在这两种情形下，都是部分反革命让个人掌权，掌权者的私人利益和政治目标同群众建立革命秩序最初的目标完全相反。然而，在这两个例证中，甚至都没有出现破坏革命社会成果的情形（也就是说，法国没有恢复封建统治，俄国没有恢复资本主义）。

2. 罗莎·卢森堡与德国社会民主主义[*]

罗莎·卢森堡的真正地位仍需在革命运动的历史中进行精准定位。斯大林主义磐石般统治的瓦解意味着：尽管许多人承认卢森堡的优点，却又急忙补充说，"她属于 1914 年之前的那个时代"[1]。那些先入为主将她归为一战前的作者们，是以本质上主观的标准来看待工人运动的历史，这为他们自己的认识制造了障碍。这样一来，罗莎·卢森堡的优点就变成了（取决于作者谈论事物时的异想天开）坚决捍卫马克思主义以抵制爱德华·伯恩施坦（Eduard Bernstein）的修正主义，对群众行动和自发性原则的深度依恋，甚或是对工人民主的捍卫，以抵制布尔什维克的"无度放纵"（excesses）。

一旦我们诉诸客观标准去探讨工人运动的历史，并将历史唯物主义的黄金准则运用到马克思主义身上，困难便消失了：归根结底，是物质存在决定意识，而不是相反。为了说明国际工人运动在思想上的变化，包括那些使马克思主义本身丰富和贫困的一系列贡献，我们必须从变化了的社会现实出发。通过这种方法，罗莎·卢森堡在 1914 年之前（如果不是 1919 年之前）的工人运动发展中的作用保持了它的完整性，而没有呈现出原子化和碎片化的景象。也只有通过这种方法，而不是通过一种叙述历史和专业研究的经验方法，卢森堡在理论活动和实践活动中的至关重要性才能被充分揭示出来。

"久经考验策略"的危机

30 年来，德国社会民主党的"久经考验策略"（the tried and tested tac-

---

　　* 本文 1977 年夏发表在英国国际马克思主义组织（International Marxist Group）的理论刊物 *International*（London，Vol. 3，no. 4，p. 6）上。

tic）完全支配着国际无产阶级运动。事实上，除了巴黎公社的光荣独立（splendid isolation）以及国际工人运动（主要是无政府主义者）的部分特定经验外，阶级斗争的历史已经踩踏出社会民主主义的印记近半个世纪了。它的影响是如此之强，以至于那些实际上已经在国家层面与此传统决裂的人，如列宁和布尔什维克，仍然笃信德国模式具有普适性。

"久经考验策略"有一个一流的出身。在恩格斯生命的最后 15 年里，尽管有过重要的摇摆[2]，他却是该策略的拥护者，在"政治遗嘱"——他在 1895 年为卡尔·马克思《1848 年至 1850 年的法兰西阶级斗争》（*The Class Struggles in France* 1848—1850）一书所写的德文版"导言"——中，他甚至还付诸了真正的行动。1895—1914 年，来自这个"导言"的最著名语录无数次被所有的欧洲语言引用。从 1918 年到 1929 年，社会民主主义正是沿着这条道路前进的，这时，世界经济危机和社会民主主义自身的危机正一同终结这场无果的演练：

利用选举权为我们赢得所有席位的德国例子到处被效仿，一切自发引爆的攻击都退居台后。……200 万由它派去投票的选民同作为他们后盾的青年男女（非选民）共同构成一个最广大、最紧凑的群体，一个国际无产阶级大军中决定性的"威慑力量"。该群体已经占据在册选票总量的 1/4 强。……作为一个自然进程，它自然、有序、无法抗拒和稳定地持续增长着。一切反对它的政府干预都被证明是无效的。即使是今天，我们仍能指望 225 万选民。如果按照这个态势继续发展下去，到 19 世纪末，我们将赢得绝大部分的社会中间阶层、小资产阶级和小农，并成长为一支在国内具有决定性影响的力量，其他一切力量，无论它们喜不喜欢，都不得不在我们面前俯首称臣。我们的主要任务是，保持这种增长使其不被中断，直到它自身超出占统治地位的政府体制的控制，不要将这支每天不断增强的威慑力量在先锋战斗中消耗掉，而是要在决战日到来之前令其毫发无损。[3]

当然，我们现在知道德国社会民主党的领袖可耻地删改了恩格斯的文本，并歪曲了它的意思，用这位马克思的老战友和终身伴侣的话说，就是阉割掉了一切基本的革命性。[4]顺便提一下，上述引文是真实的。它彻底确证了"久经考验策略"的合理性：尽可能多地招募新党员，尽可能多地教育工人，在选举中尽可能多地获得选票，将新的社会合法性置于法规汇编之上（首先是工作周的缩减）——其他一切便可顺其自然地进行了："所有其他力量将不得不在我们面前俯首称臣"，我们的成长是"不可抗拒的"，我们必须"在决战日到来之前保持这股威慑力量，令其毫发无损"。

比国际社会主义运动中可敬的元老们的佑福更令人信服的是事实裁断。事实让倍倍尔（Bebel）、王德威尔得（Vandervelde）、维克托·阿德勒（Victor Adler）以及其他乐于艰辛践行该道路的实用主义者深信不疑，此后更是将之提高到《圣经》的地位。每次选举得票数都在增长，即使有时出现意外的逆转（1907 年德国的"霍屯督人选举"）[5]，接着便是漂亮的反弹：1912 年国会选举的时候，德国社会民主党获得了 1/3 的选票。工人组织的力量不断增强，并且延伸至社会生活的每一个领域，成为一个真正的"反抗社会"的堡垒，同时也刺激了阶级意识的不断发展。工资增长了，保护工人的立法增多了，贫困减少了（即使没有彻底消失）。这种趋势看上去是如此的不可抗拒，以至于不仅是它的信徒甚至是它的反对者也醉心于此。

但是，思想总是一如既往地落后于现实。所有这种"不可抗拒的趋势"实际上是国际资本主义繁荣、欧洲"产业后备军"长期缩减，特别是帝国主义通过移民对殖民地、半殖民地国家进行过度剥削的反映。20 世纪初，暂时缓解西方社会经济矛盾的资源开始耗尽，此后，加重恶化而不是逐渐缓解的社会矛盾被提上了议事日程。等待上场的不是和平发展的时代，而是帝国主义战争、民族解放战争和内战的时代。长期改良换来的却是随后 20 年实际收入的停滞甚至下滑。发展的时代结束了，革命的时代即将开始。

在这个新时代里，"久经考验策略"丧失了一切合理性。从组织原则上讲，它已经转变成一个欧洲工人阶级的死亡陷阱。那个时代的绝大多数人在 1914 年 8 月 4 日之前都没能领会这一点，甚至是列宁也因这些国家地处沙俄帝国以西而未能有所觉察，托洛茨基则显得犹豫不决。罗莎·卢森堡的优点在于，她第一个清晰系统地意识到，面对客观形势的变化（即帝国主义时代的到来），西方无产阶级运动的战略策略必须发生根本性的变化。[6]

卢森堡反对"久经考验策略"的根源

当然，最有远见的马克思主义者已在 19 世纪末部分洞察了这种新的客观形势。殖民帝国的扩张以及帝国主义发端的现象，在此范围内垄断资本政治膨胀的表现都曾被分析过。希法亭已经树立了《金融资本》（*Finance Capital*）这块卓越的丰碑，彰显了卡特尔、信托公司以及垄断组织的外貌（修正主义者曾以此为由声称资本主义将变得越来越组织化，矛盾将更加趋于缓和：这真是天下之大，无奇不有）。自从列宁在国际斯图加特代表大会（1907）上提出质疑后，波兰、荷兰、比利时和意大利的左派便更加怀疑考茨基对修正主义的让步，尤其在反对帝国主义战争的问题上更是如此。选举上的机会主义与各地区或民族群体中的自由资产阶级"战术"集团，例如德国的巴登集团[7]、比利时工人党的大多数成员、法国饶勒斯（Jaurès）的追随者等，遭到了猛烈抨击。但是，所有这些批评仍然是片面的、支离破碎的，最重要的是，"久经考验策略"并没有因为赞同一种新的战略战术方法而被废止，恰恰相反，它比以往任何时候都更加受人尊崇。

从 1900 年到 1914 年，罗莎·卢森堡是唯一一个俄国以西在新的方向上自成一格的社会主义者。这一杰出成就不仅源于她无可争辩的天赋、明晰的思路以及坚定致力于社会主义和国际工人阶级事业的精神，更重要的是，还可以由其理论和实践得以滋生和发展的历史地理条件即社会条件来说明。

作为两个社会民主党（德国党和波兰党）的领袖，卢森堡的这一独特地位使她在理解国际社会民主主义中的两种矛盾趋势时占尽了先机。一方面，存在着滑入墨守成规的官僚主义的危险，这一点在德国比以往任何时候都更为明显；另一方面，沙俄帝国内部不断涌现出新的斗争形式和方法。因此，在工人运动的策略上她主张大胆行动，这和托洛茨基的革命观点是一致的。"落后"国家再也不必将大多数"发达"国家视为自己未来的映像，恰恰相反，"落后"国家（俄国和波兰）的工人将向西方国家表明它们将不得不采取紧急的战术调整。

当然，这一点已经被某些马克思主义者预见到了。早在 1896 年，帕尔乌斯（Parvus）就已经在《新时代》（*Neue Zeit*）上发表了一篇长文，设想将"一场群众性的政治罢工"作为一种武器，以抵制一场政变阻止普选的危险。[8]这篇论文本身受到了考茨基向社会主义者代表大会第十次会议（Zurich，1893）提交的一份决议的启发，该决议是关于如何恰当回应受到威胁的普选权的。恩格斯过去也讨论过同样的问题，但所有这些均是孤立的短暂尝试，没有导致战略或战术发生变化。

罗莎·卢森堡对 19 世纪末两次震撼西欧的政治危机的深入研究也颇有助益，两次危机分别是法国的德雷富斯事件[9]和 1902 年比利时争取普选权的总罢工（general strike）。从这一双重经历出发，卢森堡表现出对"议会痴呆症"（parliamentary cretinism）的极度憎恶。此外，她更加坚信，如果群众不能提前在议会外行动的政治中、在日常的选票至上主义以及纯经济罢工中接受良好的训练，"久经考验策略"将在"决定性的时刻"失败。然而，最重要的是俄国 1905 年革命的经验使得卢森堡能够将分散的批判整合为一种对"久经考验策略"的系统批判。事后我们可以说，的确是 1905 年标志着国际社会民主主义本质上进步的作用趋向了终结，同时迎来的是一个旷日持久的摇摆期，在这个时期，昔日的进步特征日益同反动势力结合在一起，这种倾向不断地稳固增长，直至将党带入 1914 年 8 月的灾难之中。

要理解俄国 1905 年革命的重要性，我们就必须牢记，这是继巴黎公社以来欧洲所经历的首次群众性革命剧变：也就是说，整整过了 34 年！因此，非常自然，像罗莎·卢森堡这样一个充满激情的革命者，要从俄国 1905 年革命中汲取重要教训为欧洲行将到来的剧变提供参考，应该会认真研究暴动的每一处细节和所有的详尽特征。就这一点而言，卢森堡不过是紧步了马克思和恩格斯的后尘，正是后者曾对 1848 年剧变和巴黎公社进行过完全相同的考察。

1905 年革命尤其具有决定性意义的一个方面是，与社会民主党的"久经考验策略"相对立，促成了一种新的国际社会民主主义战略策略。几十年来，以无政府主义者和工联主义者为一方，以社会民主党成员为另一方，双方将少数人的直接行动与群众有组织的行动对立起来，陷入了这种错误的两极化倾向，群众有组织的行动在实践上意味着一种"和平""合法"的工作（在选举舞台上或者工会中）。然而，双方都不曾料想到 1905 年革命所导致的这种复杂事态，这一年，人们目睹了群众的直接行动，然而，这些群众却远非偶然醉心于一种自发的、散漫无知的原始状态，而是恰好通过这种群众行动的经验，把自己组织起来，进而为未来更为大胆的行动做好了准备。

因此，即使革命工联主义多年来一直使总罢工的"神话"[10]与社会民主主义的选票至上主义相对立，尽管这时一场总罢工已经在欧洲首次取得了胜利，列宁和卢森堡还是共同抓住了一个西方无法理解的事实：1905 年的剧变敲响了俄国革命工联主义的丧钟！当然，他们还应补充一点（列宁直到 1914 年才理解这一点），只有如下事实可以解释俄国革命工联主义的衰落：远非反对群众罢工或想尽一切办法去限制它，俄国和波兰的社会民主党（或至少是它们最激进的支翼）反而成为群众罢工的热心组织者和宣传者，这样便决定性地克服了"渐进行动——革命行动"这一古老的对立。[11]

　　罗莎·卢森堡被 1905 年革命的经验搞得眼花缭乱，该经验已经在沙俄帝国以西各个国家的工人心中引起了一种共鸣——从奥地利开始，那里激起了一场总罢工，赢得了普选权。在其生命的最后 14 年里，卢森堡开始持续不断地致力于将这一基本教训示教给德国无产阶级：必须放弃渐进主义，必须为再次进入议事日程的群众革命斗争做好准备。第一次世界大战、1917 年俄国革命和 1918 年德国革命的爆发都印证了她 1905 年所做的判断的准确性。

　　在 1905 年 2 月初，她写道：

　　然而，就国际社会民主主义而言，俄国无产阶级的暴动构成了某种别有深意的新事物，我们必须用全身每一根神经去感受它。我们所有人，无论多么自命不凡，都必须精通辩证法，那些为我们日常经验内的万物本性所困扰的人，始终是无药可救的形而上学者。……只有革命如火山般爆发，我们才能感受到年幼的鼹鼠所实现的迅猛且惊天动地的结果，以及他们破坏欧洲资产阶级社会脚下的基础时是多么快乐。依据选举统计数据和当地分支机构的会员人数来衡量政治成熟度和工人阶级的革命力量，就像是试图用一把尺子去丈量勃朗峰一样！

　　5 月初，她继续写道：

　　一个需要把握的要点是：我们必须理解和接受这样一个事实，即沙俄帝国的革命现状将急剧加快国际阶级斗争的发展速度，以至于甚至是在"传统欧洲"的中心区域，在不远的将来我们也将面临革命形势和全新的战术问题。

　　最后，在 1905 年 9 月 22 日的耶拿代表大会上，面对像罗伯特·施密特（Robert Schmidt）这样的改良主义的工联主义者，卢森堡大声疾呼：

> 　　直到现在，你们端坐于此聆听着许多政治性群众罢工的演说，这没有让你们觉得是在举手投降吗？你们难道不问问自己：我们果真是生活在荣耀的俄国革命时代，还是仍然生活在几十年之遥的旧时代？每天你们都能从报纸上读到关于革命的报道，每天你们都能读到快信，可是你们却显然熟视无睹、充耳不闻。……罗伯特·施密特难道没有看到我们的伟大导师马克思和恩格斯所预见的时刻确实已经到来了吗？发展演变为革命的这一刻！俄国革命恰好就在我们眼前。如果不能从中学到点东西，我们将是白痴。[12]

　　回顾往事，我们知道卢森堡是正确的。正像如果没有 1905 年革命的经验以及数万俄国工人骨干以极棒的革命学徒身份参加革命，1917 年俄国革命的胜利将无比艰难一样，如果德国工人在 1914 年前便经历了前革命或革命的群众性政治斗争，1918—1919 年的德国革命将更容易胜利。你不可能不湿脚便学会游泳，同样，没有革命行动的经验，群众是不可能获得革命意识的。即使我们不可能效仿 1905 年革命，让德国在 1905—1914 年也发生一场革命，但至少做到下面这一点是完全可能的：彻底改变社会民主主义的日常工作方式，使它的介入和干部形成机制朝着比以往更具革命性的方向发展，从而为群众与资产阶级及其国家机器间不可避免的冲突做好准备。拒绝拟订一条新路线并抱定社会主义"必然"胜利、资产阶级及其国家面对工人"平静和宁静的力量""必然"退却这一日益不现实的原则不放，德国社会民主党的领袖在这些决定性的年代里播下了龙牙，这些龙牙作为带甲勇士在 1914 年、1919 年和 1933 年纷纷崛起，让德国工人饱尝了失败的苦果。

关于群众罢工的争论

　　在这方面，我们必须对德国社会民主党 1905 年以来关于群众罢工的争论进行一番考察。这场争论的主要阶段性标识有：1905 年的耶拿大会（某种意义上是 1914 年之前最"左"的一次会议，这显然归因于俄国革命的压力）；1906 年的曼海姆大会；同年两本小册子的出版，一本是考茨基写的，另一本是罗莎写的，针对的都是"群众罢工"的问题；1910年罗莎与考茨基之间的争论；最后是考茨基与潘涅库克（Pannekoek）之间的争论。[13]

即便有些粗略，我们仍可以按照下面的方法对争论的本质要点进行一番回顾。以总罢工成功前人们必须首先将绝大多数的工人组织起来为由，进而将总罢工视为一项"总体上的蠢事"，与这种观点的争论已经有十几年了。德国社会民主党的领袖们尽管为1902—1903年的比利时总罢工所震撼，但在对其"寂静主义"（quietist）的思想做任何修正时却非常犹豫。[14]在1905年耶拿大会上，工会领导人与社会民主党领导人之间发生了冲突，与会期间，工联主义者竟然提出总罢工的支持者应火速赶往俄国或波兰，将他们的观念付诸实践。[15]倍倍尔勉为其难却精气十足地登上讲台，批评了工会领导者，在"原则上"承认了群众政治罢工的可能性。然而，在耶拿大会和曼海姆大会期间却形成了一项妥协。在1906年的曼海姆大会上，和平气氛在主要机构中得到了恢复。从那以后，只有工会首脑才能被视为"有资格""正式宣布"罢工行动（包括群众政治罢工）的人（在他们对"组织"、可利用的资金、"力量平衡"等所有问题加以考量之后）。在对俄国那场现实的革命进行了不幸的干预后，德国社会民主党的头头儿们如释重负地喘了口气，重新回到"久经考验策略"这条他们熟悉且经常讨论的道路上来。

当然，所有这些已经让罗莎·卢森堡怒气冲冲等得不耐烦了，她不过是为了让新战略战术使出致命一击等待一个最佳的时刻。1910年普鲁士国会选举刚拉开帷幕，争取普选权的激烈争论便开始了。群众要求行动，罗莎·卢森堡组织了十几个由数千工人和激进人士资助的群众性集会。警方关于集会的禁令引发了一场小冲突，最后，20万人在柏林特雷普托公园举行了一场重要的游行示威。但是，德国社会民主党的领导层对这些"骚乱"大为恼火，如躲避瘟疫般唯恐避之而不及，与此同时，为他们1912年能够积极干预选举而倾力准备着。于是，骚动被扼杀在襁褓之中，这一次，"正统马克思主义的捍卫者"考茨基亲自出马，操起棍棒舞向左派，在理论上和政治上对其组织机构展开了斗争。他创作了不计其数学究味十足的文章和小册子，所有这些首先暴露了他根本没有理解群众运动的发展态势。[16]

乍看上去，一种关于联盟的反转出现了。世纪之交，在以倍倍尔和辛格（Singer）为核心的党组织领导下，卢森堡和考茨基（左派和中派）反对以伯恩施坦为首的修正主义少数派的斗争曾一度受阻。1906年曼海姆大会上，尽管工会组织倒向了修正主义阵营，倍倍尔—考茨基—卢森堡联盟却比以往任何时候都更强大。那么，我们应如何解释这种联盟体系内的突然反转呢？在 1906 – 1910 年这四年间，到底发生了什么事情？事实上，关于问题的社会政治现实同它们的表象完全不同。倍倍尔和党组织在 1910 年仍同 1900 年一样迷恋于"久经考验策略"，他们在本质上是保守的，也就是说，他们是工人运动内部赞同维持现状的人（没有丧失他们的一切社会主义信念和激情，但却将之移至遥远的未来）。伯恩施坦和修正主义者威胁说，要打破"久经考验策略"（即日常的改良主义实践）、社会主义宣传、群众对社会主义的希望和信念、党内团结以及党群团结之间的微妙平衡。正是由于这个（本质上是保守的）原因，倍倍尔和党组织反对他，为的是不让他们的美梦破灭。

然而，1905 年革命以及帝国主义对德国自身阶级关系的影响加重了工人运动内部的张力。当一种分裂的可能性在耶拿大会之后出现时，倍倍尔、埃伯特（Ebert）和沙伊德曼（Scheidemann）显得更愿意支持组织的团结，而不是激进化的工人的团结——这便是他们所解释的"组织的首要性"。从那一刻起，整个党组织便与左派决裂了，因为如今正是左派不仅在理论上也在实践上（真是恐怖中的恐怖）要求抛弃"久经考验策略"，木已成舟！

只有一个悬而未决的问题，那就是考茨基的立场，他是会站在党组织一边反对左派，还是会站在左派一边反对党组织呢？1905 年革命之后，考茨基顷刻间偏向了左派，但一个重要事件决定了他的命运。1908 年，他完成了《取得政权的道路》（*The Road to Power*）这本书。在书中，他仔细研究了自恩格斯 1895 年那篇著名序言之后始终悬而未决的一个问题，即人们究竟应该如何经由赢得绝大多数工人群众（用"久经考验策略"）过渡至社会主义和夺取政权本身。考茨基的原则是温和的，不含任何革命躁动之情，废除君主专制的问题并未涉及（他反而适度提及"帝国及其成员国的民主化"）。但即便如此，对于那些目光短浅、保守和官僚化的"党的执行委员会"（Parteivorstand）来说，这本小册子还是包含了太多的"危险词句"。"革命"的可能性被提到了，它甚至暗示，"没有人会天真地设想我们将会不露声色地、和平地从一个军国主义国家过渡到民主主义国家"。这是"危险的空谈"，它甚至可能会"挑起一场诉讼"。因此，党的执行委员会决定将这本小册子销毁。[17]

接着发生的悲喜剧决定了作为一个革命家和理论家的考茨基的命运，他向党的指挥委员会发出请求以谋取支持，然而倍倍尔仍然无动于衷。

于是，考茨基同意屈从于党的审查机构并阉割文本本身，他审查了一切可能引起争议的地方，以至于彻底篡改了文本，这整件事表现出他作为一个完全懦弱的个人毫无人格力量。即使在这个时期，人们也能瞥见这样一些苗头：他在未来与罗莎·卢森堡的决裂、他的中派主义、他作为一个共产党的官员在 1910—1912 年的争论中所起的作用、他在 1914 年卑鄙的投降等。

对于考茨基和所有的中派主义分子来说，取得政权的斗争以及将革命重新整合到一种完全以日常改良主义为基础的策略中去这个问题是一场严峻的考验，这绝非偶然。实际上，自 1905 年以来这个问题就是国际社会民主主义运动中的一个关键问题。

对《取得政权的道路》一书初稿的分析表明，考茨基中派主义的基础甚至在他的官僚主义之斧落下之前就已经存在了。尽管考茨基敏锐地分析了那些导致阶级矛盾渐增的因素（帝国主义、军国主义、缩减的经济扩张等），他的基本哲学理念仍是"久经考验策略"：工业化和资本集中是为我们工作的，我们的崛起是不可避免的，除非某种不可预见的事情发生……这就是考茨基的推理，抛弃消极宿命论的观念只有在"我们的敌人承认犯下愚蠢错误"的那些场合（一场政变或一场世界大战）下才予以考虑。毕竟，自帕尔乌斯在 1896 年最初提出这个问题以来，就没有过丝毫的进展。

革命罢工和群众暴动在考茨基的《取得政权的道路》一书中显得无足轻重。甚至是俄国革命，也不过是被引证用来表明它在东方开启了一个革命时代（这是正确的），因为东方革命时期帝国主义的相互冲突将会对西方的社会状况产生深远影响（这也是正确的），同时也无疑会加重紧张关系并增加资本主义社会的不稳定性。但是，在俄国革命所引发的不稳定性的客观影响与它对西欧无产阶级群众运动的革命影响之间，他没有进行任何的关联。政治的主动性、主观因素、积极成分（active element）——这些完全被断送了。"等待你的敌人犯错误，完全凭借组织手段为决战时刻（zero hour）做好准备，注意把主动性留给敌人"——简言之，这就是考茨基中派主义的所有智慧！后来，这一点被匈牙利马克思主义者更加深刻地揭示出来，直到 1934 年，他们才遭遇到灾难性的失败！

在这场关键性的争论中，罗莎·卢森堡的优势在每一个方面都清晰地展现出来。凭借统计数字枯燥的生搬硬套，考茨基论证了他关于"革命从来不会过早爆发"的观点。卢森堡则反向提出一种关于条件不成熟的深刻见解，即认为每一次无产阶级革命都将在它分娩的阵痛中被知悉：

> 这些无产阶级的"过早"发展本身构成了它们自身的一种非常重要的因素，这将催生出最终胜利的政治条件，因为无产阶级如果不在长期艰苦的革命烈焰中得到锻炼，便无法达到完成最终颠覆所必需的政治成熟度。[18]

卢森堡早在 1900 年就已经写下了这些文字，正是在这里，她开始确切阐述一种主观条件理论的第一原理（first elements），该原理是革命胜利所必需的。然而考茨基却仍然迷恋于一种纯粹客观条件的检验，在某种程度上拒不承认卢森堡所提出的问题！凭借着对群众生命和热望的深切同情以及对群众情绪和行动动态的敏感把握，早在 1910 年的争论中，卢森堡便提出了 20 世纪无产阶级策略的关键问题，即认为期待群众战斗性的持续高涨是徒劳无益的，另外，如果群众由于缺乏成效和领导层而受挫，他们将再度陷入被动之中。[19]

当考茨基宣称，一场"足以让所有工厂停下来"的总罢工的成功依赖于所有工人的初步组织时，他便将"组织的首要性"推向了荒谬的极点。历史已然表明，在这场争论中，考茨基是错的，罗莎·卢森堡是对的。我们已经知道，尽管只有少数工人被组织起来，许多总罢工却已经成功令一个现代国家的整个经济和社会组织陷入瘫痪。法国 1968 年 5 月发生的事件不过是对一个过去的经验最近的一次确证。

如果卢森堡被指责要为"自发性理论"（theory of spontaneity）负责（这一点远未被证实），那么，在她关于革命剧变期必然存在群众自发主动性的论断中定然找不到（在这一点上，她百分之百正确）根据，在那些相信自发主动性将足以满足革命胜利需要的幻想中也定然找不到根据，在甚至认为这一主动性本身可以催生出一个引导革命走向胜利的组织这一论断中更是找不到根据。卢森堡从来不用为当代自发主义者所钟爱的这些幼稚误解而承担罪责。

"群众政治罢工"在罗莎·卢森堡的观点中之所以占据如此独特的地位，其原因在于，她在里面发现了群众为了行将到来的革命冲突而受教育、做准备的必要手段（更好的情况是，教育他们并创造条件使他们通过自我活动进一步完善教育）。尽管卢森堡没有详细阐明这种过渡要求（transitional demands）策略，却从过去经验的总和中得出了如下结论：必须同选举斗争、经济罢工以及"为社会主义"的抽象宣传这样一些日常实践决裂。在她看来，群众政治罢工是从那个贫民窟中实现突围所必需的手段。

对抗国家机器、提高群众的政治意识、革命的学徒身份……所有这些都是从一个清晰的革命观点（在一个相对短的时间内预测革命危机）出发所能看到的。如果说正是列宁在确信俄国革命现实性的基础上创立了布尔什维克主义，并且只是在 1914 年 8 月 4 日之后才将这一观念扩展到欧洲其他地区，那么，正是卢森堡应该获此殊荣，她直接在 1905 年第一次俄国革命之后，便以与西方自身相同的革命危急形势为基础，第一个构想出一套社会主义策略。

当考茨基反对卢森堡的观点，声称"有组织的群众自发运动常常不可预测"，因而对一个"革命党"充满危险时，他便暴露出一个小官僚主义者的思想方法，即认为一场"革命"必将按照一份周密的计划日程表展开。罗莎·卢森堡千百次正确地反驳这一观点，她指出，一个像 1905 年俄国和波兰的社会民主党那样的革命党，正是因为理解和把握了这种群众自发性不可避免的、健康的进步特征，才将自己同其他党派界划开来——为了将其活力与革命目标联系起来，党已经规划出这个目标，并将它应用在组织上了。[20] 这让斯大林主义官僚机构中顽固的保守派再次翻出反对卢森堡的陈年往事，这些失实的指控责怪她对 1905 年革命进程的分析"过于强调"了群众的自发性，"对党的作用关注不够"。[21]

事实上，卢森堡对工人运动中官僚机构在革命危急关头所起的作用有一种现实的——不幸预言式的——远景，关于这一点，她在 1905 年 9 月耶拿大会的讲话中就已经公开言明了：

先前的革命，尤其是 1848 年的那些革命已经表明，在革命形势下，必须被限制的不是群众，而是议会的保民官，要阻止他们背叛群众。[22]

在饱受 1906—1910 年的痛苦经历后，当 1910 年再次回到相同的主题时，卢森堡表述得更为准确：

如果革命形势实现了完全高涨，如果战斗的浪潮异常强烈，那么党的领袖将会发现他们找不到有效的制动器，群众将会把阻止这场风暴的领袖推至一旁。这可能将来某一天在德国发生。但我并不认为出于社会民主主义的利益，按照这个方向前进是必要的或可取的。[23]

罗莎·卢森堡事业的一致性

在卢森堡"宏大计划"的背景下——促使德国社会民主党抛弃"久经考验策略",为她所判定的即将发生的革命斗争做好准备——她的全部活动实现了完美的统一。

卢森堡的帝国主义分析不仅与自治的理论观念相符,尽管这些观念是真实的[24],还旨在全方位地揭示资本主义世界(尤其是德国社会)矛盾恶化的其中一个主要原因。同样,国际主义不仅仅是一个为了宣传或多或少有点柏拉图式的主题,而是被视为具有两种必要的功能:罢工的日益国际化以及为工人阶级反对行将到来的帝国主义战争做好准备。以一种革命的观点和战略的选择为指导,卢森堡在国际社会民主主义下从事了 20 年的国际主义运动,就像她为了"群众政治罢工"而从事的活动以及对帝国主义的深刻分析一样。

卢森堡反对军国主义和君主主义的活动也是如此。与普遍持有的观点相反,该观点有时甚至由富有同情心的评论员再三重复[25],罗莎·卢森堡反对军国主义的活动不仅是她"憎恶"(或她对战争"恐惧")的一种表现,还是她准确理解"一场社会主义革命即将获胜,因而资产阶级国家必然灭亡"的结果。早在 1899 年,她就在《莱比锡人民报》(*Leipziger Volkszeitung*)上写道:

资产阶级国家的政权和统治以及资本家阶级都热衷于军国主义,同样,社会民主党是唯一一个由于原则上的原因而反对军国主义的政党。因此,反对军国主义的这种原则上的斗争恰恰是社会民主主义的本质。放弃同军国主义制度进行斗争,在实践上将只会导致放弃反对现存社会秩序的斗争。[26]

一年后,在《改良还是革命》(*Reform or Revolution*)中,评论义务兵役制的那个部分,她简洁地重复道,如果这为人民的武装准备了物质基础,它是这样做到的,即"在现代军国主义的伪装下,通过军国主义国家(国家的阶级本质)对人民的统治这一最为突出的方式表现出来"。这些鲜明清晰的原则表明，有一条鸿沟横亘在她与伯恩施坦不着边际的漫谈以及考茨基关于"帝国民主化"律师般的空谈面前。

因此，我们便能立刻体会到，当卢森堡发现正是那些指责其"冒险主义策略"[27]的改良主义者们自己"拿着工人的鲜血去冒险"，并于1914年8月之后在千倍规模上倾洒着工人的鲜血（不是为了他们自身的事业，而是为了他们的剥削者的事业），一股强烈的怒火便在她心中挥之不去。这促发她对德国社会民主党做出了一个尖刻的判定："社会民主党不过是一具发臭了的死尸，德国社会民主党人是世界上有史以来最大、最无耻的罪犯。"[28]

那么，罗莎·卢森堡在历史上有何定论？无论从哪一点来看，她对俄国布尔什维克和孟什维克的互赏都是错误的。她曾经反对列宁的"超级集中制"（ultra-centralism），却又能够在她自己的地下组织波兰工人党中容忍利奥·约吉希斯（Leo Jogisches）的铁腕体制。她倾向于通过先锋对社会主义学说的吸收为革命做大量储备，这便低估了锻造工人阶级干部的必要性，因为正是这些人真正能够指导那些仅仅在革命时期才会政治化并进入历史舞台的广大群众。基于同样的原因，1907年之后她并没有投入精力在德国社会民主党内筹建一个极端派别或有组织的左倾小团体（在通过一种历史范围内的明显背叛使得德国社会民主党领导层的背信弃义不可避免地暴露在群众面前之前，一个新政党的形成当然是不可能的）。年轻的斯巴达克团（Spartakusbund）以及后来的德国共产党，由于没能运用这十年建立一个真正的领导班子，而付出了惨痛的代价，进而被迫在革命期间重新担负起这项任务。

然而，所有这些问题都寓于支配卢森堡一生的伟大斗争这一背景之下。罗莎·卢森堡确实在德国，正因为如此，对于识时务者和官员们的社会民主机构，她才会表现出越来越严重的鄙视和怀疑。对于他们的罪行，她比列宁知道得更早、更清楚。直到1914年，列宁才接受了她关于德国社会民主党的意见，才推出悲剧的基本历史教训——要确保胜利，仅仅建立一个"强大的组织"是远远不够的。我们需要的是这样一种组织，它的纲领以及在干预阶级斗争过程中对纲领的日常应用，将确保党在革命时期成为无产阶级的主要推动力量，而不是成为官僚机构的刽子手。直到1918年，罗莎·卢森堡才转而达到了列宁的结论。只是到了那个时候，她才领悟到建立一个革命先锋组织的必要性，同时也深深地理解了盲目相信群众创造性，或是盲目相信群众拥有自发抛弃社会民主党官僚的能力，是远远不够的。

总的说来，当代革命的马克思主义亏欠罗莎·卢森堡一笔巨债。卢森堡是第一个规定并开始解决革命马克思主义战略策略核心问题的马克思主义者，仅此一点，便可确保无产阶级革命在帝国主义的中心地带取得胜利。

注释

[1] 这一点尤其是迄今为止卢森堡最完整的传记（*Rosa Luxemburg*, London：Oxford University Press, 1966）的作者 J. P. 内特尔（J. P. Nettl）的看法。内特尔一方面将大量细节同常常令人印象至深的部分事件判断结合在一起，另一方面却又对无产阶级策略、群众运动和革命观点的一般问题全然不知，后者恰恰是罗莎·卢森堡整个一生的核心关切。

[2] 因此，当战争的危险在 19 世纪 90 年代首次被提出时，恩格斯宣称，倘若战争爆发，社会民主党将被迫夺取政权，同时，他还表现出对该过程灾难性终止的担忧。在同一封写给倍倍尔的信中，他这样表达他的信念，"我们将会在本世纪末掌握政权"（Letter to Bebel, October 24, 1891）。在这之前的一封信（1891 年 5 月 1 日）中，他对倍倍尔计划删改《哥达纲领批判》（*Critique of the Gotha Programme*）的出版进行了抨击，同时谴责了对党内批判（讨论）自由的攻击（August Bebel, *Briefwechsel mit Friedrich Engels*［Paris：Mouton & Co., 1965］, pp. 417, 465）。

[3] Engels, *Selected Writings*, ed. W. O. Henderson, pp. 294 - 296. 英译者注：在寻找这段引文英语读者最易于接受的出处时，我们转向了亨德森（Henderson）编写的关于恩格斯著作的塘鹅（Pelican）版，这个版本恐怕是目前得到最广泛阅读的恩格斯英译本之一。但是 1967 年版本中的一处译文却可以追溯至 1937 年的伯恩斯（Burns）。这处译文完全疏漏了一个重要的段落："一切自发引爆的攻击都退居台后。"显然，欧内斯特·曼德尔对改良主义者——甚至是在 1937 年，认为仍有必要歪曲和篡改这位"马克思的老战友和伙伴"——太过仁慈了。

[4] 恩格斯在 1895 年致考茨基的信中说道："使我惊讶的是，今天我发现，《前进报》（*Vorwarts*）事先不通知我就发表了我的'导言'的摘录，在这篇经过修饰整理的摘录中，我是以一个爱好和平的、无论如何要守法的崇拜者出现的。我特别希望'导言'现在能全文发表在《新时代》上，以消除这个可耻印象。"

以法律制裁的危险为托词，倍倍尔和考茨基拒不听从恩格斯的建议，恩格斯自己也被巧言蒙骗，不再坚持"导言"的完整再版，这项工作直到 1918 年通过另一个国际（共产国际）的斡旋才得以实现。

[5] 英译者注：1907 年的所谓霍屯督人选举使德国社会民主党遭受了一场始料未及的挫折。由于选举后的若干年里，群众生活水平和社会立法机构的地位得到了空前的提高和发展，一般认为，德国社会民主党的选票将会增加。然而，当帝国首相布洛（Bulow）解散德国国会时，他是为了玩这样一个把戏，即规训天主教的"中央党"（Center Party），创建一个不依赖于"中央"的国会联盟。选择的战场是西南非游击活动的问题，尽管布洛运动的表面目标是中央党，事实上，他极度排外的运动却向德国社会民主党发起了进攻。

正如欧洲历史上经常发生的那样，社会主义运动被工人阶级中那些由资产阶级煽动家所鼓动的沙文主义和爱国主义巨石压得粉碎，德国社会民主党也遭受了重要的逆转，席位由 81 个锐减至 53 个。然而，尽管对德国社会民主党来说这是一次明显的挫败，它的实际票数却增长了 24 万，这一事实表明，它的潜在力量在不断增长（在更大程度上，席位的丧失是反社会主义联盟以及德国选举进程的变数造就的，并非源于群众支持率的任何真实下降）。必须牢记这一重要观点，官僚联盟在今后若干年里拒不组织一种对政府的彻底抵抗，主要原因之一便是"力量平衡"这个神圣问题。

[6] 托洛茨基在《总结与展望》（*Results and Prospects*，1906）中几乎重复了罗莎·卢森堡的观点，强调了社会民主主义日益保守的特征。然而，由于在俄国社会民主工党的派系斗争中采取了调和的态度，他在 1908 年投靠了考茨基，并在关于"群众政治罢工"的争论中支持考茨基，反对卢森堡。1910 年，列宁在卢森堡与考茨基的斗争中采取了一种非常审慎的态度，试图阻止考茨基与孟什维克党人结成联盟。在论文《两个世界》（Two Worlds）中，他断言，马克思主义者之间（不仅指卢森堡和考茨基，还包括倍倍尔）的差异仅仅是战术上的，归根到底具有较少的分歧。他高扬了倍倍尔的"谨慎"，并为他的论点进行辩护，认为让敌人在战争之初占据主动更好。（Lenin，*Collected Works*，Vol. XVI ［Moscow：Progress Publishers，1978］，pp. 305-313.）

[7] 英译者注：要理解德国社会民主党的退化，就必须理解 19 世纪至 20 世纪在德国发生作用的各种条件。德国南部的情况与普鲁士差别很大，在那里，权力建立在保守地主和自由职业阶级的联盟基础之上，这种联盟呈现出一种与容克统治下军国主义的普鲁士国家完全不同的形象。因此，自 20 世纪初以来，巴登社会民主主义团体便不仅将议会用作宣传的讲坛，更是将它作为阻碍反对天主教"中央党"的自由党人进行某种社会变革的工具。自那时起，改良主义者退化的步伐加快了，代表们不久便宣布放弃甚至是传统社会民主主义的反抗姿态，并中止了投票反对预算报告的活动。

[8] 这篇题为《军事政变与政治总罢工》（Staatsstreich und politischer Massen-streike）的论文最早发表在《新时代》杂志上，后又在文集《关于群众罢工的辩论》（*Die Massenstreikdebatte*，Frankfurt：Europäische Verlagsanstalt，1970，pp. 46-95）中再版。

[9] 编者注：1894 年，法军上尉阿尔弗雷德·德雷富斯（Alfred Dreyfus）被军事法庭误判为叛国罪，丢掉了军衔，并被囚禁在恶魔岛上。反犹主义在这场反对他的运动中发挥了重要的作用。作家埃米尔·左拉（Émile Zola）发起了一场抵制不公正的运动，作为这场运动的一部分，1898 年他写下了著名的论文《我控诉》（J'accuse），德雷富斯最终被判为无罪。

[10] 英译者注：作为一种"神话"的总罢工观念主要源于革命工联主义理论

家乔治·索雷尔（Georges Sorel）的著作。在《关于暴力的反思》（*Reflections on Violence*，1906）一书中，索雷尔刻画了总罢工的神话特质："社会主义整体上是由神话构成的，例如，大量可以本能勾起赞同战争不同表现形式的一切观点的想象，都被社会主义拿来反对现代社会。"因此，总罢工并没有使工人阶级转向社会变革的林荫大道，而是让阶级间的"裂痕"（cleavage）成为现实，让个体冲突转化成了纯粹的阶级战争。总罢工成为无产阶级向自为阶级转变的重要契机，因此具有这样一种重要的神话特质，即围绕"一个民族、一个政党、一个阶级打转的所有最强烈的倾向"。因此，索雷尔在革命行动和"中间阶级"的社会民主改良主义之间设置了明显的对立。参见 Sorel, *Reflections on Violence*（New York：Collier Books，1950），pp. 124−126 and 133−135。

[11] 早在《改良还是革命》中罗莎·卢森堡就曾写道："正是伯恩施坦相信这样一种可能性，即认为资产阶级议会的农家庭院将在历史上带来最难以置信的社会变革——从资本主义社会过渡到社会主义社会。"

卢森堡对议会制度（parliamentarianism）的批判以及对资产阶级议会衰落的分析始于 1900 年，至今仍保持着其清新性和重要性，在 1914 年之前，西欧还没有哪个马克思主义者的著作拥有这样的地位。以同样的方式，卢森堡解释说，正是法国工人阶级对"饶勒斯主义"（Jauressist）议会制度的幻想，导致了法国革命工联主义力量的不断增长。（参见卢森堡 1905 年 12 月 5 日和 6 日发表在 *Sächsische Arbeiterzeitung* 上的论文——Rosa Luxemburg, *Ausgewählte Reden und Schriften*, Vol. I［Berlin：Dietz Verlag, 1955］, p. 196。）

[12] 这些引证源于《新时代》上发表的一篇论文《首义之后》（Nach dem ersten Akt）（in the *Sächsische Arbeiterzeitung*）以及卢森堡在耶拿大会上的演讲（参见 Rosa Luxemburg, *Ausgewählte Reden und Schriften*, Vol. II［Berlin：Dietz Verlag, 1955］, pp. 220−221, 234−235, and 244）。

[13] 关于这一争论，安东尼娅·格鲁嫩贝格（Antonia Grunenberg）在她的《关于群众罢工的辩论》（*Die Massenstreikdebatte*, pp. 5−44）导言中作了很好的总结。

[14] 例如，1903 年发表在《新时代》上的论文《矿工罢工的教训》（The Lessons of the Miners' Strike）。

[15] 罗莎·卢森堡 1905 年 9 月 21 日在耶拿大会上的演讲（*Ausgewählte Reden und Schriften*, Vol. II, pp. 240−241）。

[16] 尤见考茨基的论文《下一步怎么办》（What Next, *Neue Zeit*, 1910），在这里，他区分了"先发制人的防御性罢工"和"攻击性罢工"（有别于罗兰−霍斯特在关于大罢工的著作中的一些提法），"经济的"和"政治的"罢工，消耗策略与推翻策略，等等。（*Die Massenstreikdebatte*, pp. 96−121。）

英译者注：关于近期英语世界整体讨论的概况，参见 Perry Anderson, "The Antinomies of Antonio Gramsci," in *New Left Review* 100（November 1976—January 1977），pp. 61—66。

［17］参见由 Editions Anthropos（Paris, 1969）发行的《取得政权的道路》，在这个版本的导言和附录（一封通信）中，这个令人沮丧的事件被昭告天下。

［18］Rosa Luxemburg, *Ausgewählte Reden und Schriften*, Vol. II, p. 136.

［19］Ibid. , pp. 325—326, 330. 这些均摘自一篇发表在 *Dortmunder Arbeiterzeitung* 上的题为"Was Weiter?"的文章。

［20］这不过是一个由斯大林主义者散布，并被今天的自发主义者"天真"复述的诽谤，即认为罗莎·卢森堡将 1905 年革命的"一切功绩"尽归于"无组织的群众"，矢口不提俄国社会民主工党的作用。这里恰好有一段引文可以用来证明相反的观点："即使在起义的第一时刻领导权就落入机会主义领袖的手中，即使起义明显被各种类型的幻想和传统困扰，起义仍是俄国社会民主党的男男女女通过地下活动在俄国工人阶级内部深入展开政治教育的结果。……在俄国，正如世界其他地方一样，自由和社会进步的事业掌握在觉悟的无产阶级手中。"（February 8, 1905, in *Die Gleichheit*——*Ausgewählte Reden und Schriften*, Vol. I, p. 216.）

［21］参见 Fred Oeissner 所写的罗莎·卢森堡传记（Berlin：Dietz Verlag, 1951），尤其是第 50～53 页。

［22］*Ausgewählte Reden und Schriften*, Vol. I, p. 245.

［23］"Theorie und Praxis"（*Neue Zeit*, 1910），再版于 *Die Massenstreikdebatte*, p. 231。

［24］罗莎自己评论说，在《政治经济学导论》（Introduction to Political Economy）一文中，在说明阻碍剩余价值实现的因素时，她遇到了难题，于是便有了写作《资本积累》（The Accumulation of Capital）一文的计划。

［25］值得注意的是，安东尼娅·格鲁嫩贝格在《关于群众罢工的辩论》一书导言（第 43 页）中坚持认为，潘涅库克在夺取政权的策略概念上，在同资产阶级国家政权斗争的问题上，径直既反对了卢森堡，又反对了考茨基。

［26］*Ausgewählte Reden und Schriften*, Vol. I, p. 47.

［27］Ibid. , p. 245.

［28］关于该纲领的演讲发表于德国共产党的成立大会上（*Der Gründungsparteitag der KPD*［Frankfurt：Europäische verlagsanstalt, 1969］, p. 194）。特别是她怒气冲冲地指出，德国社会民主党的领袖们在 1918 年停战后试图利用德国士兵在波罗的海国家反对俄国革命。

3. 托洛茨基的经济观点与今日苏联[*]

随着官僚主义的苏联陷入混乱，对于重振社会主义的规划来说，托洛茨基和左翼反对派的经济纲领具有必不可少的指导意义。这就解释了为什么对于自由派来说，"新布尔什维克"是当前的主要敌人。

那些由斯大林和新斯大林主义者全力抛出的反对利昂·托洛茨基的无耻诽谤，今天在苏联毫无疑问已经被抛弃了。在托洛茨基遇害 50 周年纪念日前夕，官方的日报《消息报》（*Izvestia*）庄严地公开承认，列夫·达维多维奇（Lev Davidovich）是一位伟大诚实的革命者，苏联重要的创始人和领袖之一。其他报纸透露说，1922 年列宁曾两次举荐托洛茨基，由他出任人民委员会副主席，一旦自己生病或去世，即由他作为指定的继承人。

但这并不是说，我们运动的创始人名誉的恢复标志着人们对他那种反斯大林的政治纲领持一种认可态度。恰恰相反，在当前苏联的媒体和社会科学圈里，敌视列宁主义、马克思主义、十月革命的新社会民主主义和新自由主义统治着一切。在这些思潮看来，托洛茨基仍然是意识形态上的敌手，托洛茨基主义仍然是政治上的宿敌。

然而，真正危如累卵的却是苏联不容否认的历史人物和传统。不可否认，斯大林将他们视为自己的头号敌人。当斯大林被绝大多数苏联人民痛恨时，主流思想家必然会通过自然而然地转向对托洛茨基施予某种同情来争取平息这种痛恨。他们通常选择的方案是提出一套新的诽谤，与斯大林主义者和新斯大林主义者的诽谤相比，这些诽谤具有较少的煽动性，但却更多地建立在公开歪曲历史的基础之上。

---

* 这篇论文发表在 *Bulletin in Defense of Marxism*，no. 84（New York，Fourth Internationalist Tendency，April 1991，p. 24）上，由法文译出，原文以"L'alternative economique"为题发表在 *Rouge* 的一份特别杂志增刊上，由 Ligue Communiste Revolutionaire 在法国发行。

历史的讽刺在于，人们在今天指责托洛茨基，并不是因为他曾经是一个反革命，而是因为他曾经是一个极左的"革命狂"；人们之所以指责他，不是因为他曾经是列宁的敌手，而是因为他在 1917 年及之后，曾经是列宁的冤家对头（damned soul）和"启发者"（inspirer）。作为十月革命"血腥"的化身（一个犹太教徒且受到欧洲文化熏陶的世界主义者），托洛茨基是新法西斯主义者和偶尔公开与新斯大林主义者结盟的新黑帮分子（neo-Black Hundreds）的主要目标。在所有的十月革命"民主的"反对者们看来，托洛茨基（"工人阶级历史任务"的"教条乌托邦"）是一位自1918 年以来在俄国历史上"离经叛道"的伟大领袖。

新经济政策的反对者？

在这片不和谐的喧嚣声中，围绕经济方案选择的争论始终处于核心地位。据说，托洛茨基曾经是一个新经济政策的反对者、"超级工业化"的坚定支持者、个体农民残酷的敌手和"计划经济"之父。斯大林只不过是运用了托洛茨基的经济纲领。今天，苏联的反托洛茨基主义者宣称，斯大林和托洛茨基的斗争不过是两个暴君间的权力之争。

从 1923 年起，中间经过 1928 年直至 1934 年，关于这种争论的解释横扫整个苏联，它包含着对托洛茨基和左翼反对派（不包括 1929 年之后的投降主义者）不同出发点的一种混用：一个是长期的分析方法，另一个是政治方法在短中期的运用。这种混用是蓄意谎言、无知或对这些问题缺乏理解的结果。

为了反对斯大林主义关于社会主义能够在一国建成的理论，托洛茨基确证了他的立场，即考虑到帝国主义的本性，究竟是社会主义还是资本主义将在苏联获胜，只能在国际范围内得出答案。在俄国不可能建立一个真正的"自由联合生产者"的无阶级社会，因为这不仅需要高出绝大多数发达资本主义国家劳动生产率的平均水平，同时也会陷入与世界资本主义市场的不断冲突之中。这种对抗的影响力将随着如下机会的破灭而消失，即如果革命无法扩展至"发达工业国家"，苏联将凭借军事或经济压力建立社会主义。这种对于长期趋势的分析当然也有短期的意蕴，它强调了一种工业滞后发展的危险，即冒险推进俄国个体农业与世界资本主义市场之间的联盟——工农联盟的一种决裂。为了同资本主义复辟的危险做斗争，托洛茨基强调了限制个人资本积累和提高国家工业生产率的必要性，这意味着将允许产品销售处于一个较低的价位，也必然会使工业以更快的速度发展。

因此，与发端于斯大林—布哈林主义，后又在 20 世纪 60 年代由乔治·卢卡奇（George Lukacs）进一步发展的神话相反，托洛茨基并没有从这一分析中得出冒险主义—失败主义的结论，即认为历史已经为主要的经济方面确证了一条明确的道路。绝不能将苏联的中期命运简化为这样一种两难窘境：要么是革命战争和领土扩张，要么是不可避免地退回资本主义。恰恰相反，托洛茨基提出这样一种观点，即认为可以在逐步巩固社会主义革命成果的同时，等待发达国家革命胜利主客观条件的成熟。换句话说，他建议苏联丢掉吹嘘或幻想，以一种现实审慎的态度步入建设社会主义的康庄大道。

这种"托洛茨基主义"的另类选择建立在经济逻辑的辩证法与社会力量的动态发展基础之上。托洛茨基的分析与 20 世纪的马克思主义者依然不匹配。工业化节奏的加快必须依靠社会剩余向经济生产的社会化部门的稳定转移才能得以维持，也就是说，尤其是要牺牲中产阶级（富农和新经济政策中受益的人）和官僚机构的利益，以非生产性支出的彻底减少为代价。

社会中的无产阶级和贫困农民（也包括愿意加入的部分中产农民）社会地位的提高，必须通过提高生活水平和改善工作条件来实现：消除失业；工人在工厂管理中的领导地位；为确保其成员比他们作为个体生产者获得更高的回报，劳动农民在生产合作之初便以机械化的劳动为基础。

这些建议以其内在的一致性为标志，今天仍令人印象至深。1923 年，首个大型拖拉机厂的建立确证了"贫困农民在国家农场里的自愿参与"。通过防止农业剩余产品集中在富农手中，城镇居民将会避免因富农减少发货量而受到敲诈的危险，他们的实际工资将会持续增长到 1926—1927 年。这项政策还将为苏联提供强大的军备工业，使其在长达十年（而非五年）之久的时间里能够抵御可能发生的军事进攻。

同时，向共产国际和共产党提出的这条经济道路，将使他们能够充分利用诸如那些 1923—1937 年发生在德国、英国、西班牙和法国的革命形势。

远非"没有托洛茨基的托洛茨基主义"，斯大林主义的经济政策自 1928 年起就一直处于反对党人先进思想的对立面。全面工业化伴随着实际工资的下降，而不是上升；伴随着劳动条件的灾难性恶化，而不是改善。管理费用不但没有缩减，反而急剧攀升，挤占了工人消费的绝大部分份额。这便是官僚机构令人震惊的重负及其支配社会的绝对权力。如果生产的增长不是由生产者的利益和觉悟来维系，那么它必然要通过暴力和全面控制来实现。现实不再是"处处苏维埃"，而是遍地警察控制和官僚作风（red tape）。

农业的强制集体化与列宁的"合作计划"相一致，与反对党人提出的自愿参与正相对立。尤其是牲畜的大屠杀政策，导致了农民的誓死抵抗。同时，它还伴随着一种农业和服务部门（仓储、运输、分配）投资的系统性低下以及一种浮动的价格政策。这便是造成十几年来农村苦难和城镇贫困的根源。

反对计划经济

随着斯大林的政策日渐明朗，托洛茨基、拉科夫斯基（Rakovsky）和左翼反对党人开始公开指责农业的强制集体化、新经济政策的总体压制、"超级工业化"、对实际工资和农民收入的抨击、社会不平等的加深。以这些政策来标识反对党人，认为他们受到了这些政策的鼓动，这实际上是一个纯真的谎言。必须识别出普列奥布拉任斯基-托洛茨基（Preobrazhensky-Trotsky）的观点与斯大林政策的差别，前者认为，从长期来看，资本主义将会随着社会剩余产品私人占有和市场机制的扩张不可避免地复兴；后者则认为，从短期和中期来看，这些机制的消除是托洛茨基和左翼反对党人对经济目标的曲解。下面的几个引证足以说明这一点。

反对党人的说法

拉科夫斯基、V. 科西奥尔（V. Kossior）、N. 穆拉洛夫（N. Muralov）和V. 卡什帕罗娃（V. Kasparova）在 1930 年的声明中写道：

　　废除新经济政策和作为一个阶级的富农，该法令是……一个经济谬论。……任何特权和法令都不能消除经济和日常生活中仍在发生作用的矛盾。……企图忽视这一经济事实……已经导致了对暴力的运用，导致了对党纲和马克思主义基本原则的破坏，导致了对列宁关于集体化、中农和新经济政策的最基本告诫的蔑视。

1932 年 10 月 22 日，托洛茨基在他的论文《危机中的苏维埃经济》（The Soviet Economy in Danger）中继续说道：

如果存在一个可以将自身投射到拉普拉斯科学猜想中的普遍观念——该观念可以同时记下自然与社会的一切进程、能够量度它们运动的动态过程、能够预测它们相互作用的结果——当然，这样一种观念可以先验地拟订出一个完美、全面的经济计划，上起小麦的亩产量，下至一件汗衫的纽扣。官僚机构常常设想只有这样一种观念才是可操控的，这就是它为什么可以如此轻易摆脱市场和苏维埃民主控制的原因。但事实上，官僚机构在对其精神资源进行评估时犯下了可怕的错误……

大量在经济中活动着的参与者——国有的和私有的、集体的和个人的——必须要由计划委员会的统计测定以及供求的直接强制来正式宣告他们的需要及其相关力量。计划是受到检查的，在相当大的程度上通过市场来实现。市场调控本身必须由其机制所引发的趋势决定。部门拟订的蓝图必须通过商业计算说明其经济效益。离开了对卢布的控制，过渡时期的经济体制是不可想象的。没有坚挺的货币单位，商业计算只能增添混乱。[1]

在《被背叛了的革命》中，他接着说道：

然而，工业发展和将农业带入广阔的国家计划的层面让领导层的工作大大复杂化了，质量问题被推上前台，官僚机构破坏了富有创造力的首创精神和责任感，没有了这些，将不会有也不可能有任何质性的进展。官僚机构的弊病在大产业中或许还不那么明显，但它却连同合作社一道吞噬了轻工业、食品工业、集体农业、小规模地方工业，即所有那些与人民靠得最近的经济部门……

按照一种现成的西方模式，通过官僚机构的命令建造巨大的工厂是有可能的——然而，毫无疑问这要花费正常成本的三倍。但是，你越往前发展，经济就越是陷入与官僚主义如影随形的质量问题不能自拔。苏联的产品仿佛都打着冷漠的灰色标签。在国有经济下，质量需要一种生产者和消费者的民主，一种批判和首创精神的自由——这些条件同一种恐惧、谎言和谄媚甚为流行的极权主义制度是不相容的。[2]

三种方向

在 1928—1934 年间，苏联共产党内部存在着三种不同的经济政策倾向——假定布哈林（Bukharin）的支持者在 1933 年后仍然如此，这一点根本无法确定。

斯大林的路线以工人和农民为代价，建立在农业强制集体化、超级工业化、超级集中化和超级不均衡计划（或者更确切地说是半计划）的基础之上。

布哈林的路线以私有经济和社会化经济的"和平共处"为基础，前者负责为后者提供准备，但它的扩张将十分有限。

同布哈林的方案相比，反对党人的路线预见到了社会化部门更迅速的扩张，但又不如斯大林方案那样急促，当然也就更加平稳。它要求缩减例如被那些官僚们占用的非生产性支出，改善工人和劳动农民的生活。

这三种倾向无疑反映了不同社会力量的压力。但必须牢记的是，至少在 1930—1933 年间，与那些斯大林主义者相比，反对党人和布哈林主义者在具体建议上的差别更为模糊。以下两个方面最能体现反对党人经济纲领的特征，一个是他们清晰一致的经济立场，另一个是他们清晰一致的政治立场和社会立场（苏维埃民主、生产者物质需要的满足、反对不平等和官僚机构特权的斗争）。

1932 年，同样在《危机中的苏维埃经济》中，托洛茨基声明道：

作为计划的基本要素，生活权益的斗争将我们引入关注经济的政治领域。在苏联社会，社会团体的工具是（应该是）——苏维埃、工会、合作社，首先是执政党。只有通过这三种要素（国家计划、市场和苏维埃民主）的相互作用，过渡时期经济的正确方向才能够实现。[3]

最后一句话应受到重视。在《被背叛了的革命》中，托洛茨基认为：

批判权利的恢复和真正的选举自由，是苏联进一步发展的必要条件。这表示恢复党派自由，从恢复布尔什维克党和复活工会开始。在工业中输入民主制，意味着从根本上修改计划，使之适合于工人们的利益。自由地讨论经济问题将减少因官僚错误和左右摇摆而导致的一般管理费的开支。停止各种浪费金钱的玩意儿，如苏维埃宫殿、新戏院、炫耀的地铁等，而用此种经费建造工人住宅。"资产阶级分配规范"将被严格限制在必需的范围之内，而且随着社会财富的增加，将渐渐让位于社会主义的平等。[4]

这几行写于 55 年前的话，对于今日苏联仍具有强烈的重要性，我们再一次发现了这三种完全不同的经济政策倾向：

第一种倾向坚持以重要的经济变革为代价，让官僚机构控制经济。

第二种倾向习惯于资本的原始积累，旨在鼓励重要的私营部门发展。

第三种倾向是一种新社会主义，主张捍卫工人的当前利益（充分就业、增强购买力、社会服务），减少社会不公和不平等。

与布哈林及其同伴这类真诚的共产主义者相反，第二种倾向在本质上是反共产主义和反社会主义的。第三种倾向不是托洛茨基主义的政策。但是，必须日益从革命马克思主义那里借取观念，而不用去管具体术语的选择，这样做的目的是，让这些观念同当前真正独立的工人运动联手合作的景象在苏联复苏。

新的诽谤

值得注意的是，在 1990 年 9 月 9 日的《莫斯科新闻》（*Moscow News*）中，一个亲资本主义的、自由主义的、布尔什维克主义的敌手列昂尼德·拉济舍夫斯基（Leonid Radzikhovski）既谴责了像尼娜·安德烈耶娃（Nina

Andreyevna）这样的新斯大林主义者，也控诉了苏联共产党内受托洛茨基思想鼓舞的"马克思主义讲坛"的发言人布兹加林（Buzgalin）——在最好的斯大林主义传统中将他们并置在一起，于是，"新布尔什维克主义者"都是"新托洛茨基主义者"。

然而，与此同时，拉济舍夫斯基不得不承认，"多亏了他的马克思主义分析，托洛茨基才得以揭露苏联社会最重要的罪恶：新贵族阶层和官僚机构反对赋予普通民众权力的斗争。……托洛茨基在20世纪30年代还提出了一个整改苏联的规划，包括民主化、自我管理、开放性，甚至是市场"。确实如此，但指责新的苏联社会主义左派想要"捍卫官僚体制，抵制资本主义"却是一个恶劣的诽谤。像托洛茨基那样的真正的"新布尔什维克主义者"，同时在两条战线上战斗，既反对官僚机构，又反对中产阶级的增长。这与工人们的物质利益是一致的。

新自由主义面临的最重要的矛盾如下：当每一个个体被正式宣布拥有神圣权利时，如何防止大多数市民为了自身的利益而进行辩护呢？应该以何种原则为名做这种辩护呢？在最好的斯大林主义传统中，在暴力的作用下，尽管人们违背了自身的意愿，却又必须表现出快乐，这可能吗？

注释

[1] Trotsky, "The Soviet Economy in Danger," *Writings of Leon Trotsky*, 1932（New York：Pathfinder Press, 1973）, pp. 273−274.

[2] Trotsky, *The Revolution Betrayed*（New York：Pioneer Publishers, 1937）, pp. 275−276.

[3] Trotsky, "The Soviet Economy in Danger," p. 275.

[4] Trotsky, *The Revolution Betrayed*, p. 289.

第二部分

列宁主义的组织

4. 先锋党[*]

要探讨政党、党的建设和革命先锋党的必要性问题，通常要指明社会主义革命的独特性（或者如果你不喜欢"革命"这个词，可以用"资产阶级社会的社会主义转变"来代替）。社会主义革命将是人类历史上第一次试图依照计划以一种自觉的方式改造社会的革命。当然，它不去深究所有的细节问题，因为这取决于具体条件和不断变化的社会物质基础。但最起码它基于这样一个计划，即一个无阶级的社会是怎样的？应如何实现它？同样，社会主义革命也是历史上第一次需要全体劳苦人群，即社会中绝大多数的男男女女，拥有高度的能动性和自我组织能力的革命。从社会主义革命这两个基本特点中你可以立刻得出一系列结论。

你无法想象一种自发的社会主义革命，你也不可能拥有一种不经过真正努力便可信手拈来的社会主义革命，你更不可能拥有一种被精英把持或被无所不知的少数领袖指挥的社会主义革命。在社会主义革命中，你同时需要具备两个要素：尽可能高的阶级觉悟以及最广泛的人群拥有尽可能高的自我组织和自我活动水平。在先锋组织与群众的关系中出现的所有问题均源于这两个要素间的基本矛盾。

如果我们审视一番现实社会，看一看资产阶级社会近150年的实际发展（几乎从现代劳工运动之初开始），便会再次发现这个显著矛盾。它有助于我们解决长期以来关于工人阶级和劳工运动的主要争论，辨明当前政治辩论中的正确观点。工人阶级是革命社会变革的一个工具吗？工人阶级已经被整合到资产阶级社会中去了吗？在过去的150年里，工人阶级所起

＊ 这篇文章发表于 *Mid-American Review of Sociology*, Vol. 8, no. 2 (1983), pp. 3–21。引言的一个注释解释说，"这是一个马克思逝世一百周年纪念大会——马克思主义：下一个二十年——上的演讲版本，未作任何实质性改动，该大会于 1983 年 3 月 12 日至 15 日在加拿大曼尼托巴省温尼伯市的曼尼托巴大学举行"。

的实际作用是什么？关于这些问题，历史的"平衡表"又能告诉我们什么？

一般说来，正是列宁所谓的工联主义的意识在日常生活中支配着工人阶级，这便是你能够从真实的历史运动中得出的唯一结论。我喜欢把工联主义的意识称为工人阶级的基本阶级意识，它虽然不会导致对于资本主义旷日持久的日常反抗，但正如马克思多次指出的，对于未来某一时刻反对资本主义的工人造反来说，它不仅是绝对必要的，也是不可避免的。如果工人不为获取高工资和缩短工作日而斗争，用更富煽动性的话说，即如果不为日常经济问题而斗争，他们就会成为道德堕落的奴隶。倚仗这群道德堕落的奴隶，你将永远不可能进行一场社会主义革命，甚至连基本的阶级团结都做不到。因此，工人必须为他们的当前要求而战，但这些为了当前要求的斗争并不会自动和自发地引导他们去质疑资产阶级社会的存在。

事情的另一面同样是正确的。工人不是 100 次、500 次或 1 000 次，而是数百万次周期性地反抗资产阶级社会。毕竟 20 世纪的历史就是社会革命的历史。任何否认这一点的人都应该再读读历史书，更不要说看看报纸了。自 1917 年起（在一定意义上从 1905 年开始），世界各地几乎没有哪一年不爆发革命，而工人总以相当重要的方式参与其中。诚然，在革命战士的队伍中，工人并非总占据着主流。但这种情况将会改变，因为在世界几乎所有的重要国家，工人阶级已经成为社会中的大多数。因此，正如欧洲近 20 年的统计数据证实的，工人一直周期性地反抗着资产阶级社会。1960—1961 年的比利时、1968 年的法国、1968—1969 年的意大利、1974—1975 年的葡萄牙、1975—1976 年的西班牙部分地区，均出现了工人对资本主义基本制度的现实质疑。1980—1981 年在波兰正在上演的，即使不是对资本主义的一种质疑，也一定是对社会主义的一种挑战。因此，这是一幅与长期被动、被社会整合且资产阶级化的工人阶级形象完全不同的画面，已有超过 4 500 万的工人积极投身于这些斗争。

从这些数据中你可以得出如下结论：工人阶级的阶级活跃度和阶级意识是不平衡发展的。工人并不是每天都罢工，他们在资本主义社会发挥作用的方式以及他们要活命就不得不出卖劳动力这一事实，让这一切变得不可能。工人们如果天天罢工，他们就会挨饿。所以，他们自然不会为了经济、社会、文化、政治、心理方面的原因（我没有时间详细阐明），每天、每年，甚至每隔五年就革命一次。因此，部分由一种内在逻辑决定的阶级战斗性和阶级活跃度是周期性发展的。如果你斗争多年并以惨重的失败告终，那么在失败后的一年里你将不会在相同或更高的水平上从事战斗。你需要一段时间来恢复，这可能是 10 年、15 年，甚至 20 年。反之亦然，如果你在一些年的斗争中取得了胜利，即便是中等程度的胜利，你就会有一种在更大范围内、更高水平上进行斗争的冲劲。于是，在国际阶级斗争的历史中我们得出了周期性运动这一可以详加阐述的结论。同这种阶级战斗性的不平衡发展紧密相连的是阶级意识发展的不平衡性，但后者并不必然与前者存在一种机械的关联。在一个相对较低的阶级意识水平上，你可以拥有较高的阶级活跃度，反之亦然，在一个出乎人们意料的较低的阶级战斗性水平上，你可以发现一种高水平的阶级意识。当然，我这里正在讨论的是广大群众和无数人民的阶级意识，而不是小规模先锋阶层的阶级意识。

从所有这些基本概念的明显差别出发，我们几乎可以立刻得出先锋形成的必要性。为了克服阶级战斗性和阶级意识不平衡发展可能带来的危险，你就需要一个先锋组织。如果工人始终保持最高的战斗性和意识，你就不需要一个先锋组织。但遗憾的是，这在资本主义制度下既不存在也不能存在。因此，你需要这样一群人，他们能够长期表现出高水平的战斗性、活跃度和阶级意识。在每一次阶级斗争和阶级意识的浪潮高涨过后，转折点便出现了，群众的实际活跃度开始减退，意识也会回落到一个较低的水平，活跃度甚至几乎滑落至零点。一个革命先锋组织的首要作用是保持先前阶段（这个阶段具有较高的阶级活跃度和较高的工人阶级意识）理论、纲领和政治成果的连续性。它充当着阶级和劳工运动的永恒记忆——一种以这样或那样的方式编入纲领的记忆，你可以用这一纲领教育下一代，而不必从它介入阶级斗争的具体方式开始。因此，先锋组织的首要作用就是确保从积累的历史经验中所汲取的教训具有连贯性，因为一个社会主义纲领正是从过去 150 年实际的阶级斗争、实际的革命以及实际的反革命的所有经验中汲取的教训的总和。只有极少数人能够处理这种情况，没有人、绝对没有任何人可以单独处理这项事务。你需要一个组织，并且鉴于这种经验的世界性，你同时需要一个国内组织和一个世界组织，以便能够对阶级斗争以及一切革命历史经验和当前经验不断地进行评估，并用来自新革命的新教训丰富它们，令它们越来越能够充分地满足其时正在发生的阶级斗争和革命需要。

这里还有第二个方面，它是关于组织的，但其实并不仅限于此，事实上，它也是政治方面的。这里我们遇到了那个关于集中化（centralization）的著名问题。革命的马克思主义者拥护民主集中制，但集中化这个词并非一开始就是一个组织方面的问题，而且无论怎样，它在本质上绝不是一个行政管理方面的问题，而是政治方面的问题。"集中化"意味着什么呢？

它意味着经验的集中化、知识的集中化以及从实际战斗中得出的结论的集中化。如果没有这样一种经验的集中化，我们在这里将会再次目睹工人阶级和劳工运动陷入巨大的危险：这是部门化和分裂化的危险，它将导致任何人都无法从行动中得出充分的结论。

如果我们让女性激进分子只参加女权主义的斗争，让青年激进分子只参加青年人的斗争，让学生只参加学生的斗争，让移民工人只参加移民工人的斗争，让被压迫民族只参加被压迫民族的斗争，让失业者只参加失业者的斗争，让工会分子只参加工会的斗争，让无组织的、未加入工会的，尤其是非熟练的工人只参加他们自己的斗争，让政治激进分子只参与选举运动或报纸的出版，如果他们中的每一方都各自为战，那么，他们就只是在有限和零碎的经验基础上发挥作用，从他们自己的经验中是不可能（在我看来，从根本上说是认识论方面的原因）得出正确结论的。他们只能拥有碎片化的斗争、碎片化的经验和碎片化的片面意识，他们只看到了整幅画面的一部分。你可以先验地认定，他们得出的结论至少部分是错误的。他们不可能全面、完整、正确地认识现实，因为他们仅仅瞥见了那个现实的零碎一角。

当然，从一种国际的观点看也是如此。如果你仅仅关注东欧，或仅仅关注不发达的、半殖民地的、依附性的国家，抑或仅仅关注帝国主义国家，你将获得一种关于现实世界的片面观点。只有当你把世界三个区域（通常被称为世界革命的三大区域）[1]内真正由群众从事的具体斗争的经验结合在一起时，才能对世界现实有一个全面和正确的认识。这就是第四国际的巨大优势，因为它是一个国际性组织，里面的同志的确是从事实际斗争的，他们不仅对世界革命的三个区域进行过理论分析，还与这三个区域内的具体斗争紧密相连。这一优越性不应归功于第四国际领导人的伟大智慧，只不过是由于它在世界范围内对斗争的具体经验做了基本的集中化，并将之加入一个正确的历史纲领中罢了。

这就是集中化包含的所有内容。它意味着（我不打算用"最优秀"这个词，因为那有些夸张）至少是工会、非熟练工人、失业者、被压迫民族、妇女、青年和学生中的优秀战士、杰出的反帝斗士以及在所有这些从事实际斗争部门的优秀战士、受压迫者和世界范围内每个国家的受剥削者将他们的经验都集中在了一起，目的是为了在国内和国际范围内比较他们的斗争教训，并根据从这些经验中可能得出的教训推出相关结论，同时用批判的方式对他们每个阶段的纲领和政治路线进行检验与再检验，从而达到对整个社会、世界及其发展动力、我们共同的社会主义目标及其实现方式的全面认识。用我们的行话来说，这就是我们所谓的正确的纲领、正确的战略和正确的战术。鉴于阶级意识发展的不平衡性以及阶级活跃度的不均衡性和间断性，作为整体的群众是无法完成这项任务的，不相信这一点，就只能是一种乌托邦主义和自发主义的白日梦。

这些只有那些自称具有超级"精英"优点的人才能做到，他们宣称比任何人都更能打"持久战"。这是他们所能为自己标榜的唯一品质，但这一点需要在生活中证实。所有那些不具备这种品质的人通过终止政治活动也可以在实践中证实这一点。然而，所有那些具备该品质的人，甚至在群众周期性地停止斗争后仍然继续战斗，在群众停止发展阶级意识时仍然继续发展它（任何质疑该权利的人都对一种基本的民主和人权提出了挑战），他们详细阐明一种政治和理论，并经常试图以一种持久和连续的方式干预社会。不论这一"优点"如何适度和有限，从它出发还是形成了一系列具体的、实践的品质，这些构成了一个先锋组织正当性的基础。

正如我前面提到的，先锋组织与广大群众之间存在一个真正的矛盾。如果我们可以这样称呼它的话，这是一种真正的辩证张力，我们必须着力解决这个矛盾。首先，我使用了"先锋组织"这个词，而没有使用"先锋党"。这是我故意引入的一个概念性差异。我不相信自我标榜的党，我不相信50人或100人站在市集广场上拍胸疾呼："我们是先锋党。"或许他们在自己的意识中这么认为，但如果其他人根本不搭理他们，那么在很长一段时间内他们就只能在市集上大喊大叫，而在实践中不会起到任何作用。甚至更糟糕的是，他们会试图通过暴力将自己的信念强加给不愿接受的群众。一个先锋组织具有某种持久性，一个先锋党必须通过一个长期的过程来组建和建设。先锋党存在的其中一个特征是，它至少要被本阶级内为数不少的少数派承认。你不可能想象一个在阶级队伍里没有拥护者的先锋党。

当一个真正阶级内重要的少数派，现实存在的工人、贫困的农民、革命的青年、革命的妇女和革命的受压迫民族均承认一个先锋组织可以作为他们的先锋党时，也就是说，在行动上愿意追随它时，这个先锋组织才会成为一个先锋党。这部分人必须占据10%还是15%倒无关紧要，但他们必须是阶级中的一个现实组成部分。如果这部分人不存在，那么就不会有任何真正的党，你只能拥有一个未来政党的核心。在这个核心身上将会发生什么，将由历史来说明，这仍然是一个悬而未决的问题，仍然没有为历史所解答。将先锋组织转变为一个真正的、革命的、扎根于阶级的先锋党，你需要一种持续的斗争，需要投身于工人阶级的斗争，至少要做到为上面所说的真正阶级内重要的少数派所接受。

在这里，我们必须引入另外一个概念。我前面曾说过，阶级不会永远活跃，也不会长期处于一个较高的阶级意识水平。现在，我必须引入一个特性，即阶级中的大部分人，甚至整个阶级都不可能是同质的。这不仅是因为他们作为个体成员分属于不同的政治团体，具有不同的政治觉悟水平，受资产阶级意识形态影响的程度也各不相同，还因为在他们自己大规模的组织内部正发生着分化。在现实工人阶级内部始终存在一个社会和政治的分化过程，在某一特定时期，工人阶级内部也会发生由群众到先锋分子的净化（distillation）。对此，列宁写过很多东西、托洛茨基也写过很多东西，或许让你们中的一些人感到惊讶的是，罗莎·卢森堡也有过不少论述。那些雄心勃勃打算在革命组织的创建中发挥积极作用的人（比如像我这样的人），可以为你提供他们自己国家先锋工人的姓名、住址和电话号码。这不是一个神秘的问题，而是一个实践的问题。在比利时、法国、意大利、西班牙、葡萄牙和联邦德国，这些先锋工人都是哪些人？他们是那些领导真实罢工的人、他们是那些组织工会激进反对派的人、他们是那些为群众游行示威和斗争做准备的人、他们是那些与传统官僚机构截然不同的人。

这既是一种社会的分化，也是一种政治的分化，尽管人们可以分别就每种因素的确切权重进行讨论，每种情况下都会有所不同，但这样一些阶层却是非常真实的，它们的规模在不同阶段也不尽相同。柏林工会和大型工厂的"革命管家"（revolutionary obleute）——如他们在德国的称呼——就是德国社会一个非常具体的阶层，他们不仅存在于柏林，而且遍布于全国众多工业区，正是他们领导了 1918 年 11 月的革命，创建了独立社会党（Independent Socialist Party），后来，随着该党的左翼力量与德国共产党在哈雷代表大会合并，他们又加入了德国共产党。所有人都知道他们，他们的数量并非尚不知晓，而是成千上万。如果你留意一下 15 年后德国工人阶级中的先锋，比如说大概在 1932—1933 年间，这个阶层的数量已经严重下降，却依然存在着。

如果研究俄国，你会发现相同的情况。在 1905 年，这些人家喻户晓，他们在普通大众层面上领导罢工，组织群众反对沙皇的现实斗争。他们中大多数人在 1905 年之前游离于社会民主主义之外，在 1905—1906 年革命期间倾向于转向社会民主主义，后来在反动时期又部分人再度退出了党（孟什维克以及布尔什维克）。1912 年，特别是 1917 年二月革命开始后，他们重返政治舞台并大规模地成长起来。接着，在 1917 年 4 月，当布尔什维克党采取了"一切权力归苏维埃"（无产阶级专政）这一直接明确的路线后，他们中的大部分人又被吸纳进了布尔什维克党。

对于布尔什维克在真正意义上成为一个先锋党的时间，究竟是1912—1913年，还是仅仅是在1917年，人们还可以继续探讨。我更倾向于认为实现转变的时间是1912—1913年，否则对他们而言，在1917年春迅速成长起来将是异常困难的。但这只是一种历史分析的观点，真正的见解则在于：这个工人阶级的先锋阶层，工厂和街区层面工人实际斗争的真正领袖，妇女、青年、国家少数民族斗争的真正领袖以及政治先锋组织要在现实生活中融合在一起。只有当这种融合发生，至少是部分发生时，你才能拥有一个阶级内部重要的少数派所承认的真正的先锋党。因此，只要沿着一个正确的政治路线前进，这个党便可能恰恰在革命危机期间成为一个多数派。如果没有这种融合，你就只能拥有一个未来先锋党的核心，你将拥有一个先锋组织，而它将成为日后进行融合的先决条件。

接下来我们看第三个方面：阶级的自我组织。阶级的自我组织在阶级斗争的不同阶段经历了不同的形式。最基本的自我组织是工会，然后是处于不同阶级意识水平的群众政治党派，如资产阶级工党、独立工党和革命工人党。只有在革命危机的情况下，自我组织才能获得最高程度的发展：这就是苏维埃的组织类型，即工人委员会、人民委员会或大众委员会，随便你叫它什么都可以。

为什么我认为这是最高的组织类型呢？原因是它们将绝大多数的工人囊括其中。在不具备革命形势的情况下，你在工会或政党中通常是见不到这些人的。通过工人委员会这样一种阶级的自我组织类型直接进行自我组织之所以是最高级的形式，并不是因为我在理论、意识形态、道德或情感上对它情有独钟——当然我是这样的——而是由于这样一个简单、客观的原因：它们将更大比例的工人和受剥削群众组织了起来。在通常情况下，如若没有官僚机构和领导层的限制，它们应该能够组织起90%～95%的被剥削群众，这一点你在工会和政党里是永远找不到的，因此，它们是自我组织的最高形式。

此外，在革命先锋战士的独立组织和他们参与其中的工人阶级群众组织之间绝对没有矛盾。恰恰相反，历史通常表明，在先锋组织中你越是自觉，越是组织得好，你就越是能够在工人阶级的群众组织中建设性地开展工作。这就意味着，你必须非常彻底地抛弃宗派主义的理论基础，必须尊重工人民主、社会主义民主、苏维埃或工人委员会又或大众委员会的民主。这就是说，这里不再有任何矛盾了。再说一遍，在工会、群众政党和苏维埃中，你所能自我标榜的唯一权利就是成为工会更忠实、更积极、更专注、更英勇、更清醒和更克己的建设者，成为工人阶级普遍利益的捍卫者。与你的工人阶级同伴相比，除了试图确证他们的权利之外，你没有任何特权。

我们对工人阶级民主、社会主义民主和社会主义多元主义的立场是基于这样一种纲领式的理解，即相信共产主义者、先锋战士、工人阶级和劳工运动之间在总体上没有利益冲突。在任何情况下，我们都不能让作为整体的阶级利益听命于任何派别、教堂和独立组织的利益。正是基于对这一真理的理论认识，我们才能充满激情地战斗，才能勇于献身，才能深刻理解工人联合战线以及劳工运动和工人阶级所有不同倾向为了共同目标而采取的联合策略。因为我们相信，如果没有争取这些共同目标的斗争的胜利，社会主义就不可能胜利。

这个立场下面掩藏着一个基本的理论判断，我们不认为马克思主义是一种完整的、终极的学说、教条或世界观，我们不认为包含过去 150 年实际阶级斗争和现实革命连续经验的马克思主义纲领完全是一本尘封的书。如果你这样认为，那么最优秀的革命马克思主义者将会变成一只仅凭记忆来说话的鹦鹉，或是变成一个期待把所有经验教训输入电脑便可获取答案的人。对我们而言，马克思主义永远是开放的，因为总有新经验和新事实（包括关于过去的事实）要被编入科学社会主义的资料中去。马克思主义永远是开放的、批判的和自我批评的。

当马克思在一个客厅游戏室里被要求回答"你最重要的生活格言是什么"时，他给出的答案是"怀疑一切"，这并不让人感到意外。在这里，确实经常有一些愚蠢可笑的人相信马克思创立了一种没有上帝的新宗教，其实，马克思对此是持反对态度的。对任何事物都保持怀疑，对自己说过的一切言论都保持一种质疑的精神，这与宗教教条是完全对立的。马克思主义者认为没有永恒的真理，没有人能够通晓一切。我们共同的圣歌（国际歌）法文版第二节里有着精彩的起笔：

这里没有至上的救世主，
没有上帝、恺撒和护民官。
我们这些生产者必须解放我们自己，
宣告我们的集体救赎。

用德语表述则更为清晰：

从来就没有什么万能的救世主，
也没有上帝、恺撒和护民官。
要将我们从苦难中拯救出来，
只有靠自己。[2]

只有全体生产者能够解放他们自己。上帝、恺撒、不出错的中央委员会、不出错的主席和总书记（第一书记）均不能代替阶级的集体成就，这就是为什么我们要试图同时建立先锋组织和群众组织的原因。

你不能欺骗工人阶级或者"诱使"他们做不想做的事，你必须说服他们，协助他们尽量理解社会主义转变和社会主义革命的要求。这就是先锋党与工人阶级群众的自我组织之间的辩证关系。这就是为什么对我们来说，社会主义的多元主义、争论，甚至有时会采取不健康、不恰当的宗派主义形式和触动那些严肃激进分子神经的争吵方式（我非常同情他们，因为这很大程度上是在浪费时间），这是保持自我批评进程所必须付出的代价。如果说没有人能够预先掌握全部真理，如果各种情况都始终要根据工人阶级的斗争和实际革命的新经验以批判的方式去重新检验，那么你自然需要批判、需要不同提案之间的对抗、需要不同的模式。这绝不是一个仅仅为了保持对工人民主抽象原则忠诚的奢侈品，不是的！这是一个迈向无阶级社会胜利革命绝对必要的前提。

革命本身不是一种目的，而是一种手段，就像一个政党是一种手段一样。革命的目的是建立一个社会主义的无阶级社会。今天我们所做的一切，甚至从短期观点看，如领导群众进行日常斗争，也绝不能同基本的长远目标相冲突，这个长远目标便是，通过建立一个没有剥削、没有压迫、没有男女间相互暴力的无阶级社会，实现工人阶级和所有受剥削群众的自我解放。社会主义民主不是一件奢侈品，而是推翻资本主义和建造社会主义绝对不可或缺的必需品。让我们来举两个例子。

我们今天认识到了社会主义民主在后资本主义社会（东欧社会、苏联、越南和古巴等）的功用。没有社会主义的多元民主，你将无法找到解决社会主义计划所带来的基本问题的正确方案。没有哪个政党能够代替人民群众决定他们在消费形式中优先需要什么，同样，除人民群众外，谁也决定不了消费资金和投资资金、个人消费和集体消费、生产性消费资金和非生产性消费资金、生产性投资资金和非生产性投资资金的分配比例。没有人能够这样做。再说一遍，心存他念只能是一种乌托邦的空想。

如果群众不接受你的优先性选择，这个世上便再没有什么力量（即便是在斯大林巨大的恐怖之下）能够迫使他们去做任何重要的事情。你需要积极地、创造性地、坚定地参与生产过程来建造社会主义。这里存在一种官僚机构仍无法有效压制的反抗形式，它愈演愈烈，这种反抗通过对生产漠不关心表现出来。你知道在民主德国他们讲述了这么一个著名的笑话：一位记者来到工厂问主管，"经理同志，现在有多少工人正在你的工厂里工作"？经理答道，"哦，至少有一半吧"。这便是所有官僚化的所谓"社会主义国家"的现实。没有哪种恐怖可以解决这个问题，只有社会主义民主才能解决它，只有当多元主义以及大部分生产者和消费者有可能在各种不同的计划间做出选择，并且这种选择按照他们自己的理解可以最大限度地满足自身利益时，这个问题才能得到解决。

社会主义民主不是一件奢侈品，人们对它的需求并不局限于最发达的工业国。社会主义民主是能够迅速纠正严重政策失误带来的灾难性后果的唯一方式。没有多元主义、没有广泛的公共辩论、没有一个合法的反对派，你可能要花费 15 年、25 年甚至 30 年的时间来纠正那些错误。从历史的记录中我们可以看到，如果在纠正错误前需要耗费这么长的时间，那么工人阶级将不得不为之付出可怕的代价。

错误本身是在所难免的，正如列宁指出的，革命真正的秘诀不在于避免犯错误（没有人可以避免犯错误），而是如何去改正错误。如果没有党内民主、没有集会的权利、没有派别或政党合法化的权利、没有自由的公共辩论，你在改正错误的过程中就会遇到巨大的障碍，并为此付出沉重的代价。因此，我们完全赞成派别或政党持有不同倾向、拥有充分的内部民主以及具有合法化的权利。

我不是要宣扬派别的权利，因为那是一个错误的思想，派别是一个党的内部出现病变的征兆。在一个健康的党内你是找不到派别的——一个健康的党，是从政治路线和党内体制这两个角度上看的。如果你创立了一个派别，那么，保留你在党内活动的权利所产生的祸害，要比将你开除并严禁内部辩论而使党内生活僵化所造成的祸害小得多。

尤其是在一个无产阶级的政党内，这并不是一个简单的问题。革命先锋组织越是扎根于工人阶级，其中的学生和其他非无产阶级成员的数量就越少（我并不是说拥有学生或知识分子不好，你需要他们，但他们不应成为一个革命组织中的大多数）。在你的组织中工人数量越多，你就越是能够更好地扎根于工人阶级，就越是有可能提出阶级的具体问题。一个先锋组织发生作用的性质将被置于阶级斗争、革命和建立社会主义这样一个一般框架之内。你永远不应忘记这三者之间存在着一种严格的辩证关系，否则，我们就会偏离轨道，无法实现我们想要完成的历史任务，这个任务就是，帮助世界上的群众、被剥削和被压迫者建立一个无阶级的社会，一个世界社会主义的联盟。

问题与回答

问题：我认为这里有一个重要的、或许并非偶然的疏漏。我赞同集中化的重要性，它源于部分经验与普遍经验的较量，这有点像劳动分工，一种劳动分工之所以是必要的，是因为任何人都不可能事必躬亲，将世界上所发生的一切事情都精确地囊括在内。这一表述的不足之处在于，它未能指明只有以马克思主义的科学为基础，才能得出这样的结论。通过马克思主义集体经验这面总棱镜去看待事物是极其重要的。如果我们没有使用这面棱镜去评价经验，我们将会退回到经验主义。

回答：我完全赞同科学在建造一个革命党时的重要性。马克思关于劳工运动最大的一个贡献便是，创立和发展了科学社会主义。我也认同不可知论或经验主义道路与科学道路毫不相干这个原则。但你必须明白科学总是开放的，我喜欢把科学的基础称作乐观的怀疑主义，正如马克思所称道的，乐观的怀疑。引用恩格斯的话来说就是，劳工运动和政党需要科学，离开一种自由发展，科学将停滞不前。

问题：先锋成员从何处获取他们的阶级意识呢？那些并非阶级且绝大部分不具备阶级生活条件的人如何能够宣称具有阶级意识呢？不仅是这些，还有他们如何能够宣称拥有一种比工人阶级自身更正确或更高级的意识呢？我们应如何判断一个更高的意识水平呢？

回答：关于更高级的意识这个问题，为什么我们要宣称一种更高级的意识呢？这不是一种理论的宣称。我们之所以宣称更高级的意识，是因为在实践中可以确证它。劳工运动和革命运动不是一场客厅游戏。你将自己卷入了数百万人的命运中。谁具有一种更高级的意识呢？是那些支持首次帝国主义战争的人，还是那些一开始就反对战争的人？这是一个实践的问题，你将得到一种实践的解答。有谁可以给出一个不可知论的回答呢？静观其变，这样是否正确呢？谁具有一种更高的意识呢？是那些认为希特勒并不重要，因为在他之后将是我们天下的人？还是那些在 1930 年和 1931 年因为希特勒将杀死数万人（他没有这样做吗?），故而认为应该千方百计不惜一切代价阻止这个法西斯主义罪犯掌权，同时声称劳工运动自上而下为工人统一战线而战极为重要的人？谁具有更高级的意识呢？是那些反对斯大林的人，还是追随他的人？这还是一个实践的问题。自 1848 年、1877 年、1917 年、1933 年以来，我们可以谈论每一个主要的政治问题。如果在所有这些问题上，世界劳工运动的倾向恰好是正确的，即拥有一个正确的纲领和一个正确的战略，那么，我们便可以历史地宣称它具有较高级的意识。这并不意味着它在一切方面都是正确的，而是说就一般历史而言它是正确的，要比工人阶级内部的其他任何倾向和阶层正确得多。正是在这里，更高级意识的问题得到了回答。对于非工人阶级成员如何获得阶级意识的问题，必须给出两种答案。

首先，正如《共产党宣言》中已经指出的那样，其他社会阶级的个体成员通过科学获取科学社会主义并履行一种工人阶级和革命斗争方面的实践承诺，将比无产阶级更易于接受阶级意识。这是获取这一意识的一种政治—道德方式，不同于实际存在的社会方式。这种方式必须经常通过实践承诺加以重申和再评价。它导致了许多政治和个人方面的危机，这不仅通过资产阶级和小资产阶级的意识形态压力（这一压力又为非无产阶级的生活条件所增强）表现出来，还通过其辩证的对立面表现出来，即通过一种让这些知识分子易于成为官僚蛊惑对象的负罪感表现出来（"如果你不接受政党领导层的命令，那就是因为你是一个小资产阶级的知识分子"）。然而，严格遵守科学分析和革命承诺（为各地一切被剥削和被压迫的人民辩护）的原则将有可能克服这种障碍。

下面这一点仍然是正确的：一个没有深深扎根于工人阶级、没有将绝大多数雇佣劳动者纳入营中、没有在实践中紧扣工人阶级脉搏的革命组织，不可能作为一个真正的革命先锋组织和一个工人阶级政党革命先锋的核心发挥作用。在工人阶级战略（更不必说政治和策略）的核心问题上，它误入歧途的危险将会极度增长。因此，革命先锋组织更高级的意识的现实基础不仅仅是社会主义的科学（革命马克思主义的纲领和原则），还包括现实的先锋工人实际参与其中的等级和领导关系，这些工人作为传送带关注着阶级内部实际发生的一切，他们具有较高的阶级意识，因为他们能够将正确的原则同工人和群众斗争的实际经验结合在一起。正是在这里，他们开始发挥了领导作用。

问题：作为革命工人联盟（Revolutionary Workers League）的一个前任成员，我更愿意提一些实际存在的列宁主义的问题，而不是仅仅在理论层面上进行探讨。我有过多年这样的生活经历，即为将同性恋解放政治和女权主义政治整合进革命工人联盟的生活而奋斗。在这一尝试中，我们失败了。事实上，通过攻击我们，攻击我们在争论中提高自身地位的权利，通过否认我们在自治群众运动中学到的经验，通过否认我们在组织中形成同性恋者或其他尤其是受压迫群体的党团会议，大多数组织的实际创立均围绕同性恋问题展开，且赞同一种工业的转向。如果我们打算克服实际存在的列宁主义的危机，就必须要认真审视社会之外的压迫如何在这些组织中内化、再现和存在。

回答：发言者在分析中犯了一个错误。尽管我完全赞同绝不能在一个革命党内部内化资产阶级社会的压迫，但你必须扪心自问，资产阶级社会最大的压迫是什么？它不是一般意义上的女性，也不是一般意义上的同性恋者。资产阶级社会受压迫最重的阶层是工人阶级。当然，女性工人和同性恋工人可能会比其他工人受到更多的压迫，我并不否认这一点。但我拒绝承认一个女性知识分子或一个资产阶级女性在资本主义社会受到的压迫比一个男性工人更多。我在物质方面坚决否认这一点。向我证明相反的情形呀！向我证明在这个社会接受教育并得到发展的普通工人可以像你一样在会议上自由发言呀！我会说不！他受到了更多的压迫和剥削。如果你在革命组织中执行这样一种管理体制，既不允许工人讨论，也不允许工人决定，你就将对工人的压迫内化到你的组织中去了，这要比对女性压迫或同性恋压迫的内化大得多。因此，这才是真正的问题所在。如果你看清楚了工人阶级在资产阶级社会中是怎样的一种境况，你就会明白，这里存在一种并不能通过简单命令或管理规则便可解决的矛盾。

问题：作为一个先锋组织，工人共产党（Workers Community Party）在最近几年经历了一场深刻的危机，这让人不得不承认，工人共产党在政治路线、内部组织以及个人党员同党外力量关系的问题上存在着严重的失误。人们也会普遍同意，这里面存在着大量尤其应该解决的问题。但依我之见，同许多左翼组织一样，政权问题是工人共产党正在争论的核心要旨。我具体探讨了这些政党和其他工人阶级组织中那些被剥夺了公民权的女性、被压迫民族以及工人阶级成员，分析了他们是如何被组织内部某些成员掳走权力的。

回答：我将会专注于一个革命组织内部的权力这一关键问题。这是一个老问题，我不会以一种轻蔑的方式去谈论它。但这个问题却与社会主义运动以及社会主义的存在同样古老。从本质上看，这与人们对 18 世纪和 19 世纪早期社会主义者（所谓的乌托邦社会主义者）提出的主要异议属于同一个问题。

人是他们所生活的环境的产物，我们这个社会的环境是邪恶的，这样一个邪恶的环境又如何产生出能够改变这个社会的好人呢？这个问题存在了两百多年。你可以说这在个体中引发了一种权力偏好（power bias）或竞争偏好（competition bias），这是对的。个体之间竞争，进而寻找个体优势，这是私有财产和商品生产的本质结果。这些正是资产阶级社会的本质。在这个社会，又有谁可以完全摆脱这一影响呢？那是不可能的。作为一个不完美的、邪恶的、非人道的社会的结果，发展出完美的男男女女，这也是不可能的。

但是，卡尔·马克思在他的《关于费尔巴哈的提纲》（*Theses on Feuer-bach*）中却给出了这个悖论的答案。这是一种双重回答，也是我的阐释的理论基础。一方面，他说，这一矛盾只有通过革命活动才能解决，正是革命活动在试图改变社会的过程中改变了人类。你永远不可能让完美的人建立一个完美的政党，进而引发一场完美的革命。如果你希望如此，你最好远离政治。但是，你将会拥有一种越来越好的革命和一群越来越自觉的男男女女，这些人将缔造出一个越来越好的革命党，迎来一个越来越好的过渡社会，最终将会离社会主义越来越近。这是社会主义革命自我批判的本性，关于这一点，马克思在他的《路易·波拿巴的雾月十八日》（*18th Bru-maire of Louis Bonaparte*）序言中有详细的分析。

但是，正如我向斯巴达克斯派的同志们建议的那样，《关于费尔巴哈的提纲》中还有第二个方面。关于这个观点，马克思如是说："教育者本人一定是受教育的。"你不可能拥有掌握完美真理并为宣扬这一真理而走向群众的人。

如果你不能从现实生活中学习，你将无法理解波兰工人才是真正的社会主义者（与他们的意识形态无关），因为伴随着巨大的牺牲，他们正试图建立一种社会秩序，按此秩序，工人将按照他们自身的利益管理经济和社会整体。这便是社会主义的一切本质所指，这绝不是你去不去教堂的问题。在我眼里，一个希望工人管理工厂的天主教工人和一个承认老板管理工厂的所谓共产主义工人，前者的阶级意识要高于后者一千倍。

因此，如果我们将这两个方面结合起来，试图通过革命实践和革命活动改变我们自己，如果我们能够保持谦虚不自大，如果我们知道必须向群众学习并教育他们，那么我们将会走得更远。我并没有说我们将会有一个理想的党，但我们可以沿着这个方向前进很多。这需要两个条件：首先，党必须有内部的民主，必须有反对官僚化的实质性的制度保障；其次，党必须以马克思主义为基础，也就是说，在当今阶级斗争和世界群众斗争的关键问题上，必须以一种清晰、正确的纲领为基础。

你不可能让同一政党内的人们相互攻击，因为从字面意思看，这只有在特定的环境中才会出现。如果由于你对苏联的本质存在某种怪异的理解而在中美洲革命问题上坚持一种错误的立场，那么在尼加拉瓜的边界你将会遇到一个非常具体的问题："你将攻击哪一方？"同样的问题也发生在波兰。如果你对作为世界工人阶级斗争一部分的波兰工人斗争保有一种错误的立场，你就会有大麻烦。你不可能让那些希望将罢工者推入监狱或射杀他们的人、希望罢工者可以自由罢工（组织）的人、承认罢工禁令的人、支持罢工者不依赖于国家来设立组织的人在同一个政党内出现。

这样一种同一政党内部的大分裂恰恰不是实践上的。它们并不导致共同的行动，而是导致完全瘫痪。在劳工运动中我不禁止任何人，我支持斯大林主义者在劳工运动中自由存在的权利。我反对波兰前政府工会的禁令。碰巧，绝大多数团结工会的同志也持相同的观点。我们不打算禁止劳工运动中的任何人。我们崇尚充分的自由，但这不是在同一个党内。那些不赞同基本纲领的人，让他们建立自己的党。这是他们的权利。因此，在能够建立一个革命党之前，你需要对今日世界阶级斗争的核心问题进行一次纲领式的讨论和澄清。

注释

[1] 编者注：在这里，"世界革命的三个区域"指的是（这一段前面已经描述过）：发达的工业化（帝国主义）国家、欠发达和不发达的第三世界国家以及官僚化的工人国家（东欧、苏联等）。

[2] 编者注：这几行文字通行的英文表述是：

我们不需要那些俯尊恩赐的救世主在他们的审判大厅统治我们，

我们工人不需要救世主的支持，

让我们依靠自己。

被曼德尔最初引用的更为准确的法语表述是：

这里没有至上的救世主，

没有上帝、恺撒和护民官。

我们这些生产者必须解放我们自己，

宣告我们的集体救赎。

5. 列宁主义的组织理论：
对于当代的现实意义[*]

只有当人们能够在马克思主义的历史中为列宁主义的组织理论精确定位时——或者更准确地说，在马克思主义展开和发展的历史进程中为其精确定位时，该理论的历史重要性和现实意义才有可能被认真地探讨。与其他任何进程一样，该进程必须通过理论发展与实际无产阶级阶级斗争间的紧密联系还原为它的内部矛盾。

经过这样处理，列宁主义的组织理论就表现为三个要素的辩证统一：关于帝国主义时代不发达国家革命当代意义的理论（后来被扩展至资本主义普遍危机时代和整个世界）；关于无产阶级阶级意识的非连续矛盾发展及其最重要发展阶段（这些阶段应该相互区分开来）的理论；关于马克思主义理论实质的理论以及该理论同科学和无产阶级阶级斗争特定关系的理论。

进一步审视，人们会发现这三种理论形式可谓是列宁主义组织概念的"社会基础"，没有这些基础，列宁主义的组织概念就会显现出独断、非唯物主义和不科学的外观。列宁主义的政党概念并不是唯一可能的一种，但是，它却是唯一能够指出先锋党在领导革命过程中历史作用的概念，从中期或长期的意义上看，这种作用被认为是不可避免的。列宁主义的政党概念离不开对无产阶级阶级意识的具体分析，也就是说，离不开对政治阶级意识——相对于纯粹的"工联"或"同业"意识——的理解，这种政治意识不能自发或自动地从无产阶级阶级斗争的客观发展中产生出来。[1]同时，列宁主义的政党概念以具有一定自主度的科学分析为前提，特别是建立在马克思主义理论的基础之上。该理论尽管为无产阶级阶级斗争的展开程度以及最初无产阶级革命的萌芽状态所限，却不应被视为阶级斗争盲目不可

　　* 这篇论文刊发在当时美国社会主义工人党的理论刊物 *International Socialist Review*，Vol. 31，no. 9（December 1970，p. 26）上。

避免的产物，而应被看作理论实践（或"理论产物"）的结果，这种理论实践只能通过持续不断地斗争同阶级斗争连接和统一在一起。20 世纪世界社会主义革命的历史正是这一长期斗争过程的历史。

这三种理论实际上代表着对马克思主义的深化，要么是对马克思恩格斯仅仅指明却并未详加论证的主题的深化，要么是对 1880—1905 年由于马克思著作出版的延迟和中断而极少被人们关注的那些马克思主义原理的深化。[2]因此，它包含了对马克思主义理论的进一步深化，这是由马克思本人分析中存在的缺陷（在某种程度上是矛盾）引起的，或者至少是由马克思逝世后的 25 年人们普遍接受的那种有缺陷的理论阐释引起的。

这种对马克思学说深化的独特之处在于，从不同的方位出发朝着同一个中心前进，即确定无产阶级或社会主义革命的特性。

与先前的所有革命相比——不仅包括运动规律已被充分研究（首先马克思恩格斯他们自己研究过）的资产阶级革命，还包括那些迄今为止远未得到系统全面分析的革命（如农民革命和城市小资产阶级反对封建制度的革命；奴隶暴动和宗族社会反对蓄奴社会的起义；发生在古代亚细亚生产方式周期性瓦解时期的农民革命；等等）——20 世纪的无产阶级革命有四个独特面貌，这使它的特征独具一格，但正如马克思所预见的[3]，这也使它成为一项异常艰巨的事业。

第一，无产阶级革命是人类历史上第一个由最底层的社会阶级所完成的成功革命。这个阶级支配着潜在的、巨大的经济力量，但实际上这种经济力量极其有限，而且总的说来，这个阶级被排除了任何分享社会财富的可能（与纯粹占有不断耗尽的消费品相对）。无产阶级面临的情况与资产阶级和封建贵族完全不同，后者在夺取政权的时候已经将社会经济力量掌握在手中，同样，无产阶级与那些无法成功进行革命的奴隶所面临的情况也不尽相同。

第二，无产阶级革命是人类历史上第一个在自觉计划引导下推翻现存社会的革命，换言之，它并不是要恢复从前的事态（就像过去的奴隶革命和农民革命那样），也不是要仅仅合法化经济领域中已经实现的权力转移，而是要把人们带到全新的进程中去，这是一个之前从未存在过的进程，它只能作为一种"理论"或者一个"计划"被预想出来。[4]

第三，就像历史上所有其他的社会革命一样，无产阶级革命产生于内部的阶级对抗和社会内部不可避免的阶级斗争。然而，过去的革命大体上只会满足于把这种阶级斗争推至它的顶点——因为对它们来说，问题并不在于创建一种全新的、有自觉计划的社会关系——只有当无产阶级斗争经历了几年甚至几十年的发展，在这个巨大的进程中达到它的顶点时，无产阶级革命才会成为一种现实。这是一个系统地、自觉地颠覆全部人类关系的普遍化进程，起初是无产阶级的独立活动，后来（即将进入无阶级社会）便扩展至全体社会成员。资产阶级革命的胜利使资产阶级变成了一个保守阶级（资产阶级仍然能够在技术和工业领域实现变革，并且客观地说，仍能够在相当长的历史时期内发挥进步的作用，但是，由于同被剥削的无产阶级之间不断积累的矛盾，资产阶级变得越来越反动，不再积极地改造社会生活），然而无产阶级夺取政权却不是目的，而是现代工人阶级在一个彻底革命化的社会中活动的起点，这个活动只有当无产阶级将自身作为阶级连同所有其他社会阶级消灭后才会结束。[5]

第四，与先前那些大体发生在一国甚至更为有限的区域范围内的社会革命相比，无产阶级革命本质上是国际的，并且只有在世界范围内建成无阶级社会时才能实现。毫无疑问，尽管最初的革命可能会单独在一国范围内取得胜利，只要国际范围内的阶级斗争还没有给予资本决定性的打击，这一胜利就会不断受到危害，并且将是暂时性的。所以，无产阶级革命是一个世界革命进程，它的实现既不是线性模式的，也不是整齐划一的。帝国主义的链条最初是在它最薄弱的环节断裂，革命非连续性涨落的出现与不平衡联合发展的规律是相一致的（这不仅适用于经济，而且也适用于阶级之间力量关系的对比，两者绝不会自动相契合）。

列宁主义的组织理论将无产阶级革命的所有这些特点都兼顾到了，此外，它还根据无产阶级阶级意识形成过程中的特点和矛盾思考这种革命的特性。首要的是，它公开表述了马克思仅仅暗示过的事物，而这些几乎是他的追随者们根本无法理解的，那就是，资本主义的社会秩序既不会"必然"被推翻，也不会因为一种社会主义秩序的建立而"自然地"（spontaneous）或"逐渐地"（organic）趋于瓦解。恰恰由于无产阶级革命具有独特的意识特征，它不仅需要"客观"因素（不断加深的社会危机表明资本主义生产方式已经完成了它的历史使命）的成熟，而且也需要所谓的主观因素的成熟（即无产阶级阶级意识及其领导层的成熟）。如果这些"主观"因素不存在，或者还不够成熟，无产阶级革命将不会在那个时刻获胜，而且恰恰是这种革命的失败，将会导致资本主义在经济和社会上获得暂时巩固的可能性。[6]

所以，一般说来，列宁主义的组织理论代表着对马克思主义的深化，它关注的是社会上层建筑（国家、阶级意识、意识形态、政党）方面的基本问题，与罗莎·卢森堡和托洛茨基〔在较为有限的意义上，也包括卢卡奇和葛兰西（Gramsci）〕的贡献相当，它构成了马克思主义关于主观因素的科学。

资产阶级的意识形态与无产阶级的阶级意识

乍一看，马克思主义关于"每一个社会占统治地位的思想不过是统治阶级的思想"这一观点与无产阶级革命的特点是相抵触的，后者作为无产阶级自觉推翻社会的行动，是广大雇佣劳动群众独立行动的产物。对于这种观点的肤浅理解可能会导致这样一个结论，即认为在资本主义制度下，期待那些经常受到资产阶级和小资产阶级思想冲击和操控的群众从事反抗这个社会的阶级斗争将是一个乌托邦，更不用说让他们去发动一场社会革命了。赫伯特·马尔库塞（Herbert Marcuse）就得出了这样的结论，他只不过是（暂时）在出发点上偏离马克思主义的统治阶级定义，并最终质疑工人阶级革命潜能的一长串理论家之一。

只有用辩证的观点代替形式主义的静止的观点才能解决这个问题。马克思主义的观点不过是需要变得更加"充满活力"。在某种意义上，"每一个社会占统治地位的思想不过是统治阶级的思想"这句话指的是，统治阶级控制着掌控社会的意识形态的生产资料（如教堂、学校、大众媒体等），并且能够按照自身的阶级利益使用这些生产资料。只要阶级统治还处在上升、稳固、几乎不受质疑的阶段，统治阶级的意识形态同样将会控制被压迫阶级的意识。此外，被剥削者将趋向于按照剥削者的原则、思想和意识形态构想阶级斗争的最初阶段。[7]

然而，现存社会的稳定性愈是受到质疑，阶级斗争愈是加剧，剥削者自身的阶级统治愈是在实践中变得风雨飘摇，被剥削阶级中至少有一部分人就愈是能够开始把自己从那些掌权者的观念控制中解放出来。在社会革命斗争之前和期间，统治者的意识形态同革命阶级的新观念之间继续进行着斗争。这一斗争反过来又增强和加快了具体的阶级斗争，在斗争中，革命阶级的觉悟得到了提升，他们开始意识到自己的历史使命和斗争的直接目标。因此，尽管与统治阶级的意识形态相对立，革命阶级的阶级意识仍然能够从阶级斗争中产生出来。[8]

但是，只有在革命自身的进程中，绝大多数被压迫者才能把他们自己从统治阶级的意识形态下解放出来。[9]因为这种控制不是首先通过纯粹的意识形态操控和统治阶级意识形态制品的大众接受产生的，而是首先通过当前经济和社会中日复一日的实际工作以及这些工作对被压迫者意识的影响产生的。尽管类似的现象在一切阶级社会都可以看到，但在资产阶级社会却尤为明显。

在资本主义社会，这种控制是通过商品关系的普遍化实现的，它与人类关系的异化紧密相连，是商品生产普遍扩展和劳动力转变为商品的结果，也是商品生产条件下社会劳动分工普遍扩展的结果。这种控制还通过让生产者（作为劳动剥削和异化的本质结果）变得疲惫和野蛮以及通过休闲时间的匮乏（不仅是在数量上，而且是在质的意义上）等方式实现。只有当这种监禁般的工作被一场革命撕成碎片，一场突如其来迅速增长的群众运动冲破异化劳动的束缚时——直到那时，加在群众意识上的这种束缚的神秘影响才会迅速消退。

因此，列宁主义的组织理论试图把握这种政治阶级意识形成的内部辩证法，这种辩证法只有在革命期间才能得到充分的发展，但同时又必须以革命前的发展为条件。[10]列宁主义的组织理论通过以下三个有效的范畴实现了这一点：自发的工人阶级（工人中的大多数）范畴；那部分不止参加过偶然的斗争，而且已经实现初步组织化的工人阶级（广义的无产阶级先锋）范畴[11]；革命组织的范畴，包括参加过革命活动以及至少部分接受过马克思主义教育的工人和知识分子。

"自在阶级"这个范畴与马克思社会学中的客观阶级概念是相关联的，在这里，一个社会阶层由生产过程中不依赖于其意识状况的客观地位决定[例如，众所周知，青年马克思在《共产党宣言》和 1850 – 1852 年的政治著作中提出了一种主观的阶级概念，按照这个概念，工人阶级只有通过斗争，达到最低程度的阶级意识才能成为一个阶级。联系《哲学的贫困》（*The Poverty of Philosophy*）中的一个原则，布哈林把这个概念称为"自为阶级"，正好与"自在阶级"的概念相对立][12]。这种关于阶级的客观概念依然是列宁组织思想的基础，正像在恩格斯、倍倍尔和考茨基的影响下，这一概念依然是恩格斯和德国社会民主党的基础一样。[13]

正如列宁本人明确观察到的，正是由于存在着一个客观上的革命阶级，该阶级能够且不得不周期性地引发一场革命阶级斗争，并且，只有同这样一种阶级斗争相关联时，一个革命先锋党的概念才具有那么一点科学的意义。[14]所有与这种阶级斗争无关的革命活动充其量只能产生一个党的核心，而不是一个党，这会有堕落为宗派主义和主观玩票（subjective dilettantism）的危险。根据列宁的组织概念，没有自封的先锋。相反，先锋必须通过尝试着与本阶级的先进部分及其斗争建立革命的联系，才能作为一个先锋获得认可（即获得充当一个先锋的历史权利）。

"先进工人"的范畴源于工人阶级客观上不可避免的分层（stratification），这是他们不同历史出身的一个结果，也是他们在社会生产过程中不同的地位以及他们不同的阶级意识的结果。

作为一个客观范畴，工人阶级的形成本身就是一个历史过程。工人阶级中有一部分人是城镇雇佣劳动者的儿子、孙子和曾孙，另一部分人是农业工人和无地农民的子孙，还有一部分人不过是那些拥有少量生产资料的小资产阶级（农民和手工业工人等）的第一代或第二代子孙。部分工人阶级在大工厂工作，那里的经济和社会关系至少产生了一种初等的阶级意识（意识到"社会问题"只有通过集体行动和组织才能解决）。工人阶级中的另一部分人在小、中型工业或所谓的服务业工厂中工作，与大工业工厂中的客观环境相比，工人在经济上的自信以及对广大群众行动必要性的认识要滞后许多。工人阶级中的某一部分人已经在大城市生活了很久，他们已经长期接受文化教育的熏陶，在他们身后已经形成了几代人的工会组织和政治文化教育传统（通过青年组织、工人出版社、劳工教育等）。还有一些工人住在小城镇甚至是乡村（例如 20 世纪 30 年代晚期数量可观的欧洲矿工就是如此），这些工人很少有或者根本没有集体的社会生活，几乎没有任何的工会经验，也从来没有在有组织的工人运动中接受过任何政治或文化教育。工人阶级中有一部分人来自有着千年独立历史的国家，他们的统治阶级长期压迫着其他国家，而其他的工人则来自为争取民族独立而斗争了几十年甚至几个世纪的国家——或者他们在不到一百年前还属于奴隶或农奴。

如果在分析每一个雇佣劳动者不同的个人能力时，把所有这些历史的、结构的差异都囊括其中——不仅总结当前经验在智识能力上的差异，还包括他们的干劲、性格优势、战斗性和自信在量上的差异——人们便能够理解，依赖于阶级意识的成熟度，无产阶级划分为不同的阶层乃是无产阶级自身历史发展进程中一个不可避免的现象。在一个特定时刻，这种形成阶级的历史进程通过阶级内部不同程度的意识水平表现出来。

革命党的范畴源于这样一个事实，即马克思主义的社会主义是一门科学，要完全理解它，归根结底只能采取个体的方式，而不是集体的方式。马克思主义在构成上至少汇集了三种古典社会科学之大成（在某种程度上也是它们的终结）：德国古典哲学、古典政治经济学和法国古典政治科学（法国社会主义和历史编纂学）。接受马克思主义至少要以理解下面几个方面为前提：唯物辩证法、历史唯物主义、马克思主义的经济理论以及对现代革命和现代劳工运动的批判史。总体上看，如果这样一个接受过程能够作为分析社会现实和编纂无产阶级阶级斗争近百年经验的工具而发挥作用，它就是必要的。那种认为这些巨量知识和信息能够不知怎么地在操作一部车床或一台计算机时自动涌现出来的观念是荒谬的。[15]

作为一种科学的马克思主义，它是无产阶级阶级意识发展进程中的最高表现，这个事实仅仅表明，只有通过一个个体的选择过程，无产阶级中最优秀、最有经验、最聪明、最好战的成员才能以最有效的形式径直独立获取这种阶级意识。就这种获取是一个个体过程而言，其他的社会阶级和阶层（尤其是革命的知识阶层和学生）也能做到。[16]任何其他途径只能导致工人阶级的理想化——最终导致资本主义自身的理想化。

当然，必须永远铭记的是，马克思主义不可能离开资产阶级社会的发展和这种发展内部必然展开的阶级斗争而单独产生。工人阶级斗争中共同的历史经验与它的科学工作密不可分，这种工作源于将作为共同历史阶级意识的马克思主义视为最有效的形式。但是，坚持认为科学社会主义是无产阶级阶级斗争的历史产物，并不等于说该阶级所有成员或者甚至是大部分成员能够或多或少轻易地再现这一知识。马克思主义不是阶级斗争和阶级经验的必然产物，而是科学理论作品的一个结果。只有通过参与这个生产过程，这种接受才有可能发生，根据定义，尽管这个过程只有通过资本主义社会生产力和阶级矛盾的发展才有可能实现，但它却是一个个体的过程。

无产阶级的阶级斗争和无产阶级的阶级意识

无产阶级群众、无产阶级先锋和革命党借以联合的过程，既依赖于初级的（elementary）无产阶级阶级斗争发展为革命的阶级斗争（无产阶级革命），也仰仗于这一过程对雇佣劳动群众的影响。阶级斗争在数千年前就已经发生了，那时没有人意识到他们自己在做什么。无产阶级阶级斗争的出现远早于社会主义运动出现的时间，更不用说是同科学社会主义出现的时间相比了。初级的阶级斗争（罢工、围绕工资需求或缩短工作时间和改善工作条件的停工）产生了初级形式的阶级组织（互助资金和初级工会），在许多工人中激发出了一种普遍的社会主义理想，即使这些组织存在的时间很短。初级的阶级斗争、初级的阶级组织和初级的阶级意识直接产生于行动，而且只有源于这一行动的经验才能提出并促进这种意识。只有通过行动，广大群众才能提高他们的意识，这是一个普遍的历史规律。

然而，即便是在最初级的形式中，在一种不断组织化的过程中，雇佣劳动者在资本主义制度下自发的阶级斗争还是会以一种意识具体化的形式留下痕迹（residue）。大多数群众只是在斗争时才保持活跃，斗争结束后迟早会退至个人生活（"为生存而斗争"）。将工人先锋同群众区分开来的是这一事实：即使是在斗争的平息期，前者也不会离开阶级斗争的前线，它将用"其他方式"继续斗争，它将试图补充斗争中产生的抵抗资金（resistance funds），并使之不断扩大为联盟资金。[17]通过出版工人报纸和成立适合于工人的教育机构，它试图具体化和提高斗争中产生的初级阶级意识。因此，与群众必然中断的行动相反[18]，工人先锋有助于赋予其形式一种连续性的要素，同时，相对于群众运动自身的自发性，工人先锋又有助于赋予其形式一种意识的要素。

然而，先进的工人被迫不断组织起来并提高阶级意识，这较少是通过对理论、科学或社会整体的知识把握实现的，而是更多地依赖于斗争中获得的实践知识。既然斗争表明[19]，每次罢工后抵抗资金的消耗都会降低罢工的效果和手中的运转总额，于是先锋们转而尝试着创立固定的罢工资金。既然经验表明，不定期的传单不如定期的报纸效果好，工人出版社便诞生了。直接从斗争实践经验中产生的意识是经验的、实用主义的意识，它在一定程度上可以充实行动，但却远不及一种科学的全球意识（即一种理论上的理解）效果好。

以一般性的理论理解为基础，革命先锋组织可以巩固和丰富这种更高级的意识，前提是能够同阶级斗争确立联系，即要保证理论在实践中接受严格的检验，在同实践相结合时不会退缩。从成熟的马克思主义观点出发——既包括马克思本人的观点，也包括列宁的观点——一种脱离实践的"真正的"理论和一种并没有建基于科学理论的"革命的实践"同样荒谬。这绝不会减弱理论生产的决定性意义和绝对必要性，它只是强调如下事实，即雇佣群众和革命个体拥有不同的动力从不同的出发点前进，都可以将理论和实践结合起来。

这个过程可以用下面的示意图来概括：

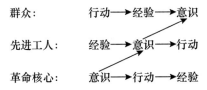

如果我们调整一下这个示意图，就可以从中得出某个结论，如下图所示：

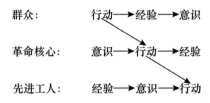

这个形式化的图表揭示出一系列关于阶级意识动力的结论，这些结论在分析中已经被预见到了，但只是现在才获得了全部的意义。相比较而言，先进工人（工厂中工人阶级的"天然领袖"）的集体行动更加难以实现，因为它既不能通过纯粹的信念来实现（就像革命核心那样），也不能通过纯粹的自然爆发来实现（就像广大群众那样）。正是斗争的经验——先进工人行动中重要的激励因素——使先进工人在更大的范围内采取行动前更加小心和谨慎。他们已经完全领悟了以往行动的教训，并且知道一次暴动根本不能实现他们的目标。对于敌人的力量（更不要说敌人的"宽容"）和群众运动的持久性，他们具有较少的幻想，经济主义的巨大"诱惑"（即政治组织战略只关注工资、工作条件等）恰好可以追溯到这个观点上来。

总结一下：革命阶级政党的建立就是革命核心与先进工人双方意识的融合，一种前革命（prerevolutionary）形势的成熟（潜在的革命爆发）是广大群众与先进工人双方行动的融合。一种革命形势（革命夺取政权的可能性）只有在先锋和群众的行动同先锋和革命阶层的意识实现融合时才能产生。[20]对于广大群众来说，从资本主义生产方式的矛盾中生发出来的初级阶级斗争，常常只是由于当务之急的问题被激起，这也适用于所有的群众行动，甚至是政治行动。因此，广大群众的斗争发展为革命斗争这个问题就不仅仅依赖于一个量的要素，它还依赖于一个质的要素。这就需要群众或群众运动内部存在一个足够先进的工人群体，该群体能够在已经达到的意识程度的基础上将广大群众带入这样一种行动中来，即对资产阶级社会的持续存在和资本主义的生产方式提出质疑。

这也突出了过渡要求的极端重要性[21]，突出了已经受训去宣传这些过渡要求的先进工人的战略地位以及革命组织的历史重要性。正是这样一种革命组织，制定了一个与客观历史条件和广大群众阶层主观需要相一致的、全面的过渡要求纲领。只有当所有这些因素成功组合在一起时，一场成功的无产阶级革命才是可能的。

我们已经强调过，列宁的组织理论首先是一种革命理论，在 1903—1904 年反对列宁的争论中，罗莎·卢森堡的主要缺陷便是误解了这一点。具有典型意味的是，在《社会民主党的组织问题》（Organizational Question of Social Democracy）一文中备受抨击的集中化概念——如果详加品味这一点是明显的——不过是一个组织问题。（但是，虽然这个概念被抨击，它也被确证了。就这一点而言，当代"卢森堡主义者"应该更加仔细、更加全面地读一读他们的"罗莎"！）列宁被指责为鼓吹一种"超级集中化"的路线，对地方党委会的人员构成发号施令并且妨碍了基层党组织的首创精神。[22]

然而，当我们转向由列宁本人提出的列宁主义的组织理论时，便会发现重点绝不在集中化的形式和组织这个面向，而是它的政治和社会功能。《怎么办？》的核心是，无产阶级阶级意识通过广泛的政治活动向政治阶级意识转变的概念，从马克思主义的观点看，这便提出和回答了内外部阶级关系的一切问题。"事实上，只有当这种活动不再受到'建立在经济基础上的政治鼓动'的限制时，'提高工人群众的积极性'才是可能的。政治鼓动必然扩大的一个基本条件是广泛政治披露的组织化。除了通过这样一种披露，没有任何别的方法可以使群众在政治意识和革命活动方面得到锻炼。"

更进一步说：

  工人群众的意识是不能成为真正的阶级意识的。谁把工人阶级的注意力、观察力和意识完全或者哪怕是主要集中在工人阶级自己身上，他就不是社会民主党人，因为工人阶级的自我认识是同那种不仅是理论上的……更确切些说，与其说是理论上的，不如说是根据政治生活经验形成的对于现代社会**一切**阶级相互关系的十分明确的认识密切联系着的。[23]

出于同样的原因，列宁非常坚定地强调，革命党为社会所有被压迫阶级（层）营造属于自己的进步要求和运动是完全必要的——即使是"纯粹民主"的那部分要求和运动。因此，他在《怎么办？》[24]中提出的一个最重要的战略计划便是政党鼓动，这种鼓动可以把一切初步的、自发的、分散的以及"仅仅"是本地或部门的抗议、造反和抵抗运动联合起来。对集中化的强调显然处于政治领域而不是形式化的组织领域，形式上谋求组织集中化的目的只是为了使这一战略计划有可能实现。

尽管卢森堡并不认同列宁"集中制"的这一本质，她却被迫在争论中以相反的方式间接提出了另一个关于形成政治阶级意识和准备革命形势的概念，她这样做甚至更加突出地暴露了她在争论中是多么的错误。卢森堡关于"无产阶级军队在自身斗争过程中将得到补充并意识到它的目标"[25]的观念已经被历史彻底驳倒。即便在最广泛、最长久、最猛烈的工人斗争中，工人群众也不会对斗争任务获得一个清晰的理解，或者仅仅只能获得一种不充分的理解（人们只需回忆一下 1936 年和 1968 年的法国总罢工，1918—1923 年的德国工人斗争，1920 年、1948 年和 1969 年意大利工人的伟大斗争，还有 1931—1937 年西班牙规模巨大的阶级斗争就够了。这里仅列举这四个欧洲国家）。

群众斗争要想对一种广泛的前革命（甚至是革命）的任务有清醒的认识，仅靠斗争中的经验是远远不够的。当然，这些任务与引起斗争的直接动机有关，但只有对总体社会发展、资本主义生产方式及其内部矛盾实现的历史地位、阶级在国内和国际范围的力量关系进行一番综合性分析后才能理解。没有长期不懈的准备，不在革命纲领的精神引领下对成千上万先进工人进行教育，没有这些先进工人多年来通过尝试着将纲领在广大群众中撒播而积累的实践经验，便设想仅仅依靠群众行动突然在一夜间在广大群众中制造出一种符合历史形势要求的意识来，绝对是一种幻想。

实际上，人们可以把卢森堡的命题颠倒过来，即认为在最广泛的群众斗争爆发之前，一个无产阶级先锋党在斗争中制定和鼓动性地运用革命纲领时，如果没有经过必要的训练、教育和检验，那么无产阶级军队将永远不会实现它的历史目的，他们自己只能为广大群众获得革命意识提供一种可能性。第一次世界大战后德国革命的惨痛教训便是如此，正是由于缺乏这样一个训练有素的先锋，革命被镇压了下去。

列宁战略计划的目标是通过个体革命核心与无产阶级先锋的有机结合创建这样一个党，但是，如果没有一种广泛的政治活动使先进工人超出工会或工厂这一狭隘视界的限制，这种结合就无法实现。我们今天手头上已有的经验资料表明，在 1905 年革命前和革命中，在 1912 年群众运动开始恢复后，列宁的党实际上就是这样一个党。[26]

要充分理解列宁战略计划深刻的革命性质，还必须从另一种观点对它进行考察。任何一种基于在不远的将来可能会（若不是必然）爆发革命的观念，必定会不可避免地涉及与国家政权直接冲突的问题，也就是说，夺取政权的问题。然而，一旦这个难题被植入这个观念，结果便是多了一条支持集中制的论据。列宁和卢森堡都同意资本主义制度本身以及资产阶级国家对现代社会施加了一种强大的集中化影响[27]，反过来，相信这种集中化的国家政权可以像一堵墙能够被一块砖一块砖地拆掉那样被逐步地拆除，同样彻底是一种幻想。

归根结底，改良主义和修正主义意识形态的实质就根植于这种幻想，即认为这样一种幻想将会实现[28]，列宁和卢森堡都对此表示强烈的反对。然而，当夺取政权的问题不再位于遥远的未来，而是作为近期或不远未来的一个目标出现时，革命就会立刻面临实现夺权所必需的手段的问题。在这里，卢森堡再一次误解了列宁对于如下观念纯粹辩论式用法的含义，即"雅各宾派成员与具有阶级意识的无产阶级组织化密不可分"。列宁在这里当然不是指帮朗基主义的阴谋家，而是指像雅各宾党人一样不懈努力朝着革命任务实现的方向前进的进步团体，在他看来，这样一个团体绝不会允许自己在群众运动不可避免走向涨落的紧要关头偏离这些任务。

然而，为了对卢森堡表示公平，必须补充的是，首先，她是从一个不同的历史观点出发理解（事实上不得不如此）这个问题的，因为在1904年那个时候，德国的现实对她的影响要比俄国和波兰的现实对她的影响大得多；其次，当德国的情况也已经清楚地表明革命到来具有直接可能性时，她完全按照列宁主义的意思得出了必要的结论。[29]

同样，当年轻的托洛茨基在同列宁的辩论中指责他的"替代主义"（substitutionism），即仅仅用党替代工人阶级的首创性时，他同样犯了严重的错误。[30]如果我们把这个指责的核心从争论的外壳中剥离出来，便能够从中发现一种理想主义的、不充分的、关于无产阶级阶级意识发展的概念："马克思主义教导说，无产阶级的利益是由它的客观生活条件决定的，这些利益如此强大且不可避免，以至于最终会迫使无产阶级将自己带入意识之内，也就是说，实现无产阶级客观利益向主观利益的转化。"[31]今天，我们轻而易举地便可以从这种不充分的分析中发现隐藏其中的幼稚的宿命论乐观主义。在这里，当前利益等同于历史利益，也就是说，等同于最复杂的政治战略战术问题的解决。当同已经发生的历史灾难进行比较时，那种希望无产阶级会最终意识到自己历史利益的想法似乎更为肤浅，因为在一个可以胜任的革命领导层缺席的情况下，无产阶级甚至连当前的革命任务都无法完成。

下面这段话来自同一争论，它更为清楚地表明了同样天真的乐观主义：

　　革命社会民主主义者不仅相信无产阶级政党的发展不可避免，而且相信党内革命社会主义思想的胜利也不可避免。第一个证据基于如下事实，即资产阶级社会的发展自然而然导致了无产阶级在政治上对自己进行界划；第二个证据则基于这样一个事实，即这一界划的客观趋势和策略问题在革命社会主义（即马克思主义）中已经找到了它们最好、最全面、最深刻的表达。[32]

　　这段引文清楚地表明，年轻的托洛茨基在他与列宁的争论中所捍卫的正是"久经考验策略"和"对进步必然性的天真笃信"，这种观念在马克思逝世后直至第一次世界大战期间，以倍倍尔和考茨基的方式在国际社会民主党内部广为流传。列宁的阶级意识概念之所以更丰富、更具矛盾性、更辩证，恰恰是因为它基于对当前（不是"最终某一天"，而是在未来几年）革命意义的深刻理解。

　　为了给历史的发展画一个圆，这里必须要补充一点，1917 年俄国革命爆发后，托洛茨基就完全采信了列宁关于无产阶级阶级意识形成的分析，因此也包括了他的组织理论，直到生命的最后一刻，他都在同一切怀疑论者和悲观主义至上论者（他们声称在这些原则中发现了斯大林主义的"萌芽"）做斗争，同时坚定地捍卫这些原则。因此，在最后的未竟手稿中托洛茨基写道：

　　俄国无产阶级在 2 月，或者说在 1917 年 3 月成熟起来的一个重要因素就是列宁。他不是从天上掉下来的，他是工人阶级革命传统的化身。为了让列宁的口号找到通往群众的道路，就必须有骨干，即使开始时数量很少，这个骨干必须有信心成为领导阶层，这种信心建基于过去的全部经验。在人们的计划中取消这些因素不过是忽视活的革命，用一种抽象的"力量关系"的概念来代替它，因为革命的发展恰恰在于，这种力量关系在无产阶级意识变动的影响下，在落后阶层对先进阶层的吸引以及阶级对自身力量的不断确证下，不断地迅速发生变化。在这个过程中，必不可少的主要动力就是党，正像在党组织中必不可少的主要动力是它的领导阶层一样。[33]

革命先锋与自发的群众行动

相对于卢森堡和托洛茨基对群众行动的"欣赏"而言，将列宁一生的工作说成是对群众行动重要性的彻底"低估"，这对列宁来说将是巨大的不公。除了只有在相关语境下才能被理解的带有辩论性质的段落外，列宁同卢森堡和托洛茨基一样，也明确对大规模自发群众罢工和游行示威的爆发表示热烈欢迎。[34]只有斯大林主义的官僚机构，伴随着对自发群众运动日渐增长的不信任，才会歪曲列宁主义——这毕竟是一切官僚机构的特征。

卢森堡声称，一场无产阶级革命的爆发不能由日程表"预先决定"，这是完全正确的。我们在列宁那里找不到任何与之相左的言论。像卢森堡一样，列宁确信如果没有这些基本的群众行动的爆发，革命将是不可想象的，这些基本的群众行动既不能按照规则"组织"起来，也不能由一排受过训练却没有军衔的军官"指挥"。像卢森堡一样，列宁确信一场真正广泛的群众行动将展示为并且将永远展示为创造性力量、智谋和首创精神的巨大武库。

于是，我们发现列宁的组织理论和所谓的自发性理论——可归因于卢森堡，只不过要做重要的保留——之间的差别并不在于对群众首创精神的低估，而是在于对这种自发性局限的理解。群众的首创精神可以取得许多重大的成果，但在斗争过程中，首创精神本身却不能草拟出一份触及所有社会问题的、全面彻底的社会主义革命纲领（更不用说是一份社会主义建设的纲领了）。它也不能集中足够的力量使得摧毁一个中央集权的国家政权成为可能，因为这个权力压迫机构建立在对其信息"内线"优势的充分运用基础之上。换句话说，群众自发性的局限源于这样一种理解，即一场胜利的社会主义革命不能临时筹措出来，"纯粹"的群众自发性总是最终归为一种即兴表演。

而且，"纯粹"的自发性只存在于那些有关工人运动的童话故事书里（而不是在它真实的历史中）。人们所理解的"群众的自发性"是指那些没有提前经由某些重要权威周密计划的运动，而人们所不理解的"群众的自发性"是指没有受到"外部政治影响"就发生的运动。剥去"自发运动"表层的蓝色外衣，你会发现里面明显存留着一层鲜亮的红色饰面。这里有一个"先锋"团体成员发起了一场"自发的"罢工，那里有一个"左翼"机构的前成员，虽脱离组织许久，由于对突发形势有足够的思想准备，所以能够在无名群众仍然踌躇不前时以闪电般的速度做出反应。

在一种情况下，我们会在"自发的"行动中发现一个工会反对派或普通大众团体数年来"地下活动"的成果；在另一种情况下，我们会发现在较长的一段时期内，在"左翼"力量较强的一个邻近城市（或一个邻近工厂），车间同事正坚持不懈地建立（虽然没有明显成功的）交往关系。同样，在阶级斗争中没有天上掉馅饼的事情发生。

因此，"自发的"行动和"先锋干预"的行动的区别根本不是前者在斗争中每个人都达到了相同的意识水平，而后者意味着"先锋"与"群众"的意识水平决然不同。同样，将这两种行动方式区分开来的也不是在"自发的"行动中没有来自阶级"外部的"解决方案，而一个有组织的先锋则"以一种精英的方式"与群众的基本要求相结合，并"赋予"行动一个纲领。从来没有不受某种先锋分子影响的"自发的"行动，"自发的"行动和那些受"革命先锋干预"的行动的本质区别在于，在"自发的"行动中，先锋分子的干预在本质上是无组织的、临时拼凑的、时断时续的、毫无计划的（偶然发生在这个工厂、那个地区或那个城市），而革命组织的存在使先锋分子在"自发的"群众斗争中的干预能够协调一致，有计划、自觉地保持同步并不断实现。列宁主义的"超级集中制"几乎所有的要求均以此为基础，并且仅仅以此为基础。

只有无可救药的宿命论者（机械决定论者）才会仅仅因为群众运动在那一天爆发了，便相信所有的群众运动必定会在某一天爆发，相反，所有那些群众运动没有发生的案例都是因为不可能爆发。实际上，这样一种宿命论的看法（常见于考茨基—鲍尔思想流派）是列宁主义的组织理论的一幅讽刺画。无论如何，典型的是，对于"群众的自发性"，许多同列宁对立的列宁主义的反对者总有说不完的话，与此同时，他们又深陷这种粗俗呆板的决定论不能自拔，丝毫没有意识到这与他们保有"崇高敬意"的"群众自发性"是多么矛盾。

另一方面，如果一个人从自发的群众运动必然周期性爆发这一点出发（当社会—经济矛盾已经成熟到资本主义生产方式实际上不得不周期性地制造这种前革命危机时，运动便会出现），他就一定知道确定革命发生的准确时刻是不可能的，因为成千上万的微小事件、局部冲突和偶发事件对于该时刻的确定来说发挥着重要的作用。由于这个原因，一个在决定性时刻能够将自身力量集中在"最薄弱环节"的革命先锋要比无法集中力量的多数先进工人的散乱行为更为有效。[35]

发生在西方的两次最伟大的工人斗争（1968 年法国的五月事件和 1969

年意大利的秋季事件）完全证实了这些观点。这两次始于"自发"斗争的事件既不是由工会也不是由大的社会民主主义或"共产主义"政党策划。在这两次事件中，个人、激进工人和学生或是革命核心起了决定性的作用，他们在各地率先暴动，为工人群众从"杰出经验"中学习提供了机会。在这两次事件中，有千百万人投入了战斗——法国的雇佣劳动者多达 1 000 万人，意大利则多达 1 500 万人。这是以前从未见到过的——即使是在第一次世界大战后最大规模的阶级斗争时期也无法与之相比。

在这两次事件中，工人表现出的自发倾向超出了一种纯粹经济罢工的"经济主义"。在法国，这一点可以由工人占领工厂和大量的局部首创精神证实；在意大利，这不仅表现为大规模的街头游行示威和政治要求的提出，还表现为生产过程中自我组织倾向的初步彰显，这就是，试图为建立双重政权迈出第一步：选举代表会（*delegati di reparto*）（在这个意义上，意大利工人阶级先锋要比法国的先锋更为先进，它从法国五月事件中得出了第一个重要的历史教训）。[36] 但在这两次事件中，这些强大的、自发的群众行动都没能成功推翻资产阶级国家机器和资本主义生产方式，甚至没能促进群众对于如下目标的理解，那就是，人们有可能在短期内实现这样一种颠覆。

让我们回想一下托洛茨基在《俄国革命史》中的一个隐喻：强有力的蒸汽因为缺乏一个在决定性时刻压缩它的活塞而只能蒸发。[37] 当然，归根到底决定性的力量是蒸汽（群众动员和群众斗争），而不是活塞本身。如果没有蒸汽，活塞始终是一个空壳，但如果没有活塞，即便是最强有力的蒸汽也会被浪费且不能做任何事情，这就是列宁主义的组织理论的精髓。

组织、官僚制和革命行动

然而，在列宁同孟什维克派争论最为激烈的那些年，把这几个概念联系起来是有困难的，他要么根本没有意识到这种联系（1903—1905 年），要么只是意识到了一点（1908—1914 年）。正是在这里，托洛茨基和罗莎·卢森堡历史著作的全部价值清晰地表现了出来，那就是，便于人们理解"工人阶级—先进工人—工人党"这一辩证公式。

一个先锋党以及党群间的某种分离之所以不可避免，恰恰是因为广大工人群众阶级意识水平必然不高。正如列宁反复强调的，这是一个复杂的辩证关系——一种分离和结合的统一——它完全符合以实现社会主义革命为目标的革命斗争的历史特性。

然而，这个分离的党源于资产阶级社会内部，一种普遍化的劳动分工和商品生产是这个社会的内在特征；它倾向于导致所有人类关系的物化。[38]这表明，一旦党组织建设脱离了工人群众，它将会面临故步自封的危险，当这种危险的发展超出了萌芽阶段，就会出现这样一种倾向，即组织的自我保护变成了目的本身，而不再是实现目的（成功的无产阶级阶级斗争）的一种手段。

这就是第二国际和第三国际堕落的根源，即群众的社会民主党和西欧共产党从属于保守的、改良主义的官僚机构，这在他们的日常实践中已经成为现状。[39]

工人组织中的官僚机构是社会劳动分工——即工人群众乏力（inability）——的产物。在资本主义制度下，工人群众很大程度上被排除在生产的文化和理论进程之外，对他们自己来说，只有在他们的组织机构内部才能定期完成所有的工作。无论怎样试着去克服这个问题（这常常发生在工人运动的初期）都无济于事，因为这种劳动分工完全对应于物质条件，而绝非由邪恶的投机分子发明出来。如果忽视了这些条件，那么由此产生的原始主义、愚昧和争吵就会对运动设置界限，就像官僚机构会在其他方面对运动设置界限一样。在这里，如果从一个不同的观点出发（以组织的技术代替意识的水平），我们就会遇到前面已经解释过的相同的困难，即充分相信资本主义生产方式能够成为一所为无产阶级独立活动提供准备的完美学校，或是相信它可以不自觉地促发工人群众自发认识到和达到他们自身解放的一切目标和组织形式。

列宁在与孟什维克派的初次争论中严重低估了组织变得自治以及工人党官僚化的危险，他从这样的假设出发，即认为现代劳工运动中的机会主义危险主要来自小资产阶级学者和小资产阶级"纯粹的工联主义者"的威胁，为此，他取笑许多与"官僚主义"危险作斗争的同志。实际上，历史表明在第一次世界大战前，社会民主党内机会主义最大的源头既不是来自学者也不是来自"纯粹的工联主义者"，而是来自社会民主党自身的官僚化，这表现为，"合法的"实践一方面局限于选举和议会活动，另一方面局限于一种经济和工会性质的直接改良斗争。（仅仅描述这一实践就足以证明它与现今的西欧共产党是何等相似！）

托洛茨基和卢森堡比列宁更早、更准确地意识到了这种危险。早在1904 年，卢森堡就表达了这样一个看法，即认为在"群众热切的进攻和社会民主党［过度］审慎的立场之间出现分歧"是可能的。[40]这个思想几乎还没有提出就被抛弃了，唯一可能确证它的方法就是想象党的"超级集中化"可以沿着列宁主义的路线前进这一情形。两年后，托洛茨基已经可以更加准确地表述这一思想了：

> 随着群众已经开始拥护社会主义以及越来越多的群众变得有组织、有纪律起来，欧洲的社会主义政党，尤其是它们中最大的一个——德国社会民主党，却发展了它们的保守主义。其结果便是，社会民主党作为一个体现无产阶级政治经验的组织可能在某一时刻成为工人和资产阶级反对派之间公开冲突的直接障碍。换句话说，无产阶级政党鼓吹社会主义的保守主义在某些时刻可能会阻碍无产阶级直接夺取政权的斗争。[41]

这一预测一语成谶，为历史所证实。直到第一次世界大战前夕，列宁才发现了这个问题，而德国左翼早就摆脱社会民主党政府的这种幻想了。[42]

组织理论、革命纲领与革命实践

然而，在经历了 1914 年 8 月 4 日的创伤性休克后，列宁在这个问题上也向前迈出了决定性的一步。从那时起，组织问题就不仅仅是一个功用的问题，还是一个内容的问题了。现在的问题不再是简单地将一般的"组织"和一般的"自发性"进行对比，就像列宁在《怎么办？》和《进一步，退两步》（*One Step Forward, Two Steps Backward*）中所做的那样，而是应依据客观标准（革命纲领、将这个纲领带给群众、革命实践等）对客观的保守组织和客观的革命组织进行细致区分，要知道，群众的自发斗志会自觉倾向于行动，或者甚至是倾向于保守的改良主义群众组织的存在。"天真的"组织的拜物教徒可能会声称，列宁在 1914 年之后又回到卢森堡"自发主义"的观点上来，当"无组织的群众"和社会民主主义的组织发生矛盾时，他有条不紊地捍卫前者反对后者，或是指责后者背叛了前者[43]，他当时甚至将保守组织的消亡看成是无产阶级解放的先决条件。[44]

但是，列宁在 1914 年之后对他的组织理论所做的修正或完善，并不是退回对"纯粹"自发性的崇拜，而是前进了一步，对革命党和一般组织做了区分。现在，我们不能说党的目的是发展工人阶级的政治阶级意识，更准确的表述是，革命先锋的作用主要是在工人阶级的先锋中发展革命意识。革命阶级政党的建立过程就是社会主义革命纲领同大多数先进工人的斗争经验融合的过程。[45]

随着第一次世界大战的爆发，列宁主义的组织理论得到了详尽的阐述和扩展，与之齐头并进的是列宁主义关于革命重要意义的思想。尽管对列宁来说，1914 年之前这种意义还大体局限在俄国，1914 年之后它就扩展到整个欧洲了（在 1905 年俄国革命之后，列宁就已经认识到殖民地和半殖民地的革命具有直接可能性）。

因此，列宁主义关于今日西欧帝国主义国家的"战略计划"是否有效，与我们生活的历史时期的性质这个问题紧密相连。从历史唯物主义的立场看，人们只有从下面的假定出发（我们判断这个假定是正确的、可能的）才能合理地从"当前潜在的革命"中推出党的概念，即认为第一次世界大战到俄国十月革命这段时期，世界范围内的资本主义体制步入了一个历史性结构危机的时代[46]，这必将导致周期性革命形势的出现。另一方面，如果人们假定我们仍然处于作为世界体制的资本主义上升期，那么这样一个概念就必须作为一种彻头彻尾的"唯意志论"被抛弃掉。在列宁主义的战略计划中起决定性的当然不是革命宣传——当然，即便是在非革命时期革命也要进行——而是对不远的将来即将爆发的革命行动的关注。即便是在资本主义的上升期，这样的行动也有可能发生（注意巴黎公社），但只会作为不成功的例外出现，在这种情况下，全力以赴为有效的参与行动做准备，对于建党来说几乎没有任何意义。

一个一般的"'工人'党"（指它的全体成员或者甚至是它在选举中的支持者）同一个革命的工人党（或者是这样一个党的核心）的差别不仅体现在纲领或客观社会功能（鼓舞而不是平息一切客观革命的群众行动，或鼓舞一切抨击质疑资本主义生产方式和资产阶级国家本质的挑战与行动方式）上，而且还在于它能够找到一种恰当的教育方法，并将革命纲领带到数量不断增长的群众中去。

然而，人们可以进一步以更尖锐的方式提出问题：组织变得自治的危险是只限于机会主义和改良主义的"工人"组织呢？还是同样威胁着所有组织，包括那些拥有一个革命纲领和革命实践的组织呢？官僚机构的不断发展是否就是一切分工（包括"领导"和"成员"之间的分工）不可避免的结果呢？甚至可以存在于一个革命团体的内部？因此，是否意味着任何一个革命组织只要超出狭小的环境，就会因为它在自身发展和群众斗争发展中变成了无产阶级群众谋取解放的绊脚石而要受到谴责呢？

如果这个论证思路被普遍认为是正确的，那么将只能引出这样一个结论：工人阶级和人类社会主义解放是不可能的——因为据称任何组织不可避免的"自治"和堕落必须被视为悖论的一部分，悖论的另一部分则表现为这样一种倾向，即所有未被组织起来的工人、所有只是部分参与行动的知识分子、所有被普遍的商品生产控制的人都陷入了一种小资产阶级的"虚假意识"。只有一种以总体意识和丰富理论为目标的广泛的革命实践才能避免"统治阶级意识形态"对个体革命阶层的渗透，而这只能是一种集体的、有组织的实践。如果上面的论证是正确的，人们就不得不得出结论，无论组织是否存在，先进工人都将因为无法获得政治阶级意识或迅速失去这种意识而受到谴责。

事实上，这种分析思路是错误的，因为它将一个过程的开端和它的最终结果等同起来。于是，这种观点就从革命组织也存在变得自治的危险出发，以静止和宿命的方式推出了自治不可避免的结论。无论从经验上还是理论上看，这种观点都无法得到证实。因为一个革命先锋组织（一个革命党更是如此）官僚主义堕落的危险程度不仅取决于走向自治的倾向（该倾向其实也折磨着资产阶级社会的所有机构），还取决于现存的反倾向（counter-tendencies），包括：革命组织与独立于"国内"组织且经常对其进行理论监督（不是通过一个组织，而是通过政治批评）的国际运动的融合；与实际的阶级斗争和实际的革命斗争紧密相连，使得有可能在实践中不断地挑选骨干；通过确保在工厂、大学和专职党务部门之间进行不断的人员轮岗这一系统性尝试来消除劳动分工；制度上的保障（例如限制全职工作人员的收入，捍卫内部民主的组织原则，保证能够自由地形成倾向和派别）。

这些矛盾倾向的结果取决于它们之间的斗争，反过来，这又最终取决于两个社会因素[47]：一是"自治组织"所引起的特殊社会利益的程度；二是工人阶级先锋政治活动的程度。只有当后者彻底被削弱时，前者才会决然公开脱出。于是，整个争论就发展成一种乏味的陈词滥调：在被动性渐长的时期，工人阶级不可能为了它的解放而积极斗争。这根本不能证明，在先进工人活动渐增的时期，尽管他们的"独断"可能而且必然受到阶级（或它的先进部分）独立活动的限制，革命组织却无法成为迎来解放的一个有效工具。革命组织是发动革命的一个工具，如果没有广大工人群众日益增长的政治活动，无产阶级革命根本就不可能发生。

组织理论、民主集中制和苏维埃民主

列宁组织理论的反对意见认为，通过这种夸大的集中化会阻碍党内民主的发展。然而这种反对意见是含混不清的，因为列宁主义的组织原则是把组织限定在积极成员的范围之内，并以一种集体控制的方式实现的。实际上，这不仅没有减少反而扩大了党内民主的范围。

一旦工人组织的人数超出了一定的规模，就基本上只能采取以下两种模式：一种是缴纳会费的选举性社团（或区域性组织），相当于今天德国社会民主党和法国共产党的模式；另一种是战斗班组，其成员大都是从积极自觉的成员中挑选出来的。从理论上讲，第一种模式具有一定的自由度，能够让某些满腹牢骚者和反对者混进来，但这只是次要的事情，除此以外，大部分对政治不感兴趣并且消极的成员为组织提供了一个选举基础，其积极性可以随时被调动起来，但这与阶级意识没有任何关系（这些成员中有为数不少的一部分人在物质上依赖于这个组织——包括绝大部分市政管理人员和雇员以及工人组织自身的雇员）。

然而，在那些只有表现出某种最低限度的觉悟才能成为其成员的战斗性组织中，进行独立思考的可能性实际上更大。在这里，"纯粹的党政成员"和野心家不会像在普通的选举性俱乐部里那样容易占据主流，于是意见上的分歧将更多地根据内容来解决，而不是依据其物质依赖性或抽象的"忠诚"来解决。诚然，仅仅以这种方式建立组织并不能自动确保组织的官僚化不再发生，但至少它为阻止官僚化的出现提供了必要条件。[48]

一旦革命突然爆发，革命组织（一个党的核心或者一个党）和工人群众的关系就会陡然急转。那时，有觉悟的革命社会主义分子多年前播下的种子就开始发芽，广大群众便能立刻获得革命意识，他们的革命首创精神就会把许多革命集团远远抛在身后。

在《俄国革命史》中，托洛茨基多次举例强调说，在俄国革命的某些关键时刻，工人群众甚至走到了布尔什维克党的前面。[49]尽管如此，人们却不能由这个事实得出一般性的结论，尤其是不能忘记这样一个事实，即在列宁的《四月提纲》发表之前，布尔什维克党关于俄国革命性质和目标的策略思想还没有被充分地制定出来。[50]党几乎就要为此冒险付出代价，直到列宁在《四月提纲》中决然采取了行动，然而，他之所以能够轻易做到这一点，是因为受过教育的布尔什维克工人群众推动他沿此方向前进，他们自己就是俄国工人阶级强力激进化的一个反映。

要提出一个客观全面反映布尔什维克党组织在俄国革命中作用的看法，很可能会略有不同。尽管党的领导核心多次被证明是一块保守的绊脚石，这表现在它总是阻止党转向托洛茨基关于无产阶级专政（苏维埃政权）的斗争立场，同时明显的是，那些在革命组织和革命活动中学习了 20 多年的革命工人骨干的思想结晶，对这个决定性战略的成功转向颇有助益。如果有人想要在斯大林主义的官僚机构和"列宁主义的政党概念"之间建立联系，那么他将至少不得不考虑这个决定性的干预因素。斯大林的胜利并不是列宁主义"组织理论"的结果，而是该概念一个关键组成部分缺失的结果，这个部分就是，存在着一个在革命中受过教育、保持着较高的活跃度且与群众密切相连的广大工人骨干阶层。另外，列宁本人也绝不会否认在该因素缺席的情况下，列宁主义的政党概念将会走向它的反面。[51]

对于在革命期间和革命之后如何组织独立活动的问题，迄今为止工人阶级唯一能够做出的普遍回答就是苏维埃体制。[52]该体制将阶级内部的所有力量——一般而言包括社会中的一切劳动进步阶层——聚合在一种同时并存且公开对抗的不同倾向下。为此，每一个真正的苏维埃体制——确实由工人中的大多数人选出，并且没有这个或那个选择性的权力组织强加其上——将不得不考虑上面强调的无产者阶层的社会和意识形态的多样性。工人委员会实际上就是在一个中心点上达成一致的不同政治倾向的联合战线，这个中心点就是一同捍卫反对阶级敌人的革命。同样，一个罢工委员会反映了工人中最广泛的不同倾向，然而有一点例外，它只包括那些参与罢工的倾向，破坏罢工的人在罢工委员会中是没有地位的。

无论怎样，一个列宁主义类型的革命组织的存在同真正的苏维埃民主或苏维埃政权没有矛盾。恰恰相反，如果没有革命先锋所从事的系统的组织工作，苏维埃制度将要么被改良主义或半改良主义的官僚机构迅速扼杀（参看 1918—1919 年德国的苏维埃制度），要么会因为无力解决最重要的政治任务而失去它的政治效力（参看 1936 年 7 月至 1937 年春的西班牙革命委员会）。

那种认为苏维埃体制让党成为多余的假设有两个来源，要么，它产生于这样一种天真的臆想，即假定引入苏维埃可以让无产阶级在一夜间同质化，可以消除一切意识形态和利益上的差别，可以自动和自发地给整个工人阶级提供"革命方案"乃至一切革命战略战术问题的建议；要么，它仅仅是一个托词，用来给一小撮自封的"领袖"提供一个控制相当数量、不善言辞的群众的机会，这些群众通常被剥夺了一切系统理解这些革命策略和战术问题的可能性，也就是说，一种自由讨论和在政治上区分自身的可能性。南斯拉夫所谓的自治体制就是一个明显的例子。

因此，与一种无差别的代表制相比，革命组织更能够保证工人群众在苏维埃体制下保持更高程度的独立活动和自我意识，进而获得更多的革命阶级意识。但显然，要实现这一目的它必须要鼓励而不是阻碍工人群众的独立行动。正是在苏维埃体制下，群众独立的首创精神得到了最充分的发展。我们再次得出了一个相似的结论：建立在一种正确革命策略（对客观历史进程的正确评估）基础上的列宁主义组织概念不过是群众活动、群众集体记忆和群众融会贯通经验的集体协调者，而不是一种在时间、空间和意识上不断重复和扩大的中断。

历史在这个方面同样已然表明，一个自诩的革命党和一个真正的革命党存在着本质差别。当一群官员不仅反对而且利用一切手段（包括军事手段）去压制群众的首创精神和独立活动时（人们可以回想一下 1956 年10—11 月的匈牙利或 1968 年 8 月以来的捷克斯洛伐克），当这个群体与从群众斗争中自发萌生的苏维埃体制毫无共同话语，而是以保卫“党的领导地位”[53] 为托词去扼杀、摧毁这个体制时——显然我们面对的不再是一个无产阶级的革命党，而是一个代表着特权阶层特殊利益且深深敌视群众独立行动的组织：官僚机构。然而，一个革命党可能会退化为官僚主义党这个事实，并不能成为我们反对列宁主义组织概念的理由，就像一个医生没有治愈反而治死了许多病人并不能作为我们反对医学的理由一样。任何偏离这个概念并退回到“纯粹”群众自发性的做法，就好比是从医学科学退回到庸医术一样荒谬。

经济主义的社会学、官僚主义和自发主义

当我们强调列宁的组织概念实际上代表着当前潜在的无产阶级革命这样一个观念时，我们便触及了列宁主义无产阶级阶级意识理论的核心要素：在资本主义制度下阐明革命主体的问题。

对马克思和列宁来说（卢森堡和托洛茨基也一样，尽管他们直到 1914年的某一时刻才从这一事实中推出所有必要的结论），革命主体只能是潜在地从事周期性革命的工人阶级，因为它在资本主义制度下工作、思考和生活，也就是说，它处于自身社会存在的总体性之下。[54] 列宁主义的组织理论就直接源于对这种革命主体地位的评估，因为不言而喻，这样定义的主

体只能是一个矛盾的主体，一方面，它表现为雇佣奴隶制、异化劳动、一切人类关系的物化以及资产阶级和小资产阶级意识形态的影响；另一方面，在周期性的短暂间歇后，它会转向一个激进的阶级斗争阶段，甚至会转向一种反对资本主义生产方式和资产阶级国家机器的公开革命战争。在过去的150年里，实际的阶级斗争就体现为这种周期性的涨落，绝不能将历史——如法国或德国过去100年的劳工运动——总结为要么是"不断增长的被动性"，要么是"连续的革命活动"这样一个公式，显然，它是这两个因素的一种统一，有时强调这一个，有时强调那一个。

作为意识形态倾向，对革命主体的非辩证定义是机会主义和宗派主义深刻的理论根源。对于机会主义者来说，革命主体就是日常的工人。正如普列汉诺夫（Plekhanov）正确指出的，机会主义者倾向于在一切事情上都模仿工人的态度，并且"崇拜他们落后的一面"。如果工人所关心的问题仅限于工厂，他们就是"纯粹的工联主义者"；如果工人被卷入爱国沙文主义的浪潮中，他们就变成了社会爱国主义者或社会帝国主义者；如果工人屈从于冷战的宣传，他们就变成了冷酷的战士："群众永远是对的。"这样一种机会主义近期最恶劣的表现就是，不再通过对社会的客观科学分析去确定纲领（不理会推选出来的纲领），而是诉诸民意测验。

然而，这种机会主义导致了一个无法解决的矛盾。所幸群众的情绪并非一成不变，而是会在一个相当短的时期内发生显著的变化：今天工人们可能只关心工厂内部的事情，但明天他们可能会出现在政治游行示威的队伍里并占满街道；今天他们可能会"支持"帝国主义者对祖国的保卫并对抗"外敌"，但明天他们可能就会厌烦战争并重新将他们的统治阶级视为主要的敌人；今天他们会被动接受同老板的合作，但明天他们可能通过盲目的罢工运动转而反对这种合作。一旦群众突然倒戈开始转向反对资产阶级社会时，机会主义的逻辑——以"群众"态度为由为适应资产阶级社会做辩解——就会成为这些群众的障碍。

同机会主义者一样，宗派主义者也把革命主体简单化了，但却是一种相反意义上的简单化。如果说在机会主义者看来只有日常的工人才算数，即那些认同和适应资产阶级关系的工人，那么对宗派主义者来说，只有那些行动上像一个革命者的"理想的"无产阶级才算数。如果工人没有表现出一副革命的姿态，他就不再是一个革命主体：他被降格为"资产阶级"。如果工人阶级对于完全接受目前正在讨论的特定的宗派主义意识形态表现出一丝犹豫，极端的宗派主义者——例如某些极左的"自发主义者"和斯大林主义者——甚至会走得更远，即直接将他们与资本家阶级等同起来。[55]

一方面是极端的客观主义（"工人所做的一切都是革命的"），另一方面是极端的主观主义（"只有那些接受我们学说的工人才是革命者或无产阶级"），在最终的分析中这两个方面汇聚到了一点，即否认大规模群众斗争（由具有矛盾意识的群众发起）的客观革命性质。对于机会主义的客观主义者来说，这些斗争不是革命的，因为"下个月大多数人又会转而投票支持联邦德国社会民主党（SPD）或戴高乐"。对于宗派主义的主观主义者来说，这些斗争也与革命毫不相干，"因为（我们的）革命团体仍然过于薄弱"。

要弄清这两种倾向的社会性质并不困难，它们对应于小资产阶级的知识阶层：机会主义者多半代表的是群众组织或资产阶级国家机器中与劳工官僚机构相连的知识阶层，宗派主义者代表的是那些丧失了社会地位或仅仅坐视不理且远离实际运动的知识阶层。在这两种情况下，一种主观因素和客观因素的强制分离在充满矛盾却不可分割的革命主体中发挥着作用，类似于理论与实践的分离，这只能导致一种机会主义的实践和一种包含"虚假意识"的理想化"理论"。

然而颇为典型的是，对于众多的机会主义者（其中包括工会官僚主义者）和宗派主义的文人来说，他们会指责正是作为小资产阶级知识分子的革命马克思主义者才是意欲"征服"工人阶级的人。[56]在革命的学生运动内部，这个问题的讨论仍占有一席之地。因此，有必要对官僚主义、经济主义和自发主义（或者是手工业者对组织问题的态度）的社会学问题进行更严密的分析。

体力劳动和脑力劳动以及生产和积累的调和尽管发生在不同的层面（例如在工厂中），却在资产阶级社会多次出现。"知识阶层""智力的小资产阶级""技术知识阶层"这些一般概念的含义实际上与上述各种调和活动（与真正的阶级斗争存在明显差异）是一致的。人们可以从根本上区分出如下类别（我们绝没有声称这里构成了一个完整的分析）：

（1）生产过程中资本和劳动之间的真正中间人，即资本的第二指挥官：工头、计时员和工厂中的其他核心人员，他们的其中一个任务是，为了资本的利益维持工厂的劳动纪律。

（2）科学和技术或者技术和生产之间的中间人：实验室助理、科学研究人员、发明家、技术专家、策划人、项目工程师、起草人。同第一类人相比，这些阶层在从生产者手中榨取剩余价值的过程中并不是同谋，他们也参与了物质生产过程本身，出于这个原因，他们不是剥削者，而是剩余价值的生产者。

（3）剩余价值生产和实现之间的中间人：广告经理和公职人员、市场研究机构、占据分配部门的干部和科学家、市场专家。

（4）劳动力商品买卖双方之间的中间人：尤其是工会的公职人员，在更宽泛的意义上，包括劳工运动中官僚化的群众组织内的所有工作人员。

（5）资本和劳动在上层建筑领域的中间人，意识形态的生产者（那些忙于生产意识形态的人）：一部分资产阶级政治家（"公共舆论的制造者"）、所谓人文学科的资产阶级教授、新闻记者、某些艺术家。

（6）科学和工人阶级之间的中间人，那些没有被职业化纳入统治阶级意识形态生产的理论工作者，他们能够相对摆脱对于生产的物质依赖，并热衷于对资产阶级关系进行批判。

人们还可以补充第七类人，这类人一部分包含在第五类人当中，一部分包含在第六类人当中。在稳固的古典资产阶级社会，教育作为一种职业可划入第五类，这既是因为资产阶级意识形态具有无限的支配地位，也是因为一切职业教育普遍具有抽象的意识形态特征。然而，随着新资本主义社会中学和大学结构性危机的增长，客观标准发生了变化。一方面，资本主义的总危机促成了新资本主义意识形态的总危机，质疑声越来越多；另一方面，教育较少地被当作一种抽象的意识形态教化，而是更多地被视为未来知识工人（属于第二类和第三类）融入生产过程的直接技术准备。这就使得教育的内容能够日益同一个个体异化复归的意识联系在一起，与相关领域的社会批判联系在一起（甚至与一般的社会批判联系在一起）。

现在可以清楚地知道知识分子中哪部分人会对无产阶级阶级意识的发展产生消极影响了：首先是第三、第四和第五组人（我们不必提及第一组人，因为一般情况下它无论如何都与工人组织保持着距离）。正如第一次世界大战以来社会民主党内广泛出现、今天在西方莫斯科导向的共产主义群众组织中部分出现的那样，对工人阶级首创精神和自信威胁最大的是第四组人和第五组人的共生或联合。

另一方面，第二组人和第六组人只会增强工人阶级和革命组织的影响，因为他们用知识把工人阶级和革命组织武装了起来，对于无情批判资产阶级社会和成功推翻这个社会来说，这些知识是必不可少的，对于联合生产者成功接管生产资料来说，更是如此。

那些同第二组和第六组的知识阶层一道责备工人组织不断团结的人，在客观上只是助长了第三、第四、第五组人对工人阶级施加的消极影响。历史上的一切阶级斗争都与意识形态斗争相随相伴。[57] 这可以归结为这样一个问题，那就是如何判定哪种意识形态能够在工人阶级中扎根，或者更准确地说，究竟是资产阶级和小资产阶级的意识形态还是马克思主义的科学理论将会在工人中得到发展呢？所有那些在斗争中反对工人阶级内部"每一个外来知识分子影响"的人，都忽视或撇开了这样一个事实，那就是，第一、第三、第四、第五组人对工人阶级施加的影响正通过整个资产阶级社会和资本主义经济的全部机制长期不懈地发挥着作用，那些极左的"自发主义者"手中也没有终止这一进程的灵丹妙药。大声训斥马克思主义知识分子在工人阶级内部的影响，不过是意味着允许资产阶级知识阶层的影响畅通无阻地传播罢了。[58]

更糟糕的是，通过阻止一个革命组织的形成以及对职业无产阶级革命者的教育横加阻挠，孟什维克派成员和"自发主义者"在客观上助长了体力劳动和脑力劳动的永久分离，即助长了工人对知识分子的精神征服以及工人组织颇为迅速的官僚化。因为在大多数情况下，一个连续处于资本主义生产过程中的工人通常不可能全面地接受理论，因此将仍然会依赖于"小资产阶级的专家"。正因如此，在革命组织内部可以实施决定性的一步，那就是，至少朝着最先进的工人的知识解放迈进，通过周期性地让工人离开工厂，朝着初步克服工人运动自身劳动分工的方向迈进。

这还不是关于自发主义社会学的最终定论，我们必须扪心自问：对知识分子的"厌恶"和"不信任"将对工人阶级中的哪个阶层影响最大？显然，应该是那些社会和经济的存在方式受到知识劳动的实际冲突强烈影响的阶层。总的来说，这是一些受到技术进步威胁的中小工厂中的工人，一些通过个人努力使自己卓尔不群且善于自学的工人，一些爬到官僚组织上层的工人，一些鉴于较低的教育文化水平而远离脑力劳动的工人（因此通常认为他们对知识分子最不信任、最充满敌意）。换句话说，工人阶级内部的经济主义、自发主义、对待组织问题的"手工业者态度"以及对科学的敌视，所有这一切的社会基础就是工人阶级中的工艺阶层。

另一方面，在大工厂、大城市和技术进步前沿领域的工业分支机构中的工人，由于渴求知识，非常熟悉技术和科学的进程，同时又有夺取工厂和国家权力的强烈勇气，便更容易理解革命理论家和革命组织的客观必要作用。

劳工运动中的自发倾向常常（即便不总是如此）正好与这种社会基础相一致，第一次世界大战前拉丁语国家的无政府工联主义尤为如此。孟什维克主义也是如此，它在大城市的工厂中被布尔什维克主义彻底击败，却在俄国南部典型小镇的采矿业和油田地区找到了它最重要的无产阶级基础。[59]在今天这个第三次工业革命时代，在保证"工人自治"的托词下，试图恢复这种手工业者阶层态度的尝试只会导致和过去一样的结果，即耗尽先进的、有潜力的革命工人阶级的力量，促进运动中不断受资产阶级意识形态影响的半手工、官僚化部门的增长。

科学的知识阶层、社会科学和无产阶级阶级意识

马克思已经预见到，由第二次工业革命打下基础的第三次工业革命使得大量脑力劳动者重返生产过程。[60]这就为一个更广泛的科学知识阶层重获异化意识创造了前提条件，该阶层由于脱离了直接的剩余价值生产，直接或间接地转变为剩余价值的消费者而一度丧失了这种意识。同样，这个阶层也将为资产阶级社会的异化所压倒。这不仅是帝国主义国家学生造反运动的重要基础，也有可能是将数量不断增多的科学家和技术人员卷入革命运动的重要基础。

在第一次世界大战前，知识阶层对古典社会主义运动的参与有减弱的倾向，尽管在运动之初它的影响颇大，但随着工人阶级有组织的群众运动日益强大起来，这种影响便变得越来越弱小。1910年，在与马克斯·阿德勒（Max Adler）鲜为人知的一场辩论中，托洛茨基揭示了该进程总体上倾向于唯物主义的原因：知识阶层在社会上对大资产阶级和资产阶级国家存在依赖；在意识形态上认同它所服务的阶级利益；与它的对手相比，无力组织一种"反社会"的工人运动。托洛茨基预言，在革命时代，在无产阶级革命的前夜，这种情况可能会迅速发生变化。[61]

然而，从这些正确的前提出发，托洛茨基在策略上却得出了已被证明是错误的结论，例如，他未能看到列宁在1908—1909年对学生运动（在反革命胜利期间再度出现）极端重要性的强调，在他看来，这种运动不过是随后新出现的革命群众运动（始于1912年）的一个沉重负担。

他甚至坚持认为，如果俄国社会民主党的主要革命知识阶层能够传播"它的总体社会特征：一种宗派主义的精神、一种知识分子特有的个人主义以及意识形态的拜物教"，那将是一个"错误"。[62]正如托洛茨基后来承认的，他那时低估了布尔什维克与取消主义者的派系斗争（该斗争不过是布尔什维克和孟什维克早期斗争的延续）的政治和社会意义。历史已然表明，这场斗争与"知识宗派主义"的产物没有任何关系，而只与社会主义革命意识同小资产阶级改良主义意识的分离直接相关。[63]

然而，认为俄国革命知识阶层参与俄国无产阶级革命政党的建立没有任何社会根源，完全是一种个人选择的结果，这种说法却是正确的。自十月革命以来，由于技术知识阶层的群众不可能再重返革命阵营，他们就不可避免地转而反对无产阶级革命。起初，他们在最广泛的范围内阴谋破坏经济生产和社会组织秩序，接着，要用高薪才能"买到"他们的合作，最后，他们演变为革命官僚化和退化背后的驱动力。

现今，由于技术知识阶层（特别是上面提到的第二类人）在物质生产过程中的地位已经决然发生了改变，加上它正逐步转化为雇佣劳动阶级的一部分，因此，同过去相比，这个阶层大规模参与革命进程和社会重组的可能性便具有了更为坚实的基础。弗里德里希·恩格斯早已指出，在社会主义社会建设过程中，这个知识阶层能够发挥历史性的决定作用。

为了接管和使用生产资料，我们需要大量受过技术培训的人员，我们没有这些人。……我预计在接下来的 8～10 年里我们会招募到充足的年轻技术人员、医生、律师和教师，要让他们各司其职，以便让党员同志为了国家而去管理工厂和必需品。这样，我们就能够非常自然地获取政权并让它自己相对平稳地运转。另一方面，如果我们通过一场战争贸然夺取政权，技术人员就会成为我们主要的反对者，并且会在任何可能的时候欺骗和背叛我们。我们将不得不对他们施以恐怖，他们则依然把我们当成狗屎。[64]

当然，必须补充一点，与 1890 年恩格斯所处的时代相比，第三次工业革命时期的工人阶级自身更有资格、更有能力直接管理工厂。但归根结底，正是技术能力使广大群众能够对"专家"施以政治和社会控制（1918 年列宁在这个问题上还有很多错误观念）。只有技术知识阶层和工业无产阶级不断增长的联合以及革命知识分子越来越多地加入革命党，才能有利于这种控制的实现。

一方面是生产和劳动的客观社会化，另一方面是私人占有，随着这两个方面矛盾的加剧（随着资本主义生产关系危机的尖锐化，今天，我们正体验着该矛盾更新、更尖锐的一种形式，正是它支撑着法国 1968 年的五月事件和意大利 1969 年的群众斗争），随着新资本主义试图通过提高工人阶级的消费水平赢得生机，对群众而言，科学将会在两个方面日益成为革命的有益力量：随着商品自动化和商品不断堆积如山，它不仅以一般商品生产为基础，不断在资本生产和分配过程中制造危机，还通过破除资本主义日常秩序的神话和伪装，使工人有可能重获被异化的意识以终结异化，并在不断增长的群众中产生一种革命意识。今天，阻碍工人阶级获得阶级政治意识的决定性障碍较少源于群众的贫困及其生存环境的极端狭隘性，更多的情况下，它是受到了小资产阶级和资产阶级消费观与神秘化意识形态的持续影响，正因为如此，批判的社会科学富有启发性的作用在唤醒群众阶级意识方面能够发挥一种真正的革命作用。

当然，这就必须联系工人群众的具体生存方式（要满足这一要求，只能一方面依靠先进工人，另一方面依靠革命组织）。同样，这还要求革命的、科学的知识阶层不能以谦逊的平民主义受虐狂姿态"走到人民中去"，换句话说，不能只限于谦卑地支持获取高工资的斗争，而是要给工人阶级中觉醒的、有批判精神的阶层带去一种他们自身零碎意识无法获得的东西，这便是一种科学的知识和意识，它将有可能让工人认识到隐蔽的剥削以及伪装的压迫这等丑事究竟意味着什么。

阶级意识的历史教育方法及其传播

一旦明白了列宁主义的组织理论试图回答的是革命的当前可能性和革命主体的问题，那么，历史教育方法的问题，即将潜在阶级意识转变为现实阶级意识以及将工联主义意识转变为政治革命意识的问题便可以直接从中引出。要解决这个问题，只能按照上面阐述的阶级分类法将工人阶级分为三个部分：工人中的大多数、先进工人和组织起来的革命骨干。为了接受不断增长的阶级意识，每个阶层都需要它自己的教育方法，都需要经历它自己的学习过程，都需要拥有一种特殊的方式同整个阶级和理论生产领域进行交流。列宁关于革命先锋党历史作用的观念综合表达了这样三种教育方式。

广大群众只能通过行动来学习，那种寄希望于通过宣传向群众传输革命意识的做法，不过是一种西西弗式的努力，最终不会有任何结果。然而，尽管群众只能通过行动来学习，却并非所有的行动都能使群众获得革命的阶级意识，那些围绕直接可实现的经济和政治目标展开的行动，可以在资本主义社会秩序的框架内完全实现，因而不会产生革命的阶级意识。19世纪末20世纪初"乐观的"社会民主党人（包括恩格斯）最大的幻想之一便是，相信从选举斗争和罢工的局部胜利到革命意识和无产阶级革命斗志的增强，中间有一条笔直的直线。[65]

这已经被历史证明是不正确的了。一般而言，这些局部的胜利无疑在增强无产阶级群众自信和战斗性方面发挥了重要的积极作用（无政府主义者旋即拒绝承认这些局部斗争是错误的）。然而，这些胜利并没有为工人群众的革命斗争做好准备。一方面是德国工人阶级在革命斗争中缺乏经验，另一方面是俄国工人阶级在革命斗争中拥有经验，这就是第一次世界大战前德国工人阶级和俄国工人阶级在意识方面存在的重要差别，它决定性地促成了 1917—1919 年德国革命和俄国革命的不同结果。

由于群众行动的目标通常都是为了满足当前的需要，所以将这些需要同那些客观上在资本主义社会秩序范围内无法实现或补给的要求结合起来，就成为革命策略的一个重要方面。这样一来，就会产生一种客观的革命动力，进而必然导致两个决定性的社会阶级在权力问题上检验自己的力量。这就是过渡要求的策略，该策略经过列宁的努力在共产国际第四次代表大会上被正式列入纲领，后来，托洛茨基在第四国际纲领的主体部分又对它进行了详细的阐发。[66]

只有当群众积累的斗争经验不再仅仅局限于在资本主义框架内赢得局部要求时，革命的阶级意识才有可能在广大群众中发展起来。要想使这些要求（通常不会在阶级的日常经验中自发产生出来）逐步注入群众斗争中去，只能通过先进工人这个广泛阶层的努力来实现，这些工人与群众紧密相连，在工厂中传播和宣传这些要求，在各种各样的小规模冲突中试验、鼓动和散播这些要求，直至实现这一点，即有利的主客观条件辐辏在一起，令这些要求的实现成为大罢工、游行示威、鼓动性运动等的实际目标。

尽管在广大群众中革命阶级意识的发展只能源于客观革命斗争的经验，一般而言，先进工人的革命意识却源于生活、工作和斗争的经验。这些经验根本没有必要一定是革命的。从阶级矛盾的日常经验中，这些先进工人得出一个基本结论，那就是阶级团结、阶级行动和阶级组织是必要的。这种阶级行动和阶段组织表现出来的纲领性的组织形式是有差别的，这在很大程度上取决于客观条件和具体经验的变化。但是，先进工人的生活、工作和斗争经验使他们开始明白，不推翻现存社会而仅仅诉诸改革是不够的。

革命先锋的活动使先进工人的阶级意识有可能跨越这个初始阶段。但是，这种促发（catalyst）作用的实现既不会自动发生，也不会在忽视客观条件的情况下出现。只有当革命先锋自身有能力胜任这项任务时，即只有当革命先锋的理论、宣传和文学创作活动与先进工人的需要相一致，且活动形式没有践踏教育法规（避免极端主义的构想）时，这种促发作用才能发挥出来。同时，这种类型的活动必须具有一种实践本性和政治立场，这样，便既能够增强革命策略的可信性，又能够推动组织不断前进。

在阶级斗争衰退和工人阶级自信暂时下降的时期，阶级敌人的稳固地位似乎暂时得到了保障，这时，即便革命先锋的活动能够完全胜任这样一个任务，即在先进工人最广泛的阶层中催生出革命的阶级意识，它也不可能实现自身的目标。有一种观点认为，即便是在阶级斗争的衰退期，仅仅通过捍卫"正确的策略"和"正确的路线"就足以奇迹般地导致革命力量不断增长，这是一种源于资产阶级理性主义的幻想，绝不可能源于唯物主义的辩证法。顺便提一句，这种幻想是革命运动内部大多数分裂的原因，因为那些分裂者在组织上的宗派主义总是天真地认为，"运用正确的策略"可以赢得更多当前运动尚未触及的外围群众，这部分人要比那些已经组织起来的革命者多得多。因此，只要客观条件依然不利，这些分裂者便会由于分裂成了一些小团体，比那些由于坚持"错误策略"而从一开始就应受到谴责的人更加弱小。

然而，这并不意味着在客观环境不利的时期，革命先锋在先进工人中所从事的工作始终是无用的、无效的。这些工作不会导致眼前的巨大成功，但却会为阶级斗争再度高涨这一转折点的到来做好最重要甚至是决定性的准备。

正如广大群众没有革命斗争的经验就不能产生革命的阶级意识一样，对过渡要求闻所未闻的先进工人也不可能将群众引入新一轮的阶级斗争。革命先锋组织数年来所做的耐心、持久和细致的准备工作得到了丰厚的回报，当"阶级的天然领袖"尚在犹豫，还没有完全摆脱敌人影响的时候，蓦然间，在一次大罢工或游行示威中，群众接受了工人管理的要求，并把它推向斗争的最前沿。[67]

然而，对于革命先锋组织来说，要让一个国家的先进工人和激进知识分子相信广大群众斗争由当前要求层面上升至过渡要求层面是必要的，仅仅记住从列宁和托洛茨基那里摘来的关于要求的语录是不够的。它还必须获得一种双重知识和一种双面学习方法，一方面，它必须吸收国际无产阶级一个多世纪革命阶级斗争的经验，另一方面，它必须对当前国内外全部社会现实进行一种持续严肃的分析。只有这样，它才能将历史教训运用于当前现实。显然，在马克思主义知识理论的基础上，就衡量当前现实对理论的实际吸收而言，只有实践最终提供了这样一种检验标准。正是基于这个原因，国际实践是一种马克思主义国际分析的绝对前提，而一个国际组织则是这样一种实践的绝对前提。

不对 1848 年革命至今国际工人运动的全部历史经验进行一种严肃的吸取，就不可能科学准确地确定当前新资本主义社会中的矛盾（在世界和个别国家范围内），也不可能确定伴随无产阶级阶级意识形成中的具体矛盾以及导致前革命状况的那种斗争。历史是社会科学独一无二的实验室，离开对历史教训的吸取，今天的一个假革命马克思主义者绝不会比一个一步也不肯迈进解剖实验室的"医学学生"好多少。

在这一点上，应该指出，一切试图使新出现的革命运动"远离过去分裂"的做法，只是表明对于这种国际工人运动内部分化的社会政治原因一无所知。如果人们把这些分化中不可避免的个人原因和偶然因素抛在一边，便可以得出这样的结论：自第一国际建立以来，国际工人运动中重大争论（在马克思主义和无政府主义、马克思主义和改良主义、布尔什维克主义和孟什维克主义、国际主义和社会爱国主义、无产阶级专政的捍卫者和资产阶级民主的捍卫者、托洛茨基主义和斯大林主义、毛主义和赫鲁晓夫主义之间形成的争论）所涉及的基本问题总是同无产阶级革命和革命阶级斗争的战略战术有关。这些基本问题正是资本主义、无产阶级和革命斗争本质的产物，因此，只要在世界范围内建立无阶级社会这一问题在实践中没有解决，它们就依然是紧迫的问题。从长远看，无论多么乖巧的"机智"、多么慷慨的"调和政策"，都无法阻止源于实践本身的这些问题同每一代新革命者遭遇。通过试图回避这些问题的讨论而取得的一切成就，并不是以一种系统科学的方式提出、分析和解决这些问题，而是在不系统、随意、无计划、无充足训练和知识准备的情况下解决这些问题。

然而，尽管对马克思主义理论历史实质的理解很有必要，这种理解本身却不足以成为向先进工人和激进知识分子传输革命阶级意识的先决条件。另外，对于当前现实的系统分析是必不可少的，离开了这种分析，理论就既无法为揭示工人阶级斗争当前的实际能力或新资本主义生产方式和资产阶级社会中的"薄弱环节"提供方法，也无法为明确阐明适当的过渡要求提供方法（同样也无法为增加这些过渡要求提供恰当的教学方法）。只有把对于当前现实严肃、完整的社会批判分析同对工人运动历史教训的汲取结合在一起，才能为一个革命先锋理论上完成任务创造有效的工具。[68]

没有广大群众革命斗争的经验，就没有这些群众的革命阶级意识。没有先进工人的自觉介入，即没有在工人斗争中注入过渡要求，广大群众就几乎不会有什么革命经验。没有革命先锋去撒播过渡要求，先进工人就不可能在真正反资本主义的意义上影响群众斗争。没有一个革命的纲领，没有一种对革命工人运动史的透彻研究，没有将该研究应用于当前现实，没有在实践上证明革命先锋至少在一些部门和某些情况下可以成功发挥领导作用，先进工人就不会相信革命组织的必要性，也就不可能根据客观形势制定出恰当的过渡要求。通过这种方式，阶级意识形成过程中的各种因素交织在一起，为列宁主义组织概念的适时性（timeliness）打下了基础。

通过群众在行动中学习、先进工人在实践经验中学习以及革命核心在革命理论和实践传播中学习，一个革命党的创立过程获得了它的一致性。在学习与教学之间经常存在一种相互关系，甚至在革命核心中也是如此。这些革命核心必须能够摆脱源于理论知识的一切自大，这源于这样一种理解，即理论要证明其存在的权利，只能与实际的阶级斗争联系起来，只能将广大工人阶层潜在的革命阶级意识转变为现实的革命阶级意识。马克思那句名言"教育者本人一定是受教育的"[69]表达的正是这个意思。这并不是说，离开了革命的教育方法，一种自觉的社会革命转变仍能够发生，"环境的改变和人的活动或自我改变的一致"[70]，这个马克思主义的论题为我们提供了一个更为完整的表述。

注释

[1] 这个概念绝不是列宁的发明，而是符合这样一个传统，该传统主要来自恩格斯，中间经过考茨基，最后落脚于1880—1905年国际社会民主党的经典学说。1888—1889年起草的奥地利社会民主党汉菲尔德纲领明确宣称："社会主义意识是一种从外界灌输到无产阶级阶级斗争中去的事物，而绝不是在阶级斗争内部有组织地产生出来的一种事物。"1901年，考茨基发表的《知识分子与无产者》（Akademiker und Proletarier, in *Neue Zeit* 19th year, Vol. 2, April 17, 1901）一文，表达了相同的思想（p. 89），这直接启发了列宁《怎么办？》一书的写作。

众所周知，马克思从来没有提出过一个统一的政党概念。但是，尽管马克思有时完全拒绝一种先锋组织的思想，他还是构想出了一个概念，这个概念非常类似于"将革命社会主义意识灌输"到无产阶级中去这样一个想法。注意下面这段话，它摘自马克思1870年1月1日从第一国际总委员会写给瑞士罗曼语区联合会委员会的一封信，"英国人拥有进行社会革命的一切必要的**物质**前提。他们所缺乏的是**总结的精神和革命的热情**。只有总委员会能够弥补这个缺陷，从而加速这个国家的以及**任何地方**的真正的革命运动。我们在这方面已经取得了巨大成绩，得到了统治阶级最聪明的和最有影响的机关报刊……的证实，更不用说**下院**和**上院**中那些不久前还对英国工人领袖有很大影响的所谓激进的议员了。他们公开地责难我们,说我们毒害了而且几乎灭绝了工人阶级中的**英国精神**,把它推向了革命的社会主义"。Marx－Engels, *Werke*, Vol. 16 [Berlin: Dietz－Verlag, 1964], pp. 386－387。(参见《马克思恩格斯全集》,中文 1 版,第 16 卷,438 页,北京,人民出版社,1964。)

众所周知,列宁的"革命现时可能性"概念最早由乔治·卢卡奇在他的《历史与阶级意识》(*Geschichte und Klassenbewusstsein*, Berlin: Malik Verlag, 1923) 尤其是《列宁》(*Lenin*, Cambridge, MA: MIT Press, 1971) 中提出。

[2] 对于革命实践这个马克思主义的关键范畴来说更是如此,这个范畴当时在还不为人知的《德意志意识形态》(*German Ideology*) 中得到了发展。

[3] 正是在这个意义上(包括其他意义),马克思《路易·波拿巴的雾月十八日》开头部分的著名论述才能被理解,在这里,马克思强调了无产阶级革命不断自我批评的本性及其重蹈覆辙的倾向。就这一点而言,马克思也称无产阶级被"它自身目标莫名的重要性"弄得精神恍惚。

[4] 在《共产党宣言》中,马克思恩格斯主张共产主义者"不提出任何特殊的原则,用以塑造无产阶级的运动"。在 1888 年的英文版中,恩格斯将"特殊的"替换为"宗派的"。这就表达了这样一个事实:在劳工运动中,科学社会主义自然会试图提出"特殊的"原则,但它只能提出那些客观上产生于无产阶级阶级斗争总过程的原则,也就是说,提出那些来自当代历史的原则,它绝不会提出某一个宗派信条所特有的原则,换言之,它不会提出无产阶级阶级斗争中一个完全偶然的方面。

[5] 托洛茨基在他的《不断革命论》(New York: Merit Publishers, 1969) 一书俄文第一版导言中深刻地表达了这个思想。与之形成鲜明对比的是"社会主义生产方式"甚或是"发达社会主义社会体制"这样的观点,这些观点把共产主义的第一个阶段视为某种固定物,而不是把它看作仅仅是从资本主义到共产主义这一不断革命发展进程中的一个过渡阶段。

[6] 注意列宁关于帝国主义时代的资产阶级没有"不可避免的经济状况"这一著名论断。

[7] 因此,16 世纪和 17 世纪完全处于宗教框架内的资产阶级阶级意识,甚至平民或半无产阶级的阶级意识,只有在 18 世纪后半叶封建专制秩序彻底衰落后,才能找到通往公开唯物主义的道路。

[8] 葛兰西"政治和伦理的霸权概念"认为,一个被压迫的社会阶级在夺取政权前,必须在社会内部首先建立起政治和伦理的霸权,这个概念较好地表达了这种可能性。参见 *Il Materialismo Storico e la Filosofia di Benedetto Croce* (Milan: Einaudi, 1964), p. 236, 以及 *Note sul Machiavelli* (Milan: Einaudi, 1964), pp. 29－37, 41－50 ff. 许多马克思主义理论家曾批判或修正过这个霸权概念,例如,参见 Nicos Poulantzas, *Pouvoir politique et classes sociales* (Paris: Maspero, 1968), pp. 210－222。关于总

体上认同资产阶级统治的物质道德基础的重要意义，参见 Jose Ramon Recalde, *Integracion y lucha de clases en el neo-capitalismo*（Madrid：Editorial Ciencia Nueva, 1968），pp. 152－157。

[9] 马克思恩格斯在《德意志意识形态》中的一个论断表达了这一思想，"因此，革命之所以必需，不仅是因为没有任何其他的办法能够推翻**统治**阶级，而且还因为**推翻**统治阶级的那个阶级，只有在革命中才能抛掉自己身上的一切陈旧的肮脏东西，才能胜任重建社会的工作"。Karl Marx and Frederick Engels, *The German Ideology*（Moscow：Progress Publishers, 1968），p. 87。（参见《马克思恩格斯文集》，第 1 卷，543 页，北京，人民出版社，2009。）

同样，可以参见马克思 1950 年反对共产主义者同盟沙佩尔少数派时的言论："少数派用教条主义观点代替批判观点，用唯心主义观点代替唯物主义观点。少数派不是把现实关系、而**仅仅**把**意志**看作革命的动力。我们对工人说：不仅为了改变现存条件，而且为了改变自己本身，使自己具有进行政治统治的能力，你们或许不得不再经历 15 年、20 年、50 年的内战和国际斗争，而你们却相反地对工人们说：'我们必须马上夺取政权，要不然我们就躺下睡大觉'。"Karl Marx, *Enthullungen Ueber den Kommunistenprozess zu Koln*（Berlin：Buchandlung Vorwartz, 1914），pp. 52－53。（参见《马克思恩格斯全集》，中文 2 版，第 11 卷，479 页，北京，人民出版社，1995。）

[10] 注意列宁的论述："我们的这位才子竟不知道：正是在革命时期我们需要利用同批评派作理论斗争的成果来同他们的**实践**立场作坚决的斗争！"。参见 *What Is to Be Done?*（Moscow：Progress Publishers, 1964），p. 163。17 年后，在德国革命中这一点成为现实，这是何等的悲剧啊！

[11] 关于这一点，列宁在《怎么办？》中谈到了与"落后的"工人相对立的"社会民主主义的"工人以及"革命的"工人。

[12] N. Bukharin, *Theorie des Historischen Materialismus*, published by the Communist International, 1922, pp. 343－345.

"经济条件首先把大批的居民变成劳动者。资本的统治为这批人创造了同等的地位和共同的利害关系。所以，这批人对资本说来已经形成一个阶级，但还不是自为的阶级。在斗争（我们仅仅谈到它的某些阶段）中，这批人联合起来，形成一个自为的阶级。"Karl Marx, *The Poverty of Philosophy*（New York：International Publishers, 1963），p. 173。（参见《马克思恩格斯文集》，第 1 卷，654 页，北京，人民出版社，2009。）

[13] 参见德国社会民主党《爱尔福特纲领》（*Erfurt Program*）中没有被恩格斯批判过的部分，在这里，无产阶级只是被描述为同生产资料相分离的雇佣工人阶级，并被认定必须要出卖劳动力，同时，阶级斗争被描述为现代社会剥削者和被剥削者间的客观斗争（即与雇佣工人的组织程度和觉悟程度无关）。在前四章确证了

这一客观事实后，接下来便是纲领主体部分形成的结论："社会民主党的任务就是将工人阶级斗争塑造成一个自觉的、同质的斗争，并指出其原生性的基本目标是什么。"这再一次清楚地表明，即使斗争中的工人阶级没有意识到他们的阶级利益，在资本主义社会也会存在阶级和阶级斗争。更进一步，纲领第八章论及"所有国家中有阶级觉悟的工人"时，恩格斯提出了修改，再次强调了他在"客观的"和"主观的"阶级概念之间所做的明确界划："'有阶级觉悟的'，这在我们中间固然是容易理解的简略说法，但是我认为，为了便于一般人的理解和翻译成外文起见，不如用'认清了自己的阶级地位的工人'或类似的说法。"Engels, "Zur Kritik des sozialdemokratischen Programmentwurfs 1891," in Marx-Engels, *Werke*, Vol. 22 （Berlin：Dietz-Verlag, 1963）, p. 232. （参见《马克思恩格斯全集》，中文 1 版，第 22 卷，271 页，北京，人民出版社，1965。）

［14］列宁指出："当然，这一成功［巩固党——E·曼德尔］的基本前提在于这一事实，即在资本主义社会，工人阶级的精英已经建立了社会民主党，并且工人阶级由于客观经济原因在组织能力上与所有其他的阶级明显不同。没有这个前提，职业革命者的组织将不过是一场游戏，一次冒险……"Lenin, *Oeuvres Completes*, Vol. 12 （Paris：Editions Sociales, 1969）, p. 74。

［15］为了反对这种观点，许多列宁主义组织概念的批评者（始于普列汉诺夫的文章 "Centralism or Bonapartism" in *Iskra*, 70 ［Summer, 1904］）求助于《神圣家族》（*The Holy Family*）中的一段话，这段话指出："如果社会主义的著作家们把这种具有世界历史意义的作用归之于无产阶级，那末这决不像批判的批判硬要我们相信的那样是由于他们把无产者看做**神**的缘故。倒是相反。由于在已经形成的无产阶级身上实际上已完全丧失了一切合乎人性的东西，甚至完全丧失了合乎人性的**外观**，由于在无产阶级的生活条件中现代社会的一切生活条件达到了违反人性的顶点，由于在无产阶级身上人失去了自己，同时他不仅在理论上意识到了这种损失，而且还直接由于不可避免的、无法掩饰的、绝对不可抗拒的**贫困——必然性**的这种实际表现——的逼迫，不得不愤怒地反对这种违反人性的现象，由于这一切，所以无产阶级能够而且必须自己解放自己。但是，如果它不消灭它本身的生活条件，它就不能解放自己。如果它不消灭集中表现在它本身处境中的现代社会的**一切**违反人性的生活条件，它就不能消灭它本身的生活条件。它不是白白地经受了**劳动**那种严酷的但是能把人锻炼成钢铁的教育的。问题不在于目前某个无产者或者甚至整个无产阶级把什么**看做**自己的目的，问题在于**究竟什么是无产阶级**，无产阶级由于其本身的**存在**必然在历史上有些什么作为。它的目的和它的历史任务已由它自己的生活状况以及现代资产阶级社会的整个结构最明显地无可辩驳地预示出来了。英法两国的无产阶级中有很大一部分人已经**意识到**自己的历史任务，并且不断地努力使这种意识达到完全明显的地步，关于这点在这里没有必要多谈了。"Karl Marx and Frederick Engels, *The Holy Family* （Moscow：Foreign Languages Publishing House, 1956）， pp. 52－53。（参见《马克思恩格斯全集》，中文 1 版，第 2 卷，44～45 页，北京，人民出版社，1957。）

除了马克思恩格斯在 1844—1845 年间几乎没有条件提出关于无产阶级意识和无产阶级组织的成熟理论这一事实外（要明白这一点，人们只要将上述引文最后一句话同恩格斯 40 年后有关英国工人阶级的文章对比一下就够了），这几句话的意思也与普列汉诺夫的理解完全相反，它们只是表明，无产阶级的社会情境为激进的革命行动做好了准备，总体的社会主义目标（私有财产的废除）要由其生活条件来确定。然而，它们绝不是想表明，无产阶级"非人的生活条件"无论怎样都能神秘地令其"自发"接受一切社会科学。恰恰相反！（关于普列汉诺夫的文章，参见 Samuel H. Baron's *Plekhanov* [Stanford：Stanford University Press，1963]，pp. 248－253。）

[16] 今天，人们几乎忘记了俄国社会主义运动在很大程度上也是由学生和知识分子创立的，大约在 75 年前，与今天的知识分子一样，人们也面临着相似的问题。当然，相似却不尽相同，今天的人们面临着一个额外的障碍（工人阶级的改良主义和修正主义的群众组织），同时也拥有一个额外的优势（历史经验，包括革命运动这些年来所积累的伟大胜利经验）。

在《怎么办?》中，列宁明确谈到了知识分子接受"政治知识"（即科学马克思主义）的能力。

[17] 参见卡尔·马克思《哲学的贫困》。在 E. P. 汤普森（E. P. Thompson）的《英国工人阶级的形成》（*The Making of the English Working Class*，Baltimore：Penguin Books，1968）中可以找到对各种早期工会形式和工人抵抗资金的有趣描述。

[18] 群众行动必然中断的本性可以由无产阶级自身的阶级状况来说明。只要群众行动还没有成功推翻资本主义的生产方式，那么工人在财产、体力和精神上抵御失去工资的能力就会限制运动的持久展开。否认这一点就会否认无产阶级存在的物质条件，正是这个条件迫使它作为一个阶级出卖自己的劳动力。

[19] 参见德国金属工会头几年的一些案例（*Funfundsiebzig Jahre Industriegewerkshaft Metall*，[Frankfurt：Europäische Verlagsantalt，1968]，pp. 72－78）。

[20] 在这里，我们不能详细描述一种前革命形势和一种革命形势的区别。将问题简化一下，我们可以通过这样一种方式区分二者：尽管前革命形势的特征是，通过大规模的群众斗争使现存社会秩序的持续存在在客观上受到威胁，在革命形势下，这种威胁在组织上却采取了无产阶级建立双重政权机构的形式（即工人阶级行使权力的可能性机构），就主观方面而言，群众直接提出了统治阶级无法拒绝或指派的革命要求。

[21] 参见下面关于该策略列宁主义起源的论述。

[22] Rosa Luxemburg，"Organizational Question of Social Democracy，" in MaryAlice Waters，ed.，*Rosa Luxemburg Speaks*（New York：Pathfinder Press，1970），pp. 112－130。

[23] Lenin, *What Is to Be Done?*, p. 66。（参见《列宁选集》，3 版，第 1 卷，354～355 页，北京，人民出版社，1995。）

[24] 至于该计划同革命的直接关联，参见 *What Is to Be Done?* pp. 165-166。诚然，《怎么办?》中并没有集中化组织原则的论述，但这些组织原则完全由当时的非法情势所决定。对于"合法的"革命党，列宁建议实行最广泛的"民主主义"："对于党员在政治舞台上的一举一动进行普遍的（真正普遍的）监督，就可以造成一种能起生物学上所谓'适者生存'的作用的自动机制。完全公开、选举制和普遍监督的'自然选择'作用，能保证每个活动家最后都'各得其所'，担负最适合他的能力的工作，亲身尝到自己的错误的一切后果，并在大家面前证明自己能够认识错误和避免错误。"（参见《列宁选集》，3 版，第 1 卷，417～418 页，北京，人民出版社，1995。）

在卢森堡所处的波兰党内也出现了阴谋家的高度管制，就卢森堡而言，她经历（或接受）集中的严厉程度丝毫不亚于布尔什维克党人（可以比较一下同华沙拉狄克派的冲突以及由此引发的严正指责）。

[25] *Rosa Luxemburg Speaks*, p. 118.

[26] 关于这一点，参见 David Lane, *The Roots of Russian Communism* (Assen: Van Gorcum and Co., 1969)。莱恩试图以经验数据为基础，分析 1897—1907 年俄国社会民主党以及布尔什维克派和孟什维克派成员的社会成分。他的结论是，布尔什维克比孟什维克拥有更多的工人成员和活动家（pp. 50-51）。

[27] 一般而言，无可否认一种强烈的中央集权化倾向是社会民主主义运动所固有的。这一倾向源于资本主义的经济结构，该结构本质上就内含一种中央集权化的因素。社会民主主义运动在大的资产阶级城市进行活动，它的任务是在民族国家的范围内代表无产阶级的阶级利益反对那些所有局部和团体的共同利益。

"因此，社会民主主义通常敌视任何地方主义或联邦主义的表现形式，它竭力将所有工人和工人组织团结在一个党内，无论他们在民族、宗教或职业方面存在怎样的差异。" *Rosa Luxemburg Speaks*, p. 116。

[28] 可以比较一下安德烈·高兹（Andre Gorz）提出的观点，根据这种观点，只有当工厂和一般大众团体的网络"遍及整个国家"时，才有可能"自下而上"创立一个新的政党（"Ni-Trade-Unionists, ni Bolcheviks", *Les Temps Moderne*, [October 1969]）。高兹无法理解，资产阶级国家和资本主义生产方式的危机并不是"从外围向中心"逐步发展起来的，而是一个不连续的过程，该过程一旦达到特定的转折点，便会倾向于一个决定性的力量考验。如果革命团体和战士的集中没有及时出现，改良主义者的官僚机构便会轻而易举地控制运动，令其退回到可接受的道路上去——事实上，当高兹正在撰写这篇论文时，意大利正迅速上演着这一幕。反过来，这又迅速导致"基层"团体受挫，根本就没有使它们传遍全国。

[29] 参见罗莎·卢森堡关于德国共产党成立的一篇文章《第一次大会》（The

First Convention）："德国无产阶级的革命突击队已经联合在一个独立的政党之下了。"（*The Founding Convention of the Communist Party of Germany* ［Frankfort：Europäische Verlagsanstalt, 1969］, p. 301.）"从现在开始，我们的问题就是到处以坚定的革命信念代替革命情绪，以系统性代替自发性。"（p. 303）。也可以参见卢森堡的小册子《斯巴达克斯联盟想要什么？》（*What Does the Spartacus League Want?*, p. 301）中的一段话："斯巴达克斯联盟并不是一个想要凌驾于工人群众之上或依靠工人群众的帮助夺取政权的党。斯巴达克斯联盟只是无产阶级中意识到自身目标的那部分人，这部分人每走一步都会指出，作为整体的工人阶级群众正在朝着他们的历史任务迈进；在革命的每一个独立阶段，他们都代表着最终的社会主义目标；在一切国家问题上，他们都代表着无产阶级世界革命的利益。"1904 年，卢森堡还没有理解布尔什维克主义的实质，即"那一部分意识到自身目标的无产阶级"必须被组织起来，以便同"广大群众"界划开来。

一旦卢森堡接受了先锋党的概念，我们的观点便被完全证实了，于是，她也被社会民主党人（而且是"左翼"社会民主党人）指责为想要实现"无产阶级专政"。（Max Adler, "Karl Liebknecht und Rosa Luxemburg", *Der Kampf*, XII. no. 2 ［February 1919］, p. 75。）

［30］Leon Trotsky, *Nos taches politiques*（Paris：Editions Pierre Belfond, 1970）, pp. 123－129.

［31］Ibid. , p. 125.

［32］Ibid. , p. 186.

［33］Leon Trotsky, "The Class, the Party and the Leadership", *Fourth International*, 1, no. 7（December 1940）, p. 193.

［34］关于这一点有大量的例证，参见 Lenin, *Collected Works*, Vol. 18（Moscow：Foreign Languages Publishing House, 1963）, pp. 471－477；Vol. 23, pp. 236－253；Vol. 10, pp. 277－278，及其他。

［35］1968 年 5 月的法国总罢工特别清楚地表明，革命先锋分子在全国范围内的"自发"集中是不可能的。

［36］然而，在一个有组织的革命先锋缺席的情况下，这些独立组织的最初形式也不可能存在。这个先锋将会为长期调和工会、国家机器和企业主保守的集中化（更不用说打碎它们）做好必要的准备。

［37］Leon Trotsky, *The History of the Russian Revolution*（Ann Arbor：University of Michigan Press, 1957）, p. xix.

［38］参见 Georg Lukacs, *Geschichte und Klassenbewusstsein*（Berlin：Malik Verlag, 1923）, pp. 180－189 ff，及其他。

［39］维护这些官僚机构的特殊政治利益和物质利益，不过是这种自治的上层建筑及其意识形态沉积物（sediment）得以产生的社会基础。

［40］*Rosa Luxemburg Speaks*, p. 121.

［41］Leon Trotsky, "Results and Prospects," in *The Permanent Revolution*, p. 114.

［42］例如，可以对比一下克拉拉·蔡特金（Clara Zetkin）对德国社会民主党执行委员会（以及考茨基缺乏个性）的辛辣讽刺，在一封书信中，她提到了 1909 年考茨基在《取得政权的道路》（*The Road to Power*, K. Kautsky, *Le Chemin de Pouvoir*［Paris：Editions Anthropos, 1969］, pp. 177 – 212）中对党的领导审查制度的论述。可以把这个论述同列宁同年对于考茨基的重视做一个比较。

［43］Lenin, "Der Zusammenbruch der II Internationale", in Lenin and Zinoviev, *Gegen den Strom*（published by the Communist International, 1921）, p. 164.

［44］Ibid., p. 165.

［45］Lenin, "'Left Wing' Communism, an Infantile Disorder," in *Collected Works*, Vol. 31（Moscow：Foreign Languages Publishing House, 1966）, pp. 17 – 118.

也可以参见上面提到的罗莎·卢森堡《斯巴达克斯联盟想要什么?》一书中的段落。

这个结论要比托洛茨基在 1906 年或卢森堡在 1904 年得出的结论更好。面对社会民主机构保守主义日渐增长的趋势，他们曾幻想群众仅仅依靠革命激情就能解决夺取政权的问题。在《群众罢工、政党和工会》（The Mass Strike, the Political Party and the Trade Unions, *Rosa Luxemburg Speaks*, pp. 153 – 219）中，卢森堡甚至将问题暂时移交给了"没有组织的那些人"，即在一场群众罢工中首次获得意识且最贫穷的那部分无产阶级。在我看来，列宁在他 1914 年之后的著作中，也曾明确以一种多少有点过于简单化的方式将这些群众与"工人贵族"（labor aristocracy）进行对比。那个时候，大型钢铁厂和金属加工厂（及其他）的工人属于德国无产阶级中没有组织的那部分人，然而，1918 年他们整体转向左派后，就根本不再是"最贫穷"的阶层了。

［46］这就是所谓的资本主义总危机，即资本主义衰落历史时代的开始。绝不能把它同突发性危机即周期性的经济危机混为一谈。总危机在资本主义上升期和衰退期都曾发生过，在列宁看来，第一次世界大战爆发的那个时期是"社会革命发端的纪元"。参见 Lenin and Zinoviev, *Gegen den Strom*, p. 393，及其他。

［47］无疑，这便是宿命论最大的弱点，离开了对潜在社会权力转移和特殊社会利益的分析，它会在不断增长的自治倾向中滋生出一种社会危险。门卫和出纳倾向于发展他们自身的利益，这并没有使他们获得控制银行和大公司的权力——除了敲竹杠的"权力"外，而这只有在非常特殊的情况下才奏效。因此，如果对这种自治倾向的分析具有任何社会内容的话，就必须附带阐明这些情况。

［48］当然，民主集中制的形式规则是这些先决条件的一部分。这些规则包括：全体成员对领导层意见的分歧具有完全知晓权；具有形成倾向以及在领导人选举和大会之前向代表反映不同观点的权利；大会定期召开；具有定期依据后期经验修订

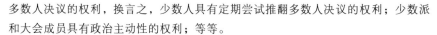

多数人决议的权利，换言之，少数人具有定期尝试推翻多数人决议的权利；少数派和大会成员具有政治主动性的权利；等等。

早在筹备 1968 年 8 月捷克斯洛伐克共产党第四次代表大会之前，这些列宁主义的民主集中制原则就已经在起草的新党章中有了相当明确的阐述。莫斯科官僚集中制的辩护者以侵略来回应这些原则。事实上，就捷克斯洛伐克的发展而言，这种主张回归列宁主义民主集中制原则的提议，乃是长在苏联官僚机构身旁最重要的一根"棘刺"。

[49] Leon Trotsky, *The History of the Russian Revolution*.

[50] 在 1905—1917 年期间，布尔什维克党是按照这样一种实现"工农民主专政"的精神接受教育的，它着眼于在资本主义框架内实现工人政党和农民政党结合的可能性——换句话说，它预见到了俄国农业和工业的资本主义发展。列宁直到 1916 年末还坚持着这种可能性，只是到了 1917 年，他才认识到托洛茨基 1905 年的预言是正确的，这个预言就是，农民问题只有通过无产阶级专政和俄国经济的社会主义化才能解决。

哈特穆特·梅林格（Hartmut Mehringer "Introduction historique," in Trotsky, *Nos taches politiques*, pp. 17-18, 34 ff）将列宁的组织理论与他在俄国革命中的具体策略联系在一起，根据斗争中工人阶级的"从属"作用去解释它，并将托洛茨基关于阶级意识逐步扩展至整个工人阶级的理论追溯到不断革命论，这是完全错误的。除梅林格对列宁的革命策略（列宁认为俄国工人阶级在反对俄国资产阶级时具有绝对的独立性，并完全赞同该阶级在革命中发挥主要作用）做了不充分、不准确的概括外，卢森堡同样拒绝在俄国提前建立无产阶级专政的任何尝试，在她看来，俄国无产阶级革命斗争的目标只是完成资产阶级革命的历史任务（然而与此同时，她却反对列宁的组织理论）。显然，对我们来说，只有最大限度地关注革命总任务，才能以最少的现实主义理解不断革命论（在一个落后国家建立无产阶级专政的任务）。因此，我们不应该远离列宁的组织理论，而是应该直面这一理论。关于这一点，也可以参见 Denise Avenas *Economie et politique dans la pensée de Trotsky*（Paris：Maspero，"Cahiers Rouges," 1970）。

[51] Lenin, *Oeuvres Completes*, Vol. 12（Paris：Editions Sociales, 1969），p. 74。"《怎么办？》反复强调只有当职业革命者的组织与'斗争中势必兴起的真正的革命阶级'联系在一起时才有意义。"列宁强调了这样一个事实：小团体存在的弊病只有通过"党的能力，通过它公开的群众工作，触及无产阶级分子"才能克服。（Ibid., p. 75.）

[52] 巴黎的马斯佩罗出版社不久将出版我们编辑的一部名为《工人控制、工人委员会和工人自我管理》（Workers Control, Workers' Councils and Workers' Self-Management）的文集，该文集将试图论证这个观点。欧洲出版社已经宣布了 1971 年出版德文版的计划。

［53］对列宁来说，苏维埃体制下"党的主导作用"是政治的，而并非一个替代品。问题并不在于用党替代苏维埃中的大多数，而是让他们相信共产主义政策是正确的。在关于苏维埃的基本著作《国家与革命》（*State and Revolution*）中，列宁甚至对"党的主导作用"只字未提，而且即使是在巨大的混乱和内战中，在论及策略问题时，他有时还是会说些尖刻的俏皮话。在他的著作中，我们可以找到反对"没有共产主义者的苏维埃"的论证，却找不到赞同"没有苏维埃的共产主义者"的论点。

［54］乔治·卢卡奇（*Geschichte und Klassenbewusstsein*, p. 306 ff）错误地认为，他在一个"纯粹无产阶级革命"的幻想中发现了卢森堡"自发性理论"的其中一个根源。即使在某些国家，无产阶级的数量和社会重要性占据着绝对优势，以至于"联合"的问题变得不再那么重要的情况下，由于无产阶级内部存在分层，独立的先锋组织在一个"纯粹无产阶级革命"中仍然是绝对必要的。

［55］在意大利的博尔迪加主义者看来，1948 年 7 月 14 日的总罢工与无产阶级的阶级斗争没有任何关系，因为工人罢工是为了保卫共产党的"修正主义"领袖陶里亚蒂（Togliatti）。

也可以参见法国自发主义者丹尼斯·安特勒（Denis Anthler）动人的构想："当无产阶级不再具有革命性时，它便无法存在，革命者什么都做不了。那些充当人民教育家的人无法营造出一种让无产者成为其所是的情势，只有现代社会自身的发展才能做到这一点。"（Preface to Leon Trotsky, "Rapport de la delegation siberlenne" [Paris: *Spartacus* 1970], p. 12.）这句引语还揭示了极端主观主义与极端客观主义显而易见的关联机制以及无产阶级尽管经历了巨大斗争却未能获胜的原因，"这是客观环境的错，客观条件还不成熟"，在这些极左掩饰的背后，人们能够看到那些著名的"自发主义者"卡尔·考茨基和奥托·鲍尔（Otto Bauer）热切地点着他们精明的头。一旦期待用"现代社会自身的发展"这类陈词滥调向我们解释为什么在某一时刻工厂 A 和城市 B（而不是工厂 C 或城市 D）的大多数工人会出来支持无产阶级专政，反对改良主义，由这种极端宿命论和机械决定论引出的荒谬结论便清晰可见了。但不管怎样，革命的结果取决于我们对这个问题的回答。按照安特尔的说法，只要"现代社会自身的发展"还没有将所有工厂和城市如熟果一般放入革命的衣兜，"人民的教育者"就应该想方设法赢得工厂 C 和城市 D 工人的支持，克制自己不去粗暴干涉"客观条件"。

［56］这种俄国"经济学家"对列宁和列宁主义的责备，如今又被当前的自发主义者们翻了出来。

［57］关于这个问题，参见 Nicos Poulantszas, *Pouvoir politique et classes sociales*, pp. 210-222。

［58］俄国社会民主党分裂之后，更多的知识分子（包括职业的革命知识分子）倾向于赞同孟什维克主义者，而不是布尔什维克主义者，确证这一事实是有趣的。

关于这一点，参见 David Lane, *The Roots of Russian Communism*, pp. 47, 50。

[59] 大卫·莱恩（David Lane）还强调了布尔什维克主义者在城市的优势，在那里，他们拥有大型工厂和一个经验丰富且稳固的工人阶级。（Ibid., pp. 212-213.）

[60] 在最后一本著作中（"Zum allgemeinen Verhaltnis von wissenschafilicher Intelligenz und proletarischen Klassenbewusstsein," *SDS-Info*, 26-27［Dec. 22, 1969］），汉斯·于尔根·克拉尔（Hans-Jurgen Krahl）引用了马克思关于这个问题的论述，我们在此转引出来（它来自《资本论》第 1 卷手稿第 6 章"直接生产过程的结果"，曾以"马克思恩格斯档案"为题在 1933 年首次发表）。我们将这段文字献给这位不幸去世的年轻朋友，以期促进讨论和对他的理解。

"因为随着**劳动对资本的实际上的从属**或**特殊资本主义生产方式**的发展，变成总劳动过程的**实际执行者**的并不是单个工人，而是日益**以社会的规模结合起来的劳动能力**；互相竞争的和构成为一台总生产机器的各种劳动能力，以极其不同的方式参加直接的商品形成过程，或者在这里不如说直接参加产品形成过程：有的人多用手工作，有的人多用脑工作，有的人当经理、工程师、工艺师等等，有的人当监工，有的人当直接的体力劳动者或者做十分简单的粗工，于是**劳动能力**的越来越多的**职能**被列在**生产劳动**的直接概念下，这种劳动能力的承担者也被列在**生产工人**的概念下，即直接被资本剥削的和**从属**于资本价值增殖过程与生产过程本身的工人的概念下。"（Karl Marx, *Resultate*［Frankfurt：Neue Kritik, 1969］, p. 66。）（参见《马克思恩格斯全集》，中文 1 版，第 49 卷，100~101 页，北京，人民出版社，1982。）

[61] Leon Trotsky, *The Intelligentsia and Socialism*（London：New Park Publishers, 1966）.

[62] Leon Trotsky, "Die Entwicklungstendenzen der russischen Sozioldemkratie," in *Die Neue Zeit*, XXVIII, no. 2（1910）, p. 862.

[63] 早在与列宁进行论战的第一本著作中，托洛茨基就已经试图将列宁《怎么办?》中同"经济主义"和"手工业者对组织的态度"的论战视为知识分子间的一种单纯讨论，或者至多是试图为革命社会民主党赢得小资产阶级知识分子最优力量的一种尝试。他不明白，这是一个抵制小资产阶级修正主义者对工人阶级影响的问题。在 1903—1914 年期间，他同列宁的论战有一个特点，那就是低估了机会主义给工人阶级和劳工运动带来的灾难性后果，直到 1917 年他才幡然醒悟。

[64] August Bebel, *Briefwechsel mit Friedrich Engels*（The Hague：Mouton and Co., 1965）, p. 465.

[65] 对他们来说，革命的唯一困难似乎在于，面对任何废除普选权的可能性，必然会有所反应，就像万一战争爆发，必然会出现某种结果一样。相比之下，卢森堡在处理群众罢工问题时，已经开始以 1905 年的俄国革命为榜样，即通过超出选举和工资斗争的限制，有意识地尝试着去发展无产阶级的斗争形式。

即便是在今天，莱利奥·巴索（Lelio Basso）对罗莎·卢森堡的 *Dialektik der Revolution*（*Frankfurt*：*Europäische Verlagsanstalt*，1969，pp. 82−83）仍有一个有趣的分析，他试图将卢森堡策略的精髓视为日常斗争和最终目标的一种温和派调和，最终目标被限定为"激化客观发展中的矛盾"。由于这个错误，他遗忘了群众罢工策略的深层意义，但是在这里，我们不需要详细讨论这个问题。

[66] 参见共产国际第四次代表大会对纲领的讨论（*Protokoll des Vierten Kongresses der Kommunistischen Internationale* [published by the Communist International，1923]，pp. 404−448.）。大会以列宁、托洛茨基、季诺维也夫（Zinoviev）、拉狄克（Radek）和布哈林签署的俄国代表团声明暂时宣告结束，该声明如下："关于如何系统表达过渡要求以及这些要求在纲领中所属部分的争论，已经使人们意识到一种完全错误的看法，那就是认为这里存在着一个原则性的分歧。据此，俄国代表团一致认为，不能把纲领民族部分关于过渡口号的起草和一般表述以及纲领总述部分对理论动机的描述视为机会主义。"（p. 542）托洛茨基似乎在 1904 年就预见到了这个策略，他写道："党立足于假定无产阶级阶级意识缺乏……试图通过提高意识水平将自身植入无产阶级……"（*Nos taches politiques*，p. 126.）

[67] 当乔治·卢卡奇（*Lenine*，[Paris：E. D. I.，1965]，p. 57）从同样的考虑出发得出结论说，列宁主义的革命党不能"制造"革命，却能够增进革命倾向，他是完全正确的。这样一个党既是革命的制造者又是革命的产物——这就意味着解决了考茨基（"新的党必须为革命铺平道路"）和卢森堡（"新的党将在群众革命行动中产生"）相互对立的立场。

[68] 汉斯·于尔根·克拉尔（Zum allgemeinen Verhaltnis，p. 13 ff）非常正确地指责道，卢卡奇无产阶级阶级意识的总体性概念过于"理想化"了，没能将经验知识和抽象理论结合在一起（建立在革命理论无法传递给工人群众这一基础之上）。然而，他应该从我们的文章中得出如下结论：只有以列宁主义的组织概念（事实上，恰恰是这个概念的核心）为基础，这样一种传递才能彻底实现。由于克拉尔明显区分了"生活中的异化状况"和生产过程中的异化，无论怎样，他还是受到了马尔库塞主义的影响，将"消费者的异化"视为首要问题，结果便将"需要的文明满足"（表面上看，新的资本主义体制为工人阶级提供了这种可能）视为获得无产阶级阶级意识的障碍。然而，正如法国和意大利的事件已经证明的那样，无论何时资本主义生产方式的阿喀琉斯之踵（Achilles heel）都必须在生产过程的异化领域中去寻找，只有这里才会有真正的革命反抗。于是，我们又回到刚才描述过的阶级意识形成和传播的过程中来。在描述这个概念时，同克拉尔一样（我们相信列宁和托洛茨基也是如此），我们绝不能用"无所不知的党"这样一个幼稚的概念取代革命理论的发展，因为革命理论正是作为一个特定的、不断发展的生产过程而存在的。

[69] 卡尔·马克思《关于费尔巴哈的提纲》第三条："关于环境和教育起改

变作用的唯物主义学说忘记了：环境是由人来改变的，而教育者本人一定是受教育的。"（Marx-Engels, *The German Ideology*, p. 660。）（参见《马克思恩格斯选集》，2版，第 1 卷，55 页，北京，人民出版社，1995。）

　　[70] Ibid. , p. 234. （参见《马克思恩格斯选集》，2 版，第 1 卷，55 页，北京，人民出版社，1995。）

第三部分

马克思主义的纲领和理论

6. 什么是不断革命论？[*]

80 年来，不断革命论已经成为国际劳工和革命运动内部一个持久争论的话题，大量论文和著作已经致力于这一讨论。为数众多的革命和反革命在世界欠发达国家出现，正是在这些地方，不断革命论为现实的历史发展所验证。但是，正像马克思主义理论和政治发展史上多次出现的那样，最初清晰的理论术语即使没有被辩论家的政治需要和混乱的偏见弄得面目全非，也会因枝节问题变得日益模糊（一个直接跃入脑中的历史范例便是马克思恩格斯的国家理论）。

鉴于围绕不断革命论展开的新争论[1]指责该理论在本质上合法化了极左的战略策略，因此，以一种尽可能清晰简明的方式重申该理论的基本主旨似乎是有益的。利昂·托洛茨基在他的主要著作中，以相关话题为基础逐步形成了这些主旨：《总结与展望》（1906）、《无产阶级与俄国革命》（*The Proletariat and the Russian Revolution*，1907）、《一九〇五》（1909）、《从十月革命到布列斯特—立托夫斯克和约》（*From the October Revolution to the Peace of Brest Litovsk*，1918）、《总结与展望》序言（1919）、《一九〇五》序言（1922）、《（日常）生活问题》（*Problems of [Everyday] Life*，1923）、《列宁以后的第三国际》（*The Third International after Lenin*，1928）、《不断革命论》（1930）、《俄国革命史》（1931—1932）、哈罗德·艾萨克简介（Introduction to Ha-rold Isaacs）、《过渡纲领》（*The Transitional Programme*，1938）和《俄国革命的三个概念》（*Three Concepts of the Russian Revolution*，1940）。

让我们把这些论题扩展到托洛茨基逝世后新出现的一些历史问题（尤

* 这篇文章发表在第四国际联合秘书处出版的一份杂志《国际马克思主义评论》（*International Marxist Review*，Vol. 2，no. 1，London，Summer 1986，p. 7）上。

其是核武器问题）上来吧。即使从本质上看，托洛茨基早在 1906 年就已经提出不断革命的主要观点了，我们并不打算引用托洛茨基前后相继的著作（在这里他关于不断革命的立场明显按照时间顺序展开）。由于不断革命论在 1933—1940 年最终成型，我们将在总体上把握这一理论。

命题 1　在帝国主义时代，如果工人阶级没有在贫困农民的支持下夺取政权，也就是说，如果资产阶级国家（或者统治阶级的旧国家）没有灭亡，无产阶级专政没有建立，那么欠发达国家民族民主革命的历史任务就不可能完全实现。

这个命题以如下论点为基础：

第一，在欠发达国家，民族民主革命未实现的任务不仅是政治的：废除专制主义、半封建或其他独裁统治，政治民主的彻底胜利，民族摆脱帝国主义而独立，被压迫国家的民族解放，统一国家的宪法，国家占有自然资源和外资拥有大公司等；也是社会的、经济的：土地革命、创建统一的国家市场、国家工业化以及根除全面现代化的一切主要障碍。在这个意义上，人们绝不能说通过推翻沙皇统治，1917 年 2 月俄国民族民主革命未完成的主要任务就都实现了，这些任务只有通过十月革命才能实现。

第二，资产阶级国家政权是欠发达国家充分实现民族民主革命未完成任务的一个障碍，这不仅有职能上的原因，例如，无能为力或担心资产阶级充分鼓动群众，还在于广大人民群众在社会经济方面存在利益对抗。从不平衡联合发展规律的作用出发，也就是说，从这些国家的客观社会经济结构出发，最终的分析结果便是，尽管以一种"矛盾"的方式进行联合，这些国家的土地产权、工业产权、银行产权、"国家"资本主义产权和海外帝国主义产权正日益结合在一起。

第三，在欠发达国家不可能有"介乎两者间的"（intermediate）或"联合的"国家政权存在，即不可能出现资产阶级（或旧统治阶级）为一方、贫困农民支持下的无产阶级国家政权为另一方这种情况。更确切地说，尽管农民无疑能够代表众多欠发达国家革命进程中的绝大多数参与者，却不能在国家层面上、在统治和国家政权的领域内独立发挥作用。在历史上，农民经常受到谴责，因为它要么跟在资产阶级后面，要么跟在无产阶级后面。在所有欠发达国家中，建立工农联盟是革命胜利必不可少的先决条件。但是，只有当无产阶级相对于农民的霸权稳固建立起来时，也就是说，只有当革命导致无产阶级专政建立时，这个联盟才能走向胜利。

第四，不断革命论一方面是对欠发达国家革命期间现实发展事态的一种阐明，另一方面又揭示了革命获胜的必要条件。因此，就本质而言，不断革命论既符合革命的现实历史进程，也符合该进程走向圆满所必需的战略。尽管革命通常在一开始只是为了完成民族民主的任务（尽管革命也可能始于和平问题），但作为被剥削者和被压迫者的主要要求（但不必然是唯一的要求），只有通过摧毁资产阶级国家政权和建立无产阶级专政才能获得实现。

第五，没有无产阶级专政，欠发达国家民族民主革命未完成的任务就不可能完全彻底地实现，这一事实并非意味着就连部分实现这些任务（例如，形式上独立或不彻底的土地改革）也不可能，也不意味着有可能在所有国家建立无产阶级专政。在某些无产阶级过于弱小或几乎不存在无产阶级的欠发达国家，显然不存在建立无产阶级"专政"的问题。这仅仅表明，这些国家当前还不具备彻底完成民族民主革命历史任务的可能性，甚至是在最有利的客观环境下，完成这些任务也将保持不完整、偶然和歪曲的特征。当然，即使在最落后的国家，这也不能成为人们放弃同帝国主义、新殖民主义、压迫进行革命斗争的理由。

命题 2　无产阶级（及其同伴）如果不能通过成为公认的国家政治领袖而获取国家霸权，也就是说，如果没有实现"国家在无产阶级领导权影响下的重建"（托洛茨基语），那么工人阶级就不可能在欠发达国家夺取政权。

这个命题以如下论点为基础：

第一，革命的民族民主任务——如上面所规定的——代表着革命进程第一阶段的一项现实的中心要务，所有被剥削和被压迫者一般都意识到了这一要务并据此展开了行动。这并非意味着在决定群众动员时所有这些任务都具有相同的重要作用，也不意味着群众运动的一切领域都关注相同的中心要务。这也不表示在革命进程的第一阶段，在群众斗争面前除了民族民主任务之外再无其他任务了。尽管如此，民族民主任务的中心却符合推翻反动派或强制性独裁统治的斗争这一政治现实，当民族独立的旗帜被广泛举起时，它符合民族的独立斗争，当农民中一个重要的组成部分起身夺取土地时，它能够与土地革命的战斗保持一致。

第二，无产阶级并不是唯一一个致力于群众斗争的社会阶级，自然也不是在革命进程第一阶段唯一一个在政治上赞同民族民主中心目标的阶级。从本质上看，农民、城市贫民（半无产阶级）和城市小资产阶级在斗争中将成为它的天然同盟。在政治联合战线或其他无产阶级及其政党为政治霸权而战的联盟中，该进程能够并且应该找到其表现形式。这就是"国家在无产阶级领导权影响下的重建"的具体发展道路，因为在任何国家，这些社会阶级聚集在一起都代表着普通民众中的绝大多数人。

第三，这种联盟和战线形成的具体过程——尤其是工农联盟——不应由纯粹的客观标准事先设定，而是取决于各个国家具体的政治联盟，它与联盟过去的历史、工人阶级不断变化的意识水平、其他从事解放斗争的社会力量、工人阶级先锋党的影响力及组织领导包括农民在内的广大群众的能力密切相关。但是，尽管这种联盟存在着许多种变体，历史上却没有"国家的"或"自由的"资产阶级承认无产阶级及其同伴政治领导权的先例。因此，一场为民族民主革命充分实现而进行的成功斗争，必然包含一种对工人、农民和城市贫民反对资产阶级及其政党的系统教育，同时，还要按照这样一种精神对群众进行系统的教育，那就是让他们明白，资产阶级既不愿意也不可能同帝国主义实现彻底的决裂，也不可能进行一场彻底的土地革命，更不可能实现国家的政治民主化。

第四，在强大的资产阶级—国家政党或小资产阶级民族主义政党获得普遍支持的地方，除非这种系统教育和谴责能够以一种统一战线的方式联合起来，否则，在革命进程中无产阶级夺取领导权的斗争将不可能成功。对于这些政党沿着普遍民族民主要求的方向所采纳的所有建议和实践步骤，这个策略应该给予重要的支持。在这样一个统一战线中存在机会主义者或阶级叛国者也无所谓，只要无产阶级：（1）在组织上和政治上保持阶级独立；（2）没有被宣传所误导，即误将资产阶级或中产阶级视为"社会主义的"或"反资本主义的"政治力量；（3）当群众动员和自我组织符合劳苦大众的现实心境和愿望时，没有被勒令突然停止行动；（4）没有让工农联盟的实现和巩固屈从于避免同"国家"资产阶级或小资产阶级民族主义者发生冲突这一目标；（5）从不设想可以加入或从外部支持联盟政府，也从不幻想以任何一种方式维护或支持资产阶级国家和资产阶级统治。

命题3　即使是在欠发达国家，如果不对自己的阶级利益进行辩护，无产阶级也不能夺取国家政权。这就意味着已经夺取国家政权后，首要的是为民族民主的要求而战，它将在一开始就至少采取一些社会主义的和反资本主义的措施，以便在革命胜利前就可以投入战斗。从这些最初的措施到社会主义任务的彻底实现，将会出现一些延迟，但这并不是无限期的延迟，时间长短取决于主客观环境（这些限制条件中最重要的是阶级斗争及其实践需要的节奏和具体形式）。革命的连续特征通过以下事实表现出来：不存在这样一个"阶段"，在这里，无产阶级不愿意或不应该为自己特定的反资本主义要求而战；同样，也不存在这样一个"阶段"，在这里，无产阶级专政能够或将会放弃至少是它的一些要求。革命从一种为民族民主要求而战的斗争"不断发展"至社会主义革命，其连续性没有任何中断。

这个命题以如下论点为基础：

第一，在革命危机时期，工人在欠发达国家为了他们自己的阶级要求（包括反资本主义的要求）而展开的斗争是实际阶级斗争的一个方面。这并不是"托洛茨基主义者"的一个"武断偏见"。抉择并不是在是否应"过早发起"战斗中做出，而是要做出这样一种选择：在革命期间，究竟应领导和自觉支持工人阶级的实际解放运动，还是应积极反对（包括镇压）它。因此，不断革命的理论和策略同马克思主义关于工人阶级自我解放和自我组织的理论密不可分。通过发展实现这一目标所必需的一切策略和联盟，革命者能够且应该试着率领无产阶级沿着夺取政权的正确道路前进。但是，他们绝不能让所谓的"政治优先性"或"历史必然性"压倒对无产阶级阶级利益的捍卫以及对无产阶级独立动员的支持。这就是马克思、恩格斯、列宁、托洛茨基和罗莎·卢森堡在他们参加或目睹的一切革命中的实际行为。还有一种不同的立场，它在社会民主主义者中初现端倪，后又混迹于早期斯大林主义者、斯大林主义者和后斯大林主义者当中，其中一个主要方面是，同无产阶级的阶级政治决裂，代表劳工官僚机构的特殊利益。

第二，国家政权的连续性不可能存在断裂，因此，政府的阶级本质在所谓的贯彻"民主"与所谓的"社会主义"任务之间也不存在断裂（当然这并不是政府的实际结构！）。同一个国家政权兼顾了这两个方面。一个资产阶级国家甚至可以实施社会主义革命的最初措施，这种观念是一幅巨大的马克思主义讽刺画，但它没有任何历史事实作为依据。就像这样一种观点，认为不需要一场真正的社会政治革命，人们便可以从资产阶级国家转向无产阶级国家，从资产阶级的阶级政权转向无产阶级的阶级政权，这种观点是改良派修正主义的完美典范。可能出现的一种情况是，两个敌对阶级的权力机构在同一个国家某一特定时刻共存，即不同形式下的一种双重政权情况。但是，双重政权常常包含不同阶级的不同机构，并非一种单一的工人—资本家军队"联合"或资本家—工人国家机器"联合"。

第三，革命由民族民主任务的实现不断发展至社会主义任务的完成是一个具体的历史进程（不断革命进程的第一个方面）。仅凭"客观标准"不可能提前确定每个国家革命任务结合的节奏和范围，例如，活跃人群中无产阶级的比例、农民分化的程度、城市相比农村的相对权重等。阶级斗争的现实（主观的和客观的）是其中一个主要的实际决定因素，另外，其他的因素还有群众动员的内在逻辑——保持和提高群众参与、群众自主行动、劳动者和被压迫者阶级意识水平的需要。

第四，不断革命的战略还表明，一个无产阶级的国家政权既不能走一条建立资本主义经济的道路，也不能实现"非资本主义同时也非社会化"的道路（或经济）这样一种乌托邦。这不仅在实践上行不通，与对工人阶级日常利益一贯捍卫的做法也不相符。尽管在社会化的经济中可能存在一个相当大的私有部门，就像在资本主义经济中可能存在一个相当大的国有部门一样，但归根到底，要么是无产阶级的国家计划（包括反对资产阶级的专横手段，对工人阶级来说，这些手段并不必然以民主为前提），要么是价值指令的规律。在第一种情况下，这里出现了一种同资本主义的决裂，在第二种情况下，这里出现了一种资本主义世界市场的（再）一体化。这两种趋势的斗争要分出胜负可能需要一段时间，但毫无疑问，它不会是数十年乃至无限期之久。

第五，正如历史所表明的，关于经济日益社会化的问题，无论是由无产阶级的自我行动或无产阶级的国家政权（甚至是一个官僚化的政权）自觉地提出，还是这两个方面不同组合的结果，都与一个社会主义无阶级社会的全面实现截然不同。对于后者而言，前者是一个必要且非充分的条件。同样，正像所有经典马克思主义者理解的那样，如果无产阶级可以避免不必要的社会政治张力、矛盾和内部分歧，那么，私有财产尤其是小农、手工业工人、修理店、小服务业等的彻底消亡则可能需要数十年的时间。实现这一点的前提是，发展经济的社会化部门以及满足劳苦大众基本物质需要和精神需要的所有条件已经齐备。私有财产的消亡本身并没有自动暗示一个无阶级社会已经存在。

> **命题 4** 20 世纪的革命进程在国家层面上初步显现，在国际舞台上逐步展开，但只有通过社会主义革命的世界性胜利，或者至少是在世界上一切主要国家（"主要"有两层意思，既指人口，也指具体的经济、军事和政治影响力）中取得胜利，它才能够完成。

这个命题以如下论点为基础：

第一，经济的全球性是帝国主义时代决定性的特征——世界市场的重要地位及其对所有国家（包括那些已经推翻了国内资产阶级政权的国家）的影响。工人的国家能够让他们自己摆脱价值规律和世界市场的控制，然而，除非在质性上创造出一种比大多数发达资本主义国家更高级的劳动生产力，并且能够同时满足消费者的需要，否则工人将无法使自己摆脱这种影响。相信社会主义能够在一国或数量有限的几个国家实现，尤其将最发达的国家排除在外，这种做法由于没能从工业、技术、技能、劳动者文化的立场上看待这些发达国家在国际劳动分工中所取得的优势，因此绝对是一种乌托邦。

第二，在帝国主义时代，阶级斗争和政治的国际化不过是经济全球性特征的集中表现。这既表现为国际战争的周期性爆发（两次世界大战和不计其数的"局部"战争），也表现为一切内战倾向在 1917 年之后转变为国际性内战，这个转变过程同时伴随着国外资本主义政权反对无产阶级尝试夺取、巩固和维护国家政权的系统性干涉。甚至是在"和平"时期，阶级斗争（包括"必需的"经济斗争）的国际化也有不断确证自身的趋势，尽管在所有国家、所有时刻、所有相同程度的革命中这并不是一个明显的自动倾向。事实上，对于高度国际化的资本主义运行、设计和规划，国际无产阶级迟迟没有做出有效的回应，这已经日益成为工人斗争（即便是以工会为基础的日常斗争，更不要说是完成无产阶级革命历史任务的斗争了）成功之路上的一个障碍。

第三，由此可见，由于没有包括那些最大的工业化国家，伴随着国家的消亡（共产主义的第一阶段），在单独一个国家或者数量有限的几个国家创立社会主义的无阶级社会不可能完全实现。世界市场的压力（一般包括新的消费者要求和"消费主义"的压力）以及残存的来自帝国主义军事—政治的威胁和压力表明，在一国或数量有限的几个国家绝不可能消除匮乏，而做不到这一点，社会阶级和国家的消亡也就无法实现。斯大林的在一国范围内可以完全建成社会主义的理论是一种修正主义，它不仅与马克思和列宁的经典概念相反，也与无产阶级革命的国际发展需要相悖，尤其同社会主义社会的经典概念相对立。斯大林的理论试图通过不断增长的社会不平等和张力、不断强化的国家机器、权力的垄断行使和特权阶层对生产资料和社会剩余不断加深的控制，以及将工人和劳苦农民彻底排斥在国家权力的行使之外，来使社会合法化。这个社会作为"社会主义的"或"现实存在的社会主义"（really existing socialism）呈现在世界工人阶级面前，事实上，它是一种官僚机构独裁统治的合理化。

第四，在一国或数量有限的几个国家建立社会主义社会不可能完全实现，这并非意味着一旦无产阶级已经夺取国家政权，它同其他的工人国家必须在社会主义新进展出现之前坐等其他胜利革命的到来。在社会主义革命胜利后，不断革命的进程绝不会完结，它将在工人国家内部和国际舞台上继续存在。如果国家政权的行使被一个特权官僚机构把持着，这个革命进程就不可避免地要经过一个在政治上反对官僚统治的新阶段。如果对政权的篡夺没有发生——如果工人阶级能够通过改革扩大对国家政权的行使，增强对社会剩余产品和关键生产资料的支配权，这种不断革命的特殊阶段将采取必要的和平方式。这将会出现：市场和货币经济逐步受到限制、小商品生产和所有权逐渐衰落、有计划的民主集中的工人管理向纵深发展、国家机器逐步缩减，以有利于民主自治实体直接行使权力。实现这些目标的具体步骤取决于一系列主客观条件，其中无产阶级的相对权重、无产阶级的文化和阶级意识水平以及先锋党的正确策略至关重要。

第五，不断革命的战略意味着，无论在何种情况下，无产阶级革命向新国家扩展的可能性绝不能屈从于优先"保卫现存社会主义的堡垒"。恰恰相反，每一个胜利的革命都应该被视为保卫现存社会主义堡垒最有效的方式。在任何一个国家，无产阶级（或无产阶级国家）的利益同其他国家无产阶级的利益之间都不存在矛盾，这样一种矛盾没有物质基础。有物质基础的矛盾存在于劳工官僚机构（包括那些工人的国家）的利益与工人阶级的利益之间，这既包括本国无产阶级也包括世界无产阶级。

第六，与"一国社会主义"教条相对立的并不是通过"革命战争"或人为"挑起"革命暴动以"输出革命"这样一种谬见，这样做将不会获得其他国家大多数劳动者的支持。与这一教条相对立且正确的做法是，为其他国家工人阶级和革命先锋在有利条件下的夺权斗争做好一系列准备，这个有利条件指的是，资产阶级的重大危机与群众行动的激增遥相呼应，这为工人阶级夺取政权提供了客观的可能性。

命题 5　社会主义革命不仅在一国或数量有限的几个国家，甚至在世界范围内取得胜利，这不过是社会主义革命的开端，而绝不是它的终点。尽管无产阶级夺取政权和私有财产的废除是建立一个无阶级社会必要的先决条件，但是，对于创立一个没有剥削、压迫和暴力的社会关系来说，这些条件本身并没有提供充分的保证。在政治上获得胜利后，革命仍将不断发生。对于社会主义的最终胜利而言，一种基本生产关系和一切基本上层建筑关系（家庭、文化、意识形态/宗教、科学、艺术、伦理、行为模式等）的不断革命性变革是不可或缺的。

这个命题以如下论点为基础：

第一，社会主义社会预设了生产力的高水平发展以及满足物质商品所有理性需要的质的飞跃（这些商品的一种饱和状态，这是一个相对于唯心主义丰裕定义的马克思主义概念）。一方面是基本消费者需要的满足突飞猛进的发展，一方面是在一切社会生活领域建立基本的社会主义关系，这两者之间并不存在机械的一致性。后者并不是前者的自动结果，而是要在每一个社会生活领域实现具体的革命性转变，这种转变有时同时发生，有时彼此相互冲突，有时彼此相互补充。同样，正是在这个意义上，在每一次成功的社会主义革命之后，不断革命的进程必定会、同时也将会继续发展下去，事实上，这已经发生了。

第二，一方面是无产阶级夺取政权和私有财产的消亡，一方面是现实的社会主义生产关系和分配关系的建立，这两个方面是非同步的，正是这一点，在资本主义向社会主义过渡的转型期，成为社会生活领域不断革命必然发生的最重要的根源。同时，这种非同步性也为其他一切矛盾创造了物质基础。即便是在富裕的发达国家，意识相对于现实存在而言也是滞后的（事实证明，意识的水平在某种程度上是过去的结果），这便是非同步性产生的一个主要原因。对于个体需要的表达、个体的自我实现、每一个性的丰富展开而言（预想得到报酬或害怕受到惩罚除外），一场深入的精神革命是必要的。同样，这种革命对于个体理解以下事实来说也是必需的：一旦基本需要已经开始出现饱和，若仍然迷恋于不断积累物质商品，便是在浪费时间，事实上，这会对人类健康和物质生存构成威胁。纯粹的理论教化不可能在这些领域实现任何持久性的结果。物质的先决条件——一种生产的高水平自我管理和一种消费者的高度满足——必不可少，此外，技术的彻底转变，即让机器依附于生产者的需要，也是必需的。但是，现实的革命实验、实践、争论以及深刻的冲突将会在这些精神革命彻底实现之前出现。

第三，大多数劳动者（日益增多的大部分市民）要在经济和国家领域真正行使权力，就要以高水平的社会主义民主、民主选举工人的真正权力、大众的议会和政治多元主义为先决条件。但为了让这些自由和权力落在实处而不是流于形式，大多数劳动者（市民）必须具有实际行使权力所必需的物质社会条件，这就意味着，要消灭生产者和管理者之间的社会分工，而这反过来又首先取决于两个前提条件：工作日的彻底缩短以及文化和信息上的一切障碍物的革命性破产。在这个意义上，一场持续的文化革命，即废除文化和信息的垄断，就不仅在消费领域同时也在生产领域成为社会主义的一个必要前提。与这种文化革命密切相连的是一种从形式到内容的较为彻底的教育革命。

第四，同样，正像在一国或数量有限的几个国家不可能彻底实现社会主义的无阶级社会那样，国家的消亡（一切国家机器的彻底消亡）也是如此。但这并不意味着在胜利革命孤立隔绝的条件下（尤其是在相对不发达的经济、社会和文化条件下），官僚化日益增长的趋势或工人国家与社会整体的官僚主义退化在所难免。尽管不发达的社会条件的确有利于官僚化，但不断增长的官僚化却不是命中注定的，尤其是在劳动者已经开始经历一定的工业化和教育后，这一点更为明显。在更多的情况下，官僚化日益增长的趋势由下列主观因素决定：工人和贫困农民自我组织的经验和现实、革命先锋（尤其是它的政党）对官僚制度本质和危险的自觉认识以及他们对社会主义民主和工人自我组织的深刻承诺。

第五，在胜利的社会主义革命与真正社会主义关系的建立之间存在着不同步性，这突出表现在民族、初期民族群体以及部落和种族群体间的关系上。各式各样的民族歧视、大国沙文主义与种族主义在资产阶级失去政权和财产后仍将长期存在。因此，它们在被压迫者当中激起的各种民族不平等和压迫形式，连同不可避免的民族主义反应，也将继续存在。离开一场民族内部关系的革命、离开一场不断反对大国沙文主义、种族主义和民族不平等的激进斗争、离开一种（尤其是针对被压迫者和较贫穷的国家）不断阐明国际团结与合作的努力，挡在世界社会主义大道上的这些障碍就不可能被清除。通过明确彻底禁止核武器和其他大规模毁灭性武器的生产，人类免受威胁的需要得以实现，这也意味着，为了整体人类的利益，必须对国家主权（尤其是最富有、最发达的国家）进行必要的限制。

第六，妇女压迫是最古老的一种社会压迫形式，它的出现比阶级社会的建立还要早。同样遗憾的是，这种压迫形式在废除资本主义后，在资本主义向社会主义的过渡期仍将长期存在。对于现实社会主义关系的胜利而言，妇女压迫的彻底消除是一个必要的前提条件，这需要工人国家"反歧视行动"的自觉发展，即采取一些措施，使人们在实践中易于消除妇女数千年来所遭受的性别歧视、暴力和不平等的影响，同时，这也需要一场焕发旺盛活力的独立的妇女运动。没有自我活动、自我实现和妇女自身对权力行使的不断发展，性别间的平等就不可能实现。

命题6 不断革命的理论和战略也表现在那些它们没有提出的要求上。

不断革命论不包括下述任何观点：

第一，社会主义革命只能在所有国家或许多国家同时获胜。

第二，当有可能夺取政权时，无产阶级（与劳苦大众）不应该在落后国家争夺政权，以免陷入绝境并不可避免地被世界帝国主义压得粉碎，或不可避免地受到一个极权主义官僚机构的压迫。

第三，胜利的工人国家有义务通过革命战争扩大世界革命。

第四，在一个欠发达的国家里，如果不建立无产阶级专政，任何类型的进步（尤其是工业化的发展）都是不可能的。

第五，在帝国主义时代，无论如何都不可能有这样一个国家，其"民族的"资产阶级会以任何方式行动起来反对帝国主义。

第六，即使"民族的"资产阶级真的采取了这样一种行动，无论这种反对帝国主义的行动表现得多么犹豫和暂时，工人阶级也绝不能支持这种行动，以免由此自动丧失掉它的阶级独立性。

第七，任何国家的工人阶级都应该让它的阶级利益屈从于所谓捍卫或扩大别国革命的需要。

第八，在单独一个国家（或数量有限的几个国家）建立社会主义社会不可能完全实现，这就意味着在世界革命胜利之前，在朝着消除匮乏、市场经济、社会不平等、官僚机构束缚、内部压迫的方向上不可能有任何进展。另外，在独立的生产力发展水平、无产阶级的相对权重、无产阶级阶级意识的水平、已经实现的革命领导权的品质这些问题上，也不可能有任何重要的进展。

第九，在从资本主义到社会主义的充分实现这段过渡期内，国家必然会继续存在，这就意味着政治民主（社会主义的民主）在组织自由、表达自由、自由使用大众媒体提出反对意见或异议倾向以及满足一党制的需要这些方面，仍然会存在严重的局限。

所有这些观念都是彻底错误的，托洛茨基和不断革命论的真诚拥护者从未详细阐发过这些观念，也从未用这些观念构建不断革命论的任何部分。

注释

[1] 例如，参见道格·詹内斯（Doug Jenness）和欧内斯特·曼德尔的争论（*International Viewpoint*, Special Supplement, no. 32, 1983）；杰克·巴恩斯（Jack Barnes）的论文 "Their Trotsky and Ours: Communist Continuity Today," in *New International*, 1, no. 1, (Fall 1983), 以及文件 "The Present Stage of Building the Fourth International," in *Resolutions of the Twelfth World Congress of the Fourth International*, *International Viewpoint*, Special Issue, 1985。

7. 建立第四国际的理由及其今日缘何依然有效[*]

据称，第四国际的建立是由托洛茨基的两个被证明是错误的预言决定的。第一个预言认为，其时即将发生的第二次世界大战将会引发一场大规模的国际工人阶级革命高潮，其革命浪潮要比第一次世界大战之后的革命浪潮还要大，在很大程度上，它将绕过传统的工人阶级组织，为一种真正革命倾向的决定性突破提供历史契机。第二个预言认为，由战争导致的斯大林主义官僚统治即使不被推翻，也将会大大削弱，进而失去对国际工人阶级和反帝运动中较激进的那部分人的政治束缚。

危机与结构

毋庸置疑，这些观点让各国不同的托派核心团体在 20 世纪 30 年代晚期和 40 年代早期保持了积极性，但当它们被证伪时，便产生了严重的后果。许多团体同第四国际甚至与工人运动实现了决裂。

其他的团体试图调整对于世界持续革命的承诺，因为这个世界看起来与他们几年前所预期的方向完全不同。为了实现革命目标，他们认为有必要对第四国际纲领中的某些重要部分进行修正，这其中既包括关于资本主义的进一步观点，也包括对苏联本质的看法。

无论怎样，1949—1953 年间，在第四国际的历史上发生了最大的危机，它导致了一场灾难性的分裂。我们的运动用了 10～15 年时间才消除了危机带来的负面影响，首先是通过 1962—1963 年的重新统一，接着是通过 1968

---

　　* 这篇论文发表于 *International Marxist Review*，Vol. 3，no. 2（London，Autumn 1988），p. 80。

年的五月事件以及随之而来的激进运动。今天，尽管第四国际依然十分弱小，却还是比 1938 年、1949—1953 年或 1963 年时强大了许多。

单凭这一事实就足以证明，所有那些认为第四国际的建立无论怎样都与上面提到的短期预测有关的人是非常错误的。历史已经反复表明，任何工人阶级或者革命组织，无论民族的还是国际的，如果它的判断是在局势条件下或依据其他类型的分析癖好做出的，则一定建立在流沙之上。正如几十年来（如果不是几代人的话）在许多斗争中表现的那样，只有那些纲领和行动符合无产阶级历史需要的组织，才建立在坚实的基础上，这样的组织如果能够学会如何把握时机并且能够避免灾难性的错误，将最终拥有一种真正的影响力。

第一国际和第二国际契合了雇佣劳动阶级独立的需要，只要资本主义存在，这个需要就始终是阶级斗争的主要任务，而且在今天与 125 年前或 90 年前同样重要。第三国际将这个需要同帝国主义时代革命推翻国际资本主义的目标结合在一起。与 1914 年或 1919 年相比，这个任务在今天同样紧迫。

第四国际的建立与国际范围内类似性质的历史现实是相一致的。我们必须不带个人或"世代的"焦躁、失望或沮丧，以科学的方式检验这些历史需要在今天是否仍和它们在 50 年前一样真实。

托洛茨基根据局势所写的文章（尤其是颇具论战性质的文章）中包含着不完整、不准确，甚至是错误的短期观点——就像马克思、恩格斯和列宁撰写的类似作品一样，就更不必说他们晚年的合作者、即使是最有天赋的合作者所写的作品了。但总的说来，在托洛茨基那个时期主要的纲领性著作中，这些错误是不存在的，特别是《过渡纲领》、1940 年 5 月的《第四国际紧急会议宣言》（*The Manifesto of the Emergency Conference of the Fourth International*）（他的政治遗嘱）和《被背叛了的革命》这三本著作中并不存在错误。在这之前的纲领性作品《共产国际纲领批判》（*Critique of the Comintern Program*）、《不断革命论》和论文《第四国际与战争》（The Fourth International and the War）中也是如此，最后那篇论文今天很少有人阅读和研究它。[1]

1940 年《宣言》（*Manifesto*）中的一段话可以轻而易举地证实这一点，这是一段关于托洛茨基主义观点历史演变进程的论述：

资本主义世界没有出路，除非你认为拖长的垂死挣扎是一条出路。我们必须为战争、暴动、短暂的休战间歇、新战争和新暴动做好长久的

准备（如果不是几十年）。一个年轻的革命党必须把自己建基在这个观点之上。……速度和时间间歇的问题至关重要，但它既不会改变一般的历史观点，也不会改变我们政策的方向。[2]

同样的看法适用于《过渡纲领》第一章通篇对"时期"一词的运用。[3]那时，战争并不是即将来临，欧洲革命也还没有遭受到重大的挫折（除纳粹在德国的胜利外）。事实上，革命仍然有可能在西班牙和法国取得胜利，这将有可能阻止第二次世界大战的爆发，1936—1938年斯大林主义的"清洗"也有可能被阻止。

同样，我们有可靠的资料表明，随着共产国际作为一个革命组织最终消亡，建立第四国际的决定早在1933年就已经做出了，就像列宁早在1914年社会民主党投降时就要求建立第三国际一样。[4]

我们时代的基本矛盾

建立第四国际的必要性根源于决定20世纪历史的基本矛盾，可以把它们归纳为以下几个要点：

第一，自1914年以来，资本主义生产方式已经进入了它的历史衰退期。那个制度创造出来的巨大的生产力，正周期性地同资本主义生产关系、私人占有方式以及民族国家发生矛盾。这已经导致了连续不断的经济大萧条、战争和社会运动的爆发（支撑资产阶级社会的基本社会关系的危机）。腐朽的资本主义制度存得愈久，这些连续不断的危机就愈加威胁要破坏物质文明的基础，甚至要毁坏人类的肉体生存。生产力周期性地转化为恐怖的破坏力量。与此同时，资本主义在20世纪破坏了世界各地昔日的进步成果，并在其他地方阻碍着进步。尽管尚有可资利用的资源，每个资本主义国家却都存在着穷人和富人的两极分化，并且这种分化同世界范围内相对富国和相对穷国之间的两极分化紧密相连。

第二，生产力和资本主义生产关系间的矛盾周期性爆发这一本质，也通过人类生产力的周期性反叛，即工人阶级斗争的大规模爆发表现出来，这些斗争不但令资本主义制度的运转陷入瘫痪，而且在客观上将社会主义革命推上了议事日程。同工人为了他们的当前利益所做的一般尝试相比，这些斗争类型的意义要大得多，它们代表着无产阶级在一个新的社会基础上重组社会的本能尝试。只有通过工人阶级夺取政权，消灭资产阶级的压迫机构并建立一个工人国家，才能以一种正确的方式解决腐朽的资本主义（帝国主义）所引发的基本危机。在帝国主义国家，这意味着从根本上消除资本主义的财产关系，而在较不发达的国家，至少也意味着开始消除这种关系。

但是，与历史上先前的一切革命相反，社会主义革命只能自觉实现它的目标。因此，连续不断的爆发性的群众斗争浪潮的结果，并不仅仅取决于资本家和雇佣劳动者之间客观社会力量的对比，它也依赖于无产阶级阶级意识的相对水平以及无产阶级领导层的革命特性。事实证明，在大多数情况下，这些主观因素是不够的，因此，20 世纪的革命大多以局部或全局落败告终："人类的危机是无产阶级革命领导层的危机。"于是，20 世纪展现为一个危机与战争、革命与反革命的世纪。

第三，1917 年 10 月，第一次在全国范围内获取胜利的社会主义革命在俄国爆发。它的胜利在于布尔什维克党的领导、苏维埃政权、工人国家的建立以及无产阶级专政的确立，所有这些解决了"和平"这个当时最为急迫的政治问题，并且完成了民族民主革命的主要任务。但是，工人阶级如果不同时试图消除它自己所受的剥削，即如果不同时着手建立社会主义的经济和社会，它就无法完成所有这些任务，也无法巩固这些成果（通过一场代价高昂的内战）。

尽管苏联的现代化和工业化取得了惊人的成就，但总体上看，朝着建立一个无阶级社会前进的步伐却停了下来，事实上是被反转了。借助于斯大林主义，政治反革命在苏联大获全胜，进而导致了官僚机构对政权的把持和垄断，社会不平等不断加剧，工人们也失去了对自身工作条件和产品分配的一切控制。这些条件为反对斯大林主义的群众暴动和新的反对官僚统治的政治革命创造了物质基础。这种革命是世界社会主义革命的重要组成部分。

第四，社会民主主义和共产主义的群众性政党以及工会领导层的错误政策，阻止了 20 世纪二三十年代接二连三爆发的通往胜利社会主义革命的群众斗争浪潮。他们的错误政策反映出严重的理论缺陷，但归根到底却表达了那些工人官僚独有的特殊物质利益。改良主义者和斯大林主义者（包括后斯大林主义的官僚化的共产党）让绝大多数工人的利益屈从于他们自身的特权，在最好的情况下，这一切被粉饰为对工人阶级历史战利品的保护（战利品显然必须得到保护）。尽管官僚们声称要保卫工人的"堡垒"和斗争赢得的成果，却在实践中暗地破坏它们。无论何时何地，只要有可能，保卫工人成果的口号绝不能反对新出现的彻底推进社会主义革命的斗争，因此，必须建立新的工人阶级政党。工人阶级内部的实际分化过程反映了这一客观需要。在每一次爆发性的群众斗争浪潮中，新的天然领袖便会从工厂、办公室、街区、农村、工会和群众党内外脱颖而出。但是，如果这个工人阶级潜在的新领导层不能创建新的政党核心，它就会被驱散。如果工人斗争100多年的教训没有被汲取，或者能够轻易避免的错误一再出现的话，它们作为新革命党的潜在可能性也会受到威胁。所以，革命的马克思主义者必须将自己牢牢扎根于工人阶级，尤其是要扎根于它的先锋阶层中，同时，要能够为体现世界无产阶级全部历史经验的纲领而斗争。新的革命党必须建立在这个基础之上。

第五，生产力在帝国主义时代的日益国际化以及资本和阶级斗争仍然明显的国际化表明，单独一个国家或一小群国家不可能实现社会主义。这并不是说，社会主义革命不可能单独在一个国家（甚至是在一个相对落后的国家）发生，也不是说在这些国家不可能开始建设一个社会主义社会。但在这个过程中，它们将经受国际资本主义在经济、军事和意识形态方面的压力，这将不同程度地反映在它们的内部分裂上，这些分裂有时会成为通往社会主义道路上的绊脚石。社会主义革命将会从一个国家的胜利开始，它将同国际阶级斗争相结合并在国际范围内扩展开来，最终，将达到它的顶点——在世界范围内建立社会主义。"在单独一个国家实现社会主义"是一种反动的乌托邦。

正像"民族共产主义"是"一国社会主义"理论在组织上的产物一样，一个新国际的建立是在理论上对帝国主义时代阶级斗争世界特性进行理解的产物。没有无产阶级的国际组织，民族工人组织将更容易陷入民族改良主义和民族共产主义的泥沼。没有无产阶级的国际组织，切实理解阶级斗争和革命国际进程将会更加困难，失败将会更加惨重，胜利的代价将会更加高昂，并且，这种胜利经常会直接受到质疑。

我们确信，20世纪这五个关键问题确证了第四国际以及一个新的无产阶级革命国际的必要性。与50年前相比，今天寻找这五个问题的答案同样具有决定性的意义。

资本主义毫无前途

为第四国际辩护的理论分析认为，客观上需要世界社会主义革命来解决人类危机，反对这种分析的主要观点则认为，该分析低估了资本主义制度的适应能力（因此至少是低估了它进一步发展的部分能力）。人们怎么可以说这个在 1948—1968 年（甚至到 1973 年）期间有着出色经济增长的制度正在"垂死挣扎"（agony）呢？人们又如何能够否认同一时期在主要帝国主义国家和相当多的所谓"第三世界"国家，广大无产者阶层的生活水平、技能和文化出现了不置可否的增长呢？[5]

我们的回答是，正是革命马克思主义的批判者而不是马克思主义者，对 1938 年或 1948 年以来的世界现实保有一种片面的、不完整的观点，正是他们犯了主观主义、空想主义甚至是盲目教条主义的过错。

让我们姑且承认马克思主义者或许真的低估了国际资本主义制度的适应能力。[6]但这马上就引出了一个问题：这种适应性的代价是什么？人们在绘制过去 50 年的平衡表时，怎能不涵盖第二次世界大战中死去的 1 亿人，怎能不提及奥斯威辛、广岛、1945 年以来在殖民战争中丧生的数以百万的人、1945 年以来在第三世界死于饥饿和可治愈疾病的儿童所经历的那场浩劫（数字比第二次世界大战中的遇害人数还要大）？如此大规模的人类苦难是一个次要问题吗？当我们审视这一总体现实时，"垂死挣扎"的观念真的用错了吗？

的确，文明的衰落不是线性的，也不是总体的。与某些幼稚的左派分子不同，严肃的马克思主义者从来没有那样说过。资本主义必须被推翻，如果这一点没有实现，那么它总是会在某个时期以被剥削群众为代价自行了断此事。

世界革命的延迟已经阻止了人类心智和创造力在最宽泛意义上的进步所带来的巨大成就，但它并没有阻挡人类心智发挥作用。科学和我们对现实的认识正在继续飞速发展，到现在为止，这些努力成果只有一部分转向了那些破坏人类和自然的目标，我们仍能够继续从这些进步中部分受益，近 50 年来世界范围内平均寿命的延长和婴儿死亡率的下降就证实了这一点。

但是，这种在生产和消费领域的进步是以无穷无尽的苦难为代价的，这种苦难在进步之前就已经存在了，现在仍与进步过程相伴。因此，进步只能是暂时的，因为它发生在一个被无法解决的矛盾折磨的经济社会体制框架内。战后的"繁荣"过后，随之而来的是一个新的长期大萧条。[7] 与那些改良主义者、新改良主义者（后斯大林主义者）和新凯恩斯主义的资本家党羽不同，马克思主义者对这一切并不感到惊奇。在这种反转倾向（从繁荣到大萧条）出现之前，我们曾说过它是不可避免的。[8]

这种"保证经济增长、充分就业和社会进步"的梦想如今还剩下些什么呢！那些真正的空想家如果不待在假定资本主义（抱歉，应该是"混合经济"）能够确保一切梦想实现这个阵营里，又会在哪里呢？帝国主义国家有 4 000 万人失业，第三世界有上亿人失业，西方无产阶级的实际收入至少降低了 10%（"新穷人"的出现是其重要组成部分），大多数半殖民地、半工业化依附国的实际工资降低了 30% ~ 50% 不等，现在这一切已经让这些空想家的脸上有些挂不住了。

最后，尽管资本主义也许已经或多或少让自己适应了一个以文明衰落危机为标志的世界，但不适应性的端倪却逐步显现出来。少数头脑清醒的人们怀疑，新的"适应"如果通过世界大战、不负责任的技术发展、对第三世界的超级剥削以及对公民自由的侵蚀（刑讯在 50 多个国家已经被制度化）来实现，则不但会威胁到人类的文明，而且会威胁到人类的肉体生存。

以前的抉择表现为"社会主义还是野蛮"，现在的抉择已经演变为"社会主义还是死亡"。因为从长远看，如果不终结私有财产和竞争体制（该体制激发出双重道德标准并且无法让整个人类真正地团结起来）带来的自我本位和竞争行为，这些灾难就无法避免。

更多的与马克思主义"略有不同"的批评者把这一理解思路贴上了"过度灾变说"（excessive catastrophism）的标签。他们从不否认（社会的、经济的、政治的、道德的、军事的）危机增殖的倾向，无论怎样，在 1968 年之后承认这一点可能有些困难。但他们认为这些危机未必一定导致"最终的"灾难，至少到目前为止，灾难可以被"消灭"在上面提到的萌芽阶段。大规模失业是存在的，但它的比例没有 20 世纪 30 年代时那么严重。"新穷人"的确存在，但失业者和其他边缘人群并未被迫卖床以换取面包。第三世界存在饥饿，但人口却在增加，而不是减少，这就表明大多数人口并未死于饥饿。经济大萧条在持续发生并且每况愈下，但对资本主义来说一种"软着陆"仍有可能。工人阶级仍然能够抵抗资本家甩给他们的最具挑衅的攻击，但这一点据说由于资产阶级重组计划的通过而遭到了严重削弱。趋向一个强力国家的倾向的确加深了，但它并不必然采取法西斯主义这种极端形式。局部战争的数量在不断增加，但它们并不必然导致世界大战，等等。

只有工人阶级才能推翻资本主义并建立一个社会主义世界

在世界上任何一个地方，除工人阶级外再无其他社会力量能够推翻国际资本主义，建立以普遍合作和团结为基础的社会秩序。在这里，我们是按照工人阶级的经典定义（前文已经提及）进行讨论的[9]——所有那些在经济上不得不出卖劳动力以谋取消费资料的雇佣劳动者，因为他们没有机会获得生产资料，也没有资本。今天，工人阶级并不像它在 1914 年、1939 年或 1954 年那样人数逐渐递减、机构变得日益复杂或出现巨大的分化，而是比以往更强大、更单一。[10]的确，全世界 10 亿雇佣劳动者大军的成长速度并非在每一个国家都始终保持一致，他们的生活水平和工作条件并没有把他们之间的距离拉得比以往任何时候更近。工人阶级的发展并不是按照一种线性的方式进行的，它在某些部门、区域甚或是国家中会衰退（并变得丧失技能），而在其他地方却会不断发展并变得更有技能。但没有资料可以证明，从长期和世界范围来看，工人阶级的发展趋势正在走下坡路，远非如此。

在资本主义国家，即使是在人口最多的第三世界国家（印度、巴基斯坦、印度尼西亚），雇佣劳动者的人数也已经超过了农民的人数。而且，这个历史性转变只是在不久前才刚刚发生。让我们在特定的语境中进行分析，我们应该不会忘记，当俄国十月革命爆发时，雇佣劳动者的人数几乎不到全国工人总人数的 20%，那时世界范围内农民的人数占到了工人人数的 75%，即使是在欧洲、美国和日本，雇佣劳动者所占的比例也比现在低得多。

只有无产阶级才能推翻资本主义并用一个以团结和合作为基础的社会秩序替换它，这一事实并不意味着任何一个半工业化依附国，尤其是最重要的半殖民地国家，可以不依靠盟友夺取和保持政权。即便贫困农民在这些国家中已经很少，他们还是代表了一股重要的社会力量。农民能够进行爆发性的社会斗争，他们的主要要求在现行体制下无法得到满足。工农联盟仍然是成功推行不断革命战略的主要推动力量，正是这个战略，成为解决欠发达问题的必要条件。

另外，在过去的 20 年里，以半工业化依附国的兴起为特征，进步与落后的独特结合导致了一个特殊社会阶层的兴起——边缘化半无产阶级的城市居民，这些陋屋区的居民没有合适的工作，靠在"非正式的"经济中打零工过活。短期看来，这个常常在第三世界（包括半殖民地国家）大都市中占据多数的社会阶层经常是政治斗争的仲裁者，无产阶级应该而且必须通过一种不断革命的战略，把这个社会阶层争取过来作为他们的盟友，而不断革命战略作为土地革命的一个必要补充，将致力于城市改革的斗争。

有时，在"新社会运动"的影响下，作为当今世界主要的潜在革命主体，无产阶级的作用会遭到质疑。就"革命主体"的定义而言，我们应该注意不要把这样两种人混为一谈：一种是盲目崇拜"新社会运动"的人，另一种是将第一种人界定为小资产阶级并进行系统诋毁的人。

马克思主义其中一个最有影响力的思想是，认为"社会阶级"的概念具有一种客观的特性，离开了这一思想，历史唯物主义便失去了解释历史的一切潜能。社会阶级的存在与相互斗争独立于阶级自身的意识和历史利益（显然，这并不是说意识水平不会影响这些斗争的发展和最终结果）。在美国，相当大一部分雇佣劳动者认为自己是中产阶级，但这并不妨碍他们领导反对老板的艰难罢工，有时候，他们的斗争比其他国家拥有较高阶级意识的雇佣劳动者还要猛烈，他们之所以能够像雇佣劳动者那样行动，是因为他们本来就是雇佣劳动者，即便他们自己不这样看。

从这个观点看，参与"新社会运动"的绝大多数人都是雇佣劳动者，至少在帝国主义国家和半工业化的依附国中是这样的。考虑到"社会运动"自身的规模，这是这些国家社会结构准自动化的一个结果。除无产阶级外，这些运动能够大量吸引的社会团体只有家庭主妇或大中学生，然而，这些社会团体在反对战争、生态主义、反对帝国主义或反对种族主义的运动中将长期不占主流，到目前为止，只有大学生或中学生的运动（作为一种动员起来的群众运动）是一个例外。

由于"新社会运动"在组织上以及思想上同有组织的劳工运动并不存在真正的关联，由此困惑便产生了。事实上，在多数情况下这是劳工运动的错，因为它对捍卫这些运动的斗争目标要么反应迟缓，要么干脆拒绝。于是，我们只能形成零散的、有偏差的运动。作为单一议题的运动，它们常常动员大量的人力，但与此同时，零散的运动又促使其偏向了改良主义的死胡同。有一种观点认为，学生、家庭主妇甚至是第三世界农民的经济和社会力量，完全可以推翻主要中心区域的资产阶级，对此我们无法进行严正的辩护。这些人能够削弱政权，他们是社会主义革命必要的同盟军。女权主义运动尤其是这样，它所要解放的对象关系到人类的半数，其独立的有生力量不可小觑。一般说来，女权主义运动动员了雇佣劳动者中重要的一部分以及日益增长的一部分无产阶级。然而，这些运动仅凭自身的力量不可能实现社会主义革命。如果人类要生存下去，革命就必须胜利。只有无产阶级能够在社会上确保社会主义革命的胜利，任何其他推翻国际资本主义的方案都是不切实际的。

一种同样不现实的观念过去在左派中曾广为流传，它认为，通过加强"社会主义阵营"同第三世界胜利革命的合作，帝国主义就可以被推翻。其实，今天已经没有任何人支持这个观点了。在某种意义上，这种观念还意味着"社会主义阵营"将"赢得"世界核战的"胜利"。这是极不负责的犯罪，因为它预先假定你可以用核颗粒而不是活生生的人"建设社会主义"。一旦这个假说被抛出，一般方法便被限定在这样一种观念上，那就是切断一条腿、一只手臂或几根指头就可以把一个巨人杀死。如果考虑到巨人拥有巨大的资源，可以用非常有效的人造肢臂装备自己，你就知道坚持这种观念是多么可笑了。

其他的批评者回答说，如果无产阶级是推翻国际资本主义唯一的潜在革命主体，那么世界社会主义革命就变成了一个乌托邦的规划，因为无产阶级已经表明他自己不可能在任何一个发达工业国家从事这样的革命。事实上，纵观整个国际工人运动史，拒绝承认无产阶级潜在革命主体作用的做法几乎总是导致人们放弃任何革命希望或行动。[11]

但是，根据最近 50 年的具体经验断言无产阶级已不再是马克思所预测的革命主体，这种做法是否正确呢？仅仅列出在接二连三的革命危机中遭受的所有失败并不足以证明这种论点，这不仅是因为这段历史时期太短，不足以得出这一结论[12]，还因为马克思对无产阶级形势的分析恰恰表明无产阶级革命的第一波将几乎不可避免地走向失败。[13]

正确处理这个问题的方法各式各样。我们绝不能从反映无产阶级和无产阶级革命理想化的看法这一形而上学的准则出发，而是要从当前无产阶级在历史上的实际运动出发。我们应该询问：成千上万雇佣劳动者不断周期性地（不是每年或每个国家）在如此大规模的斗争中被动员起来，以至于工人阶级建立普遍的反政权可能被提上议事日程，真有其事吗？换句话说，一种双重政权斗争的普遍化，能够在经典马克思主义的意义上推翻资产阶级国家并建立无产阶级专政吗？从长远看，这些斗争的趋势是不断扩大还是逐渐缩小？这些斗争的趋向是比过去更能导致资产阶级政权的瘫痪，还是让资产阶级政权比过去更能在技术上、物质上具备打败这些斗争的能力？雇佣劳动者接管工厂和通信中心的希望比过去更大还是更小？同过去相比，他们或多或少朝着自治和自我管理的方向前进了吗？

我们只要在 1968 年 5 月法国 1 000 万罢工者同 1936 年 6 月 300 万罢工

者之间进行对比，在 1979—1980 年 1 000 万波兰团结工会工人同 1905—1906 年参加总罢工或 1918—1920 年参加革命运动的 50 万波兰工人之间进行对比，在 1973—1974 年参加葡萄牙革命的人数同先前参加斗争的人数之间进行对比，便能发现至少在好几个国家（我们不说是所有的国家）一个明显的倾向便是参加斗争的人数有了显著增加。

无疑，这些爆发性群众斗争的范围本身还不足以导致胜利的无产阶级革命，但却足以引发一种革命的可能性。一旦你相信这些革命（确保人类生存的唯一机会）是可能的，那么拒不参加为这种胜利创造条件的斗争就显得不理智了。这简直就是拿人类的生存玩俄罗斯轮盘。今天，将革命的政治承诺视作"帕斯卡的赌注"，再也没有比这更恰当的了。不做出任何承诺，一切将会提早失去。即使成功的希望只有 1%，人们又怎么能够放弃这种选择呢？事实上，机会要大得多。

没有反资本主义的理论和实践就没有反资本主义的胜利

具有广泛基础的群众斗争异常强大，足以把推翻资本主义制度的客观可能性提上议事日程，这种斗争虽然只是周期性地爆发，却对马克思主义者提出了日常活动的问题。从长远看，你不能让革命活动脱离群众行动，至少不能脱离具有客观革命效果的群众。一般而言，任何试图脱离群众并不为群众了解的革命活动，甚至会产生相反的结果。另外，任何专注于改良并局限于随即变现目标的活动（即使不是厚颜无耻局限于资产阶级可接受事物的改良主义者）[14]都会导致三个灾难性的后果。

它趋向于误导群众，让他们对我们这个时代必然的时局骤变毫无准备。[15]因此它意味着，群众在临近革命前夜和革命危机时并不知道哪些是必要的，哪些是可能的。同样，它趋向于在客观上阻止、分裂，甚至有意识地瓦解那些威胁资产阶级共识并试图超越资产阶级国家框架的群众斗争。它还趋向于使那些遵循这一路线的组织变形，使它们越来越无法理解资本主义的未来[16]，在时机变得可能时无法诉诸革命行动。

对于这个实际困难，人们曾提出各式各样的解决方案。仅仅回撤到（革命）宣传活动中显然不是一条出路。一个组织完全放弃除宣传活动外的实际阶级斗争干预，便会几乎自动堕落为像耶和华见证会一类的宗派。

回撤到唯独认同世界其他地方的革命——追随其时由斯大林派控制的共产国际的实践——也只能得到相反的结果。这种认同只有作为无产阶级国际主义的一个必要特征存在时，才能显示出其有用性和必要性。然而，它绝不能取代对每个国家阶级斗争的干预，要从群众的客观需要和真正关心的事物出发，不要管别国发生的事情。

群众组织和工人阶级中系统的、优先的活动不能为这个问题提供满意的答案。当然，这种活动是必要的。但这又回到我们的出发点上来了——干预什么？从事什么活动？

如果我们把这三种倾向中所有的积极方面结合在一起（这些解决方案之所以不完备，正是因为它们是片面的），就离一个满意的方案更近了。在被托洛茨基和第四国际称为过渡要求的战略中，对这一点有较好的总结。

从群众当前关注的事情出发，这在非革命的形势下依然要通过关注经济、社会、政治、民主和文化方面的改革，通过反对战争和强大压制性国家的形成来实现。革命者在实践中表明，无论是详细地阐述目标，还是行动和提出组织建议，他们都是这些斗争中最优秀的组织者，他们要努力确保革命取得最大的成功。但是，他们把这种活动同系统地反对资本主义的宣传结合在一起，这种宣传经常告诫群众，不要陷入资本主义制度框架内的不断进步的幻想，他们警告群众，在斗争中取得的这些成果不可避免地存在着完全（大部分）被取消的危险，同时，这种宣传为群众应对危机以及资本家和"民主"国家的必然回应做好了准备。最后，他们简单概括了面对资产阶级回应和危机的必然应对措施，这些替代性的应对措施提出了政权问题，即用工人阶级的政权取代资产阶级的政权。

这并不单纯是一项教育（文学）工作，尽管在整体的战略中这个方面无论如何也不应被低估。就它经常趋向于推动群众自我组织、罢工委员会、街区委员会、上述机构的中枢委员会以及群众运动中的全国协调组织而言，它对现实阶级斗争存在着影响。对群众而言，这些委员会是群众获取经验必需的学校，没有它们，就不可能在工业化国家实现双重政权普遍化的全面转变，也不可能（更多的是这种情况）去夺取政权。即便是在前革命危机爆发之前，这些经验也是可能的、必要的。

正是在这里，政治上的改良思想和革命思想经常发生冲突，至少在资产阶级议会民主制的框架内和非危机的关头是这个样子。对于改良主义者（以及形形色色的新改良主义者）而言，政治就等同于选举和资产阶级国家机构内部的活动。罢工基本上被看成是"经济的"，甚至是反政治的，故而被排除在政治之外。改良主义者对其他形式的直接群众行动（在一定程度上，改良主义者和新改良主义者并不完全排斥这些行动）也采取了相同的态度，于是，他们不得不屈从于选举和议会的需要，这便是改良主义者选票至上主义的基础。

另一方面，对于革命者而言，无论选举和议会活动何等重要[17]，它始终依从于群众的自我活动和自我组织，正是后者在现实实践中为劳动工人的解放做好了准备。工人的解放只能是工人自己的事情，而不是党派或工会的事情，无论后者发挥了怎样不可或缺的作用——更不必说议会或地方议会所发挥的作用了。这就是马克思主义的全部观点。

改良主义战略与革命战略是相互对立的，这不仅是因为前者排除了革命危机的必然性乃至可能性，更是因为在非革命形势下和日常活动中，两者也处于相对立的两极。改良主义者愈来愈让保卫工人的利益屈从于"保卫制度"和"社会平衡"，换言之，屈从于阶级的合作。革命者则时刻保卫劳动者的利益和无产阶级的政治独立性，使其免受资产阶级政党和资产阶级国家机构等一切力量的支配。

世界上任何一个角落正在上演的不懈捍卫社会主义的革命，都是过渡要求战略的一个有机组成部分。首先，这是一项实践任务，因为这些革命通常都会遭到帝国主义各种形式的侵犯，它们的抵抗、存在和后期发展轨迹在很大程度上取决于回应这些侵犯的国际团结运动的规模。20世纪60年代越南革命遭受帝国主义重压时（这种压力在格瓦拉被暗杀后一直持续到20世纪70年代），欧内斯托·切·格瓦拉曾痛惜国际团结运动的严重不足，他的看法比我们当时理解正确得多。纵然越南革命最终胜利了，却是在这样的重压下成功的，为此，它付出了沉重的代价，以至于把整个未来都"抵押"上了。如果左派人士在面对柬埔寨的灾难和越南发生的一切时，能够理解世界工人运动和反帝运动在印度支那那场悲剧中应该担起的共同责任，那么，他们在心理上和思想上对这些事件的反应就会更加清醒。

提高阶级意识的水平也是常规斗争的一个方面。国际主义不能从书本中获知（相对少的一部分人除外），对于群众而言，它只能通过反复的活动获得。支持革命活动，在团结的行动中开展革命并不是无产阶级国际主义唯一的实践形式。然而，就最广大的阶层而言，只要群众还没有被深深地卷入本国的革命活动，将革命理解为一种最基本的历史现实就始终是提高意识的唯一方式，这一点对他们自己的未来至关重要。

鉴于帝国主义国家的资产阶级不仅在政治上经验丰富，而且在经济上拥有储备，因此，无产阶级的阶级意识和领导阶层如果不预先具备一定的水平，似乎根本无法夺取政权。所以，在工人运动的活动中反对资本主义的成分是未来不可或缺的。如果革命组织没有前后一贯的反对资本主义的理论，没有系统的反对资本主义的教育，没有反对资本主义的活动，那么，帝国主义国家的无产阶级革命就不可能获胜，人类危机就不可能得到解决，人类就不可能拥有前途。

官僚机构不可能引入制度化的社会主义民主

第四国际纲领中关于反官僚机构的革命必然爆发的预言，已经被第二次世界大战后的历史证实，它已经不再是一个推测性的观念了。1953 年 6 月在德意志民主共和国、1956 年在匈牙利和波兰、1968—1969 年在捷克、1980—1981 年在波兰均发生了爆炸性的事件，它们赋予政治革命概念越来越多的具体形式和内容。

事实上，在资本主义向社会主义的转变过程中，对官僚化社会的前景提出一种适当的理解，乃是今日马克思主义政治武库中的一个有机组成部分。没有这种理解，就不可能有正确的国际无产阶级政治活动。同样，反对官僚机构的政治革命的观点以及与之相伴的政治战略反对：

第一，"极权主义"思想以及与它相关的反对共产主义（社会主义）的分析和政治立场。考虑到群众活动和态度的物质现实及其结果，认为苏联、东欧是这样一些国家，在那里革命从未带来任何进步，或者说无论怎样，革命导致的退步和人类苦难多于进步，这并不是一个站得住脚的立场。根据（包括苏联的）历史经验来看，把群众描述为要么是完全受到了恐吓，要么是完全被体制"整合"，因而无论客观环境怎样变化都无法反抗和捍卫他们的利益，这种观点似乎是完全错误的。

第二，将反对官僚机构的政治革命同资本主义国家的社会主义革命严格并置，这种观念是所有将苏联定义为资本主义国家的理论的必然结果。上面所列出的事件都表明，群众可以轻而易举地迅速控制官僚机构，这恰恰是因为官僚机构并不是一个阶级，它既不是一个资本家阶级，也不是一个"新的统治阶级"。在任何情况下，一种外部的军事力量干涉必然会阻止发展中的政治革命迅速取得胜利，从人类的角度看，这几乎没有付出什么严重的代价。但是，就苏联的政治革命而言，我们很难在革命进程中看到什么"外部"的军事力量，苏联军队当然不是。

　　第三，官僚机构——或（这被归结为同一个事物）统治的共产党内部的健康力量——在"群众的压力下"，或者从他们自己对不健康现实的理解中，抑或兼而有之，将会彻底废除他们自己的专政，从根本上使社会和国家民主化，并建立一个自我管理和自治的工人政权，即在这样一种政权下，真正的权力属于并且由拥有主权和民主选出的群众工人委员会来行使。事实证明，上述观念是错误的。在革命的马克思主义者看来，这样的委员会必须允许政党的多元化，允许工人和农民有权选出他们所需要的人担任苏维埃代表，而那些被选出的代表，又有根据不同纲领结合成不同倾向、派别和集团的权利。自从斯大林派在苏联篡夺政权后，所有经验都表明，官僚机构自我改良的假设是无效的——无论资本主义向社会主义过渡期内官僚化社会（官僚化的工人国家）所采取的官僚权力和统治形式如何不同。这绝不是说，官僚机构不能进行任何的改革，有时，当为了生存而不得不付出代价时，它们的改革非常大胆。帝国主义国家的资产阶级，甚至是几个半殖民地或半工业化依附国的资产阶级，都曾偶尔显示过类似的能力。只要想一想下面的例子就够了：南斯拉夫共产党在1950年建立的工人自我管理体制、匈牙利纳吉派在1956年对群众所做的让步、捷克斯洛伐克杜布切克领导层在1968年夏进行的改革、苏联今天推行的开放政策，这些改革走的都是相同的路线。但是，当这些改革损害到官僚机构的物质特权时，便会遇到社会利益这个不可逾越的障碍。任何工人和人民委员会的真正主权，甚至是任何广大群众无限民主权利的恢复，都会趋向相同的结果。这就是改革运动在突破这些关隘前（通常是在共产党的垄断权力受到挑战前）便会停止的原因。即便改革运动是由官僚机构中的一翼所发动，它也只有在转变为来自下层的真正"革命"，通过强有力的群众动员，待到无产阶级和其他劳动人民自我组织的各种形式出现后，才能突破这些关隘。

　　体制的内在矛盾以及普遍反抗的最初征兆触发了官僚机构内部各层次间的合作，紧接着，一种自治群众运动的发展成为1948年以来反官僚机构政治革命现实进程的一部分。非斯大林主义化在革命运动中的作用（例如赫鲁晓夫在1955—1956年的惊人举动，他公布了关于苏共二十大的"秘密报告"，并释放了成千上万的政治犯），也应该从这个角度来理解。

　　在国际工人运动的各种倾向中，第四国际几乎是唯一一个能够大体正确地理解这一巨大历史运动的组织，虽然它有时在对形势的判断上会出现失误。这就是说，它对这些国家和整体国际局势的进展有一个较为正确的分析（特别是在朝鲜战争和越南战争期间，在 20 世纪 80 年代初有人歇斯底里地呼喊"战争和人类毁灭的危险即将来临"时）。第四国际还强调了官僚化工人国家（特别是 1956 年的匈牙利、1968 年的捷克斯洛伐克、1980—1981 年的波兰）反官僚机构群众运动相互团结的重要性，并认为这种群众运动只有在世界无产阶级联盟团结的基础上方能进行，它坚信一个古老的格言：我为人人，人人为我。

最重要的是，这是一项实践的和政治的任务。除第四国际的组织外，所有其他工人组织以及一切国际潮流都没有履行这个职责。但除此之外我们还需要了解，反官僚机构的政治革命其实也就是世界无产阶级革命极其重要的内在组成部分，因为（远非次要的事实）今天世界上有 1/3 的无产阶级就居住在这些国家，而且他们将会参加这些革命。

在反官僚机构政治革命与帝国主义国家无产阶级社会主义革命的进展之间存在着客观的辩证关系。这种辩证关系是双向展开的。在当今世界，如果没有这种双向辩证作用，世界革命就不可能取得决定性的进展，而如果没有这种政治革命的胜利，苏联和东欧的危机就无法得到解决。

新革命成果的广度和限度

托洛茨基预测，第二次世界大战结束后将会形成一个革命高潮，它甚至比第一次世界大战结束后所形成的高潮还要大，通常在这个时候，传统组织（特别是斯大林主义政党）的控制就可以避免了。事实证明，这个预测是错误的。但是，该预测也从未被历史上所发生的事实完全驳倒。意大利和法国就出现了革命高涨，但它们的规模却比预期的要小。历史上也有过新的革命胜利，但却不是发生在工业和无产阶级占优势的国家。这些革命由斯大林主义传统政党（古巴除外）领导，为了领导这些革命，它们不得不与斯大林主义决裂。这些革命的胜利已经加深了国际帝国主义体制和斯大林主义的危机，但它们尚未导致这两种制度的覆灭。这就是自第二次世界大战以来直到 1968 年 5 月这段时期的总体历史背景。

对事件不可预见的转变最为幼稚的反应莫过于从根本上否认它曾经发生过。在这里，同这些详尽分析的理想主义（规范）特征做过多的纠缠毫无意义，因为它们要么是远离了马克思主义的方法论，要么是建立在宗派主义自我辩解的基础之上。社会革命是以财产关系和生产关系的根本变革为特征的，人们能够完全否认南斯拉夫或越南曾发生过这样的变革吗？社会革命还通过统治阶级政权的覆灭来定义自身，人们能够郑重其事地宣称南斯拉夫或越南的政权仍由 1940 年的社会阶级所把持吗？人们有什么事实证据可以支持这样的论点，即认为小资产阶级（农民、手工业者、"小资产阶级知识分子"）作为一个阶级在这些国家掌握了政权。

但是，一旦你承认这些革命是真正社会的、反对资本主义的革命，并且导致了资本主义和社会主义之间新的（即使是官僚化的）过渡社会的发展以及新官僚化工人国家的建立（我们认为这两个概念是一样的），另一个理论难题就出现了。托洛茨基说过，斯大林主义在资本主义国家已经明确转向资产阶级秩序那一边。现在，我们已经拥有三种真正的普遍革命，它们动员了几百万人，无疑，它们都是由斯大林主义传统政党所领导的。[18]因此，托洛茨基是不是在这个问题上错了呢？第四国际关于斯大林主义的一切传统分析是不是应该被修正呢？

在很大程度上，这个问题的回答恰恰取决于你对斯大林主义的定义。这个定义必须是唯物主义的，而不是意识形态的。[19]斯大林主义令无产阶级和每一个具体国家革命的利益屈从于特权官僚机构的利益。显然，南斯拉夫和越南等国的共产党在沿着革命路线推翻统治阶级时，并没有让国家革命利益和无产阶级利益屈从于苏维埃官僚机构的利益。同样明显的是，这些国家也没有让革命和无产阶级的利益屈从于它们自身特权官僚机构的利益，因为这些官僚机构当时还不存在。因此，从决定走一条在强大的群众运动领导下革命夺取政权的道路那一刻起，这些政党就不再是斯大林主义的政党了。

此外，它们之所以能够夺取政权，不过是因为它们已经在理论和实践上同斯大林主义实现了决裂。它们曾拒绝将革命斗争隶属于克里姆林宫的利益、命令和"理论"，而且，它们在夺取政权的几年前就已经这样做了。说这些转变不过是"群众的压力"所致，就大大降低了主观因素在革命胜利中所起的决定性作用。事实上，这种理解思路导致了一个矛盾的结论：相对于南斯拉夫和古巴等国的胜利，希腊、印度尼西亚和智利的革命却失败了，在这背后是否存在着群众压力的不足呢？如果真是这样，革命失败的责任就会落到群众而不是背叛革命的领导层身上。

现实决然不同。希腊的群众压力（严重的反革命威胁）并不比南斯拉夫的群众压力小，同样，印度尼西亚的群众压力并不比越南的群众压力小，智利的群众压力也并不比古巴的群众压力小。区别在于党的行动，一方面是有意识朝着革命夺取政权的方向努力；另一方面（包括反对"7·26"运动的斯大林主义古巴共产党）则是诉诸革命阶段论，故意不这样行事。

那些与斯大林主义决裂并领导本国革命的南斯拉夫共产党和越南共产党，并没有变成革命的马克思主义政党，这一事实不能因为考虑到其夺取政权而被一笔勾销。同它们的斯大林主义过去不完全决裂意味着，这些政党的领导层在内部政权和党群关系的问题上，仍然保持着官僚主义的组织立场。因此，伴随着革命的胜利，工人和人民政权的直接制度化（苏维埃）并没有建立起来。从一开始，党的机构就等同于国家。官僚化和群众的非政治化——随着拥有极高物质特权的新官僚机构的迅速崛起，这两者均大大增强——越来越稳固地被建立起来。所以，我们可以合理地指出，从一开始社会主义革命就被官僚机构操控并且变了形。的确，这个界定大而不当并且有点复杂，但却对现实历史进程的复杂性给出了一种较好的解释。

后来，在古巴、格林纳达和尼加拉瓜发生了真正的普遍社会主义革命，这些革命与南斯拉夫和越南的革命明显不同，领导它们的政党不是从斯大林主义中派生出来的，而是从本国反帝国主义的和社会主义的倾向中分化发展出来的。因此，与其他国家相比，这些国家政权的官僚化进程要慢得多。同时，这些国家也慢慢地进入工人和人民权力制度化的进程，虽然这个进程仍十分有限、不充分，且地方性多于全国性。作为这些现实差异的结果，古巴革命和古巴工人国家在夺取政权数年后，仍然能够继续保持革命性的进展，这个进展对于拉丁美洲部分反帝工人运动有着现实的影响。

但是，这里由于没能再次好好地吸收革命马克思主义的本质原则，以至于导致了严重的政治后果。在古巴，缺乏真正的社会主义民主日益成为经济继续发展的障碍。党的家长制观念包含着严重的政治和社会冲突的风险。[20]随后将党等同于国家，更是在推进拉丁美洲革命方面大大限制了古巴领导层的国内影响力。古巴政府惯常的外交策略是趋向于影响（如果不是命令）拉丁美洲其他国家革命力量的策略，甚至是战略上的意见。到目前为止，拉丁美洲缺乏胜利的革命，这反过来又削弱了古巴政府反对帝国主义的立场，增强了它对苏维埃官僚机构的物质依赖，加深了本国的危机趋势。因此，就古巴和尼加拉瓜而言，在总体上支持革命马克思主义的纲领绝非毫无意义的次等小事。

鉴于古巴和尼加拉瓜的领导层在性质上表现出不同的特征，这样一个问题便被提了出来：这些例证会重复出现吗？用比较新的术语来提问便是：世界范围内是不是出现了一个新的无产阶级革命领导层呢？

宣称离开了革命的马克思主义领导层，世界上便没有哪个国家可以取得革命胜利，这是不严肃的。正像古巴、格林纳达和尼加拉瓜所发生的那样，革命力量从根本上说在全国性或"区域性"的差异组织中随处可见。要评估这种可能性，你必须抛弃任何教条主义的倾向（或者是"积极的"，或者是"消极的"），在实践中具体研究某一革命组织的选择、活动和动力（譬如在萨尔瓦多、危地马拉或菲律宾）。这里没有现成的答案，一切要看组织长期的具体实践，但我们相信这里谈到的只是几个例外，要把握这种例外的特性，我们需要回忆革命在古巴和尼加拉瓜获胜的特殊条件：

（1）革命领导层真正的独立性，尤其是相对于资产阶级和苏维埃官僚机构的独立性。

（2）统治阶级的软弱、士气低落和极度腐败。

（3）无产阶级自我组织弱小的传统。

（4）由于革命进程出乎预料的逆转及其在政治操控上的失败，帝国主义相对瘫痪。

（5）革命领导层优越的政治特质，该特质通过长期活动和在群众中不断树立威信获得，它是成功反抗帝国主义政治操控的先决条件。

如果我们对所有帝国主义国家、半工业化依附国以及绝大多数半殖民地国家的情况进行审视，便会发现没有一个国家具备上述所有条件，甚至连大多数条件也不具备，这就解释了为什么古巴和尼加拉瓜的革命可以由一个非革命的马克思主义领导层领导并取得胜利。

工人运动重组的程度和限度

必须将卡斯特罗和桑地诺（Sandinista）领导层的例子置于工人运动在越来越多的国家中不断进行重组这个更大的背景中进行考察。从历史上看，这个过程始于古巴革命的胜利，随着委内瑞拉、巴西、玻利维亚和智利革命的失败，该过程在拉丁美洲被残酷地中止，尔后又在1968年的五月事件、意大利的"火热之秋"（Hot Autumn）以及葡萄牙的革命中再度出现，从那以后，便以一种不规则的、痉挛式的步调一直延续下来。这是一种部分避开传统领导层控制的斗争勃兴的反映。

这一点最突出地表现在：工人党在巴西的出现，这是一个拥有群众基础和阶级基础的社会主义政党，它的纲领性方向是社会主义革命；南非黑人工人的群众性工会组织；在独立团结工会的行列里，波兰无产阶级大多数人的短期集会（在雅鲁泽尔斯基独裁宣布团结工会非法后，波兰的无产阶级仍然承认它）。这三个组织已经影响了成千上万的工人，其中一个特征是，支持一种比社会民主党和共产党品质更高的国内民主和自我组织。在较适度的范围内，同样的过程也发生在几个中美洲的国家以及墨西哥、菲律宾、秘鲁和丹麦。尽管在某些欧洲国家的工会运动和"新社会运动"中，仍然弱小的极左派力量的重组拥有一席之地，却不能把它们划为一类，这种重组表明，在一些国家中类似的事情是有可能发生的。一切迹象表明，像韩国、几个东欧国家甚至是阿根廷都可以经历相似的发展。当然，在大多数帝国主义国家和几个半工业化依附国里，传统的官僚机构——无论是政党的（改良主义的、新改良主义的、后斯大林主义的），还是工会的（尤其是在美国、阿根廷和墨西哥）——仍然是阻挠群众斗争和工人阶级赢得政治独立的主要障碍。过去50年的历史经验证实了从1917—1921年的革命高涨中吸取的教训，仅仅通过对这些机构不断向资产阶级投降进行公开谴责是无法消除这个障碍的。这种投降导致工人阶级遭受了惨败，尽管这种谴责是正确的、必要的，但还是必须与革命力量睿智运用联合阵线的策略结合起来。这样一来，在群众核心斗争的一切问题和目标上，革命者就会被看成是拥有坚定统一政治倾向的人——事实上，他们必定在所有倾向中是最赞成统一的人。

我们应该明白，改良主义机构对主要帝国主义国家工人运动（更不必说是工人阶级）的持续控制是相对的，而不是绝对的。首先是选举上的影响，即便在这里，它的控制也不像过去（即1945年或1968年）那样绝对（英国除外，在那里改良主义机构的影响仍然保持着）。[21]此外，这种选举上的影响在一定程度上不过是两害相权取其轻，而不是对基本社会变革的一种彻底反抗。与之相伴的是，尽管工会官僚每次都要美国工人选举民主党的总统候选人，工人们在选举时却大量弃权，这可以看出他们渐增的疑惑。与此同时，工会内部传统机构的控制呈现出一种真实的瓦解。最令人震惊的例子发生在法国，在这里，社会民主党在历史上获得了绝大多数的选票，然而，他们在工作场所的人数却很少（有时在绝对数量上甚至比革命的积极分子还要少），在大多数工会中也只是一个少数派。

事实上，如果我们更加仔细地观察便会发现，工人运动重组的复杂进程（工人与其新旧组织之间的关系）几乎正在所有国家发生，即便在每种场合下它所采取的形式各不相同。你可以看到工会内部的发展、传统政党内部的发展、新倾向和新组织的崛起以及这些组织内部的不断分化。这些进程按照不同比例在不同的国家结合在一起，从一个阶段过渡到另一个阶段。

抛开那些被宣称为对一切国家行之有效的前定规划，我们需要再一次理解和接近这种现实的运动。我们应当留意，就朝着建立新无产阶级革命领导层前进的现实力量和机会来说，每种具体的场合到底有哪些发展？我们必须考虑每个国家工人运动、群众运动和阶级斗争的特异性。没有哪个特定的策略应该被提前拒绝——只要这个策略不会解除革命者在推翻资产阶级和资本主义斗争中赢得多数工人阶级支持这一历史任务。[22]

尽管与第二次世界大战以后、20 世纪 50 年代甚至是 1968 年的事态相比，传统机构对工人阶级和工人运动的实际控制程度在不断发生变化，但真正群众性的革命政党还未建立，自觉进行社会主义革命并替群众做好这方面准备的政党尚未形成（巴西工人党的情况可能最接近那个阶段，但即便在这里，决定性的考验还在后头）。这种情况是一种中间状态，它以一种占主导地位的半吊子的政治阶级意识为特征。广大的先锋分子已经出现，而且在整体一系列政治问题上比改良主义者和新改良主义者更具进步的立场，但是他们还没有一个全面反对资本主义的政治方案。

在这里有很多原因可以用来解释为什么（新的）工人阶级先锋分子会拥有这样一种中间阶级的意识：

（1）由传统斯大林主义（后斯大林主义）和社会民主党的政治方案所引发的巨大的理想破灭和几十年的失败导致了令人反感的妥协。

（2）苏联等国可悲的局势，该局势已经大体上被这些先锋分子接受。

（3）在捷克斯洛伐克、波兰和阿富汗发生的灾难性军事干涉以及恐怖的波尔布特（Pol Pot）统治经历。

与十月革命乃至 1936 年的西班牙革命真正使世界无产阶级在历史尺度上继续保持希望相比，所有消极经验的重负尚未被试验性的经验补偿。

但是，从根本上说，这种解释只是强调了主观因素的重要性，这里还有一种客观的唯物主义解释，即群众革命党的建立归根到底只能源于一种现实的工人阶级运动同一种革命者充分干预的结合。现在，尽管在过去几十年里重大的阶级斗争运动在一些重要国家（法国、意大利、英国、巴西、西班牙、波兰、阿根廷、墨西哥的一部分地区，这里仅列出主要国家）工人阶级的核心地区时有发生，但是世界工人阶级的一些主要大军还没有现身于政治舞台，它们是美国、苏联、印度等国，很大程度上还包括德国和日本。如果这些主要国家的无产阶级发起一场独立的政治运动，或者甚至是参加强大的群众斗争——在当前条件下几乎不可能由传统机构稳妥地引导——国际工人运动重组进程的范围、步伐和内容将会完全颠倒过来。

同时，当意识到无产阶级革命的领导层危机在任何一个帝国主义国家或半工业化依附国仍然没有解决时，革命的马克思主义者必须继续行动。

尤其当建立群众革命党的条件已经变得更加清晰可行时，绝大多数这些国家仍有必要建立群众革命党，并令其获得真正的发展。

革命的马克思主义者带着饱满的热情与忠诚，结合每个国家的具体情况，竭尽全力推进着重组进程的发展。但无论在何处完成这些任务，他们绝不会牺牲对于自身纲领的顽强捍卫。这种拒不放弃纲领的做法并非出于感情上的信任，或是出于墨守成规，甚至是出于对派系缺乏自信，而是因为他们深信，如果纲领的基本精神没有被群众接受，那么工人运动必定会遭受灾难性的失败。无论如何，这并不意味着应该把纲领看成是已完成的，或认为纲领不再需要根据群众运动新的客观要求和经验定期进行丰富。

同样，在参与工人运动重组所需的工作时，革命的马克思主义者不应忽视这样一个特殊的政治—组织任务，即在各个层面上形成他们自己的倾向：

（1）形成一个领导层并保持其连续性。

（2）教育干部。

（3）对斗争进行干预。

（4）在工人和工会环境中优先灌输自己的倾向。

（5）创建一种对长期政治纲领的认同。

（6）以一种灵活的方式运用政治首创性。

这类方法反过来被我们的如下观点证实，即一个革命领导层只有经过较长的一段时期才能建立——至少在工业化国家，尤其在资产阶级和无产阶级拥有长期政治经验的国家将会如此。

悖谬的是，建立革命领导层和政党的必要工作必须在非革命的形势和阶段下方能完成。当革命来临时，几乎没有多少时间可以用来完成某一阶段的建党工作，因此，这些工作必须在先前阶段顺利地完成。

国际化的挑战

当前工人运动重组进程中已经出现或正在出现的新组织，其主要弱点在于，它们拒绝同时建立国家组织和一个国际组织。在最好的情况下，这导致了一种"民族共产主义"的新版本。在最坏的情况下，它不仅误解了世界阶级斗争的主要方面，还放弃甚至背叛了捍卫国际无产阶级整个阶层利益的政治立场。

这个缺陷尤为突出，因为与此同时，人类生存的危机和关键问题确实存在着惊人的"国际化"。从性质上看，这些问题的严重程度比 1914 年、1939 年或 1945 年还要大，而且只有在国际范围内才能解决。这里有三个主要问题：避免核灾难；避免生态灾难；解决第三世界的饥饿和不发达问题。

根据现有的知识水平我们已经可以确定，一场核战争（或生物/化学战争）即使只动用目前具有巨大破坏性的一小部分军火库，也将意味着文明和人类自身的毁灭。在这种情况下，阻止一场世界战争（核子的、生物的、化学的）就成为国际工人运动的核心战略目标。如果我们在这个目标上失败了，任何世界革命或建立社会主义的计划都将彻底失去意义。你不可能在一个没有生命的星球上建立社会主义。

我们与激进和平主义者的分歧同我们所要实现的目标无关，在这个问题上，我们完全赞同他们。鉴于人类集体灭绝的永久性威胁，我们承认激进和平主义者作出了极为重要的贡献，即对于当前阶级斗争和革命斗争的新条件，他们提出了一种新科学的、理性的、非感性的意识。

我们与和平主义者的分歧表现在如何看待明确消除这种致命威胁的必要条件上。革命的马克思主义者相信，不推翻拥有或潜在拥有大规模毁灭性武器的主权国家和资本主义，便可以确保世界和平并避免核（生物/化学）战争浩劫，这种观点是一种幻想。然而相信部分武器协议——无论其价值和积极意义有多大——连同群众反帝反战运动不断增长的压力将足以避免核（生物/化学）战争的浩劫，则更是一种幻想。总之一句话，我们批判和平主义者并不是因为他们夸大了这个危险，而是因为他们低估了这个危险，至少从长远看是这个样子。

资产阶级也已经开始意识到大规模使用这种毁灭性武器所内含的自杀危险。因此，它并不把世界大战看成是一个"解决方案"，但在 1914 年或 1939 年它却这样认为。死气沉沉的资产阶级不可能通过把被毁坏的"商品""卖给"原子化的"顾客"解决资本主义的危机。所以，任何神志清醒的资产阶级国家领导人，都不大可能故意发动一场核子世界大战。

但遗憾的是，这种事实陈述并不意味着问题的解决。

首先，只要核武器的重要库存依旧向世界范围蔓延，这些武器就有一种被意外引爆的永久性危险，随着操作响应时间的缩短和系统的自动化，这种危险也增大了。所以，保证人类免受核毁灭威胁的第一道门槛的先决条件，并不是局部核裁军，而是全面核裁军，即彻底销毁一切核子、生物和化学武器，同时明确保证禁止制造它们。在资本主义仍然存在时，这似乎不可能实现。帝国主义国家流行的军事战略和一切市场（利润）经济逻辑使资本主义制度下真正裁军的任何假设都归于无效。

其次，即使核武器能够被完全消灭，单单是世界上还存在的几百座核反应堆也能把一场"传统的"世界大战甚或是在几个核心地带爆发的大规模"区域"战争转变为核浩劫，因为这些核反应堆中的任何一个都可以在"传统"空袭影响下变成"核弹头"。自 1945 年以来，几乎无一例外的是，由帝国主义引发的地方性和区域性战争已经导致了成千上万人丧生，而且还在持续着，几乎没有中断。以为在未来的几十年将会有所改变，这是一种幻想。只要资本主义继续存在，毁灭人类的威胁就依然存在——无论在世界范围甚至是在资产阶级那里对这个威胁的认识水平有多高。

我们还应该明白，随着军备竞赛的继续，特别是被"长期的经济大萧条"[23]驱使，越来越多的毁灭性"传统"武器正在被制造出来。今天，"普通"大炮炮弹的威力已经相当于破坏广岛和长崎的原子弹的威力了。今后这个威力甚至会更大。一场核子世界大战和一场"传统"世界大战的差距缩小了。因此，全面（不只是核子）裁军是人类生存的一个条件。与期望不通过一场胜利的社会主义革命便可以实现核裁军相比，那种期望不废除资本主义便可以实现全面裁军的想法更不切合实际。

最后，尽管资本主义的理性代表定然不会故意使用核子剖腹自尽，但这绝不能证明资产阶级国家永远处处由理性的政治家领导。历史至少已经为我们制造出一个由狂热冒险家领导的帝国主义强国（纳粹德国）的例子。在这个狂人生涯即将结束的时候，他的行为变得越来越不可理喻，他不但坚定地选择自杀，而且还要和他的阶级、国家和民族同归于尽。退一步讲，相信资本主义制度在面临类似的经济、社会、政治危机和资产阶级意识形态（道德）危机时不会重蹈覆辙，显然是不明智的（这只要回想一下美国极右派"宁愿死也不要赤色"的心态就够了）。

所以，美国、法国、英国，将来想必还有联邦德国和日本，正是这些国家阶级斗争的结果将会决定其统治形式和政治人物——正像 1929—1933年德国的情况那样——这个结果还将解决这样一个问题，即如果工人运动和"新社会运动"被打垮的话，核浩劫是否会在短期内成为一个切实可见的威胁。

从长远看，凭借外在的压力、"力量的均衡"、"社会主义阵营"的增强以及核危险意识的增长等，不可能避免文明和人类的毁灭。只有让生产者自己接管所有生产大规模毁灭性武器的工厂，由他们集体决定销毁一切现存的武器储备并明确阻止新的生产，才能长期保证人类的生存。这个保证不能在国家或欧陆范围内做出。世界社会主义联邦的建立，是永久解除威胁唯一能够想到的办法，然而要实现这种联邦，无产阶级就必须在每一个主要国家取得阶级斗争的胜利。

在这里，近几十年的一个"新现实"也被纳入了考虑范围。自1945年以来，尽管大多数战争要算在帝国主义和国际资产阶级的头上，但并非所有的战争均属于这一类。后资本主义国家（官僚化的工人国家）之间就发生过几次军事冲突：越柬战争等（还可以加上华沙公约组织的部队对捷克斯洛伐克的干预，尽管这并没有导致军事对抗）。

托洛茨基本人未能预见到"一国社会主义"和"民族共产主义"这种官僚意识形态最终可怕的逻辑。对于人类未来而言，一贯的国际主义教育与活动的重要性（没有区域限制以及任何类型的"救世主式的民族共产主义"）变得更加必不可少。我们必须一劳永逸地终结这样一种观念，那就是，在今天这个世界上有某种比确保全世界人类的生存更重要的"堡垒"需要保卫。我们必须努力工作，让整个工人阶级转向一种一贯的国际主义。

当我们论及生态灾难或第三世界的饥饿威胁时，没有必要重复关于战争灭绝问题的详细论点。我们同生态学者或"第三世界理论家"的分歧绝不是集中在对这些威胁程度的理解上，我们完全赞同他们在这个问题上的担忧。与对待和平主义者的态度一样，我们承认他们的功绩在于提高了人民对于该问题的意识，这也是马克思主义本身所固有的任务，只不过该任务尚未被有组织的工人运动（有时包括革命的一翼）完整阐述、具体化和着手处理。

我们的分歧全部与消除这些巨大威胁的条件有关。尽管支持所有为了当前、局部、暂时的解决方案而进行的斗争，但我们认为"纯粹的"生态学者和"第三世界理论家"（那些非社会主义的、反资本主义的、革命的理论家）严重低估了这样一个事实，那就是，这些不断增长的威胁与保持一种建基于个人发财致富、竞争、利润、资本积累、市场经济以及与之相伴的社会行为和思想方法的经济体制之间，存在着结构性的关联。只有同这个逻辑彻底决裂，这些问题才能解决，否则，它们将永远在资本主义制度和资产阶级社会的框架内不断重复出现。

面对人类危机的"国际化"，"阵营主义"（campism）便丧失了一切可信性。当在戈尔巴乔夫（我们也无法预见他的将来）的领导下克里姆林宫的头子们亲自不断挑战这个立场时，这一点变得更为正确。

克里姆林宫的官僚们抛弃了他们先前的承诺，如"赢得一场核战胜利"这类可耻的、非人道的乌托邦，这已经前进了一步，但他们没有找到一条更好的替代路线。

事实上，面对国际化的挑战只有两种前后一致的响应。第一种响应包含着这样一种想法：鉴于整个人类面临的威胁，帝国主义和大规模资本（后斯大林主义者将它非科学地化约为"垄断"）将会逐渐改变它们的特征。这种想法暗示着，帝国主义和大规模资本将会放弃最具侵略性和竞争性的实践，停止帝国主义的行为，而且，将会同意与后资本主义社会、第三世界人民以及本国工人阶级建立进步的合作关系。据称，这就必须"鼓励"帝国主义和大规模资本朝着这个方向发展，小心避免一切可能会加深各类矛盾的做法，特别是要放弃一切革命活动。

第二种响应由这样一个结论出发：在当前资产阶级社会的危机阶段，无论政治家、思想家、经济学家或工人组织怎样做，这些矛盾必定会周期性地加剧。因此，对于全球化的挑战唯一恰当的回应便是承认威胁的严重性，同时侧重于采纳一个唯一可能解决这个危机的方针——通过无产阶级革命在世界主要国家的相继胜利（资本主义国家的社会主义革命、主要官僚化工人国家反官僚机构的政治革命、主要第三世界国家的不断革命）创建世界社会主义联邦。

第一种响应建立在对危机体制及其可怕动力的严重低估基础之上，它是完全不切合实际的、虚幻的。第二种响应无疑在短期内较难被广大群众接受，但它却是唯一通往未来的现实可行的道路。就第二种响应能够更好地同历史现实前进的方向相契合而言，人们同样会更好地日益理解它。

没有国际的理论、实践和组织就没有世界社会主义联邦的建立

在国际工人运动的重组中浮现出来的几个主要团体，之所以会延迟采取一贯的国际主义承诺，这里面存在着许多原因。在所有的主观原因当中，我们尤其可以提及操控的官僚行政"中央"的不良经验，这些经验可以追溯至共产国际季诺维也夫主义者的畸变[24]，它发展的极致便是斯大林主义化的共产国际，然后是共产党和工人党情报局、克里姆林宫继续控制"国际工人运动"的企图等。适用于所有国家的国际主义政策有可能同每个国家阶级斗争的特殊状况结合在一起吗？这种怀疑态度自然会存在。这种怀疑在 1914 年第二国际破产后尤其得到了滋养，尽管事先做出了郑重的承诺，第二国际还是未能坚持用共同的世界战线去反对战争。然而，必须在这些主观原因后面加上客观原因，因为它们对于最终的分析更为重要。

对于已经掌权的政党而言，外交策略不可避免的义务使得它们不可能把世界无产阶级的利益完全考虑在内，因为在某一国家的特定时刻，这些

利益和策略的直接后果之间总会存在矛盾。这并非意味着革命马克思主义者一定要谴责这些策略的必要性，而是表明，必须将一切国家政策与世界无产阶级的阶级政策清楚地区分开来。如果没有组织上的制度化，就不可能做出这种区分。

列宁明白这一点，这便是他为什么会强烈要求迅速建立共产国际（那时有人说时机尚未成熟）的其中一个原因，创立共产国际并不是要给苏维埃俄国提供一个操控的辅助工具，恰恰相反，它是为了使俄国共产主义者代表国家在世界政治舞台上行事时保持一种责任的平衡。

在列宁、托洛茨基、季诺维也夫、布哈林和所有的共产国际领导人看来，一个非常直白的事实是，当苏维埃俄国同德国和奥匈帝国订立《布列斯特—立托夫斯克和约》时，这三个国家和其他地方的革命社会主义者的职责并不是保卫这个和约，而是谴责它作为一个绝对命令由帝国主义强加给了俄国。当苏维埃俄国后来与资本主义德国在拉帕洛（Rapallo）达成协定（甚至包括初步的军事合作）时，德国共产党推翻德国政府和资产阶级的斗争一天都没有停止过。

但是，如果人们从拒绝区分国家机器和政党出发，将后者一般性地等同于前者，进而对国家和政党的国际政策不加区分，那么，国家命令的客观意义和国家策略的客观结果就会成为创建一个国际革命组织不可逾越的障碍。

压在政党和思想倾向身上的另一个客观重负源于工人运动的重组进程（古巴和尼加拉瓜除外），这就是世界革命三个部分之间利益的一致性，这种一致性作为一个历史事实，尚未成为先锋（更不必说是广大群众）在重要地区日常经验的一部分。革命的三个部分之间群众斗争步调的不一致以及大量自治的发展是一个重要障碍。

在1968年这一特定时刻，对于布拉格之春外加法国的五月事件和越南的新年攻势，人们寄希望于它们发挥一种统一的作用。于是，镇压布拉格之春就成为苏维埃官僚机构自第二次世界大战以来犯下的一连串罪行中影响最长、最坏的政治罪行。

从那以后（只需举几个例子），中美洲群众和革命者的经验便通常与团结工会的波兰工人、英国的矿工、意大利的菲亚特工人、法国的铁路工人或德国钢铁工人的经验分离了。通过宣传和团结活动，可以试图为这些经验牵线搭桥，但这并不能真正代替一种共同的群众经验，也不能代替在国际上传播的经验。恰恰是许多国家群众斗争和先锋分子政治进展分散和片面的特征导致了相同的结果。

最后，正如我们前面已经说过的，一些大国的工人阶级大军仍然没有登上战斗舞台，这对于一个群众革命国际重建规划的可信度而言有着重大的影响。

在这些条件下，只有第四国际和几个小团体（规模与它最强的地区相当）完全支持一种真正普遍的阶级团结，只有第四国际得出了组织上的结论——要同时建立国内革命党和一个世界革命党。

这些障碍只有作为以下事实的结果才能被克服：主要国家的阶级斗争有了新的突破性进展；发展的革命组织内部有了新的分化；通过新事件、分裂、重组和统一来影响传统的群众组织。

但是，任何认为所有这些进程能够自发（自动）地导致一种真正的普遍国际主义复兴的观念，如共产国际初期那个样子（除了高度集中和策略性失误），都是一种头脑糊涂和自发主义的想法，因此必须被抛弃掉。此时此刻，如果没有一个为创立国际而持久进行的斗争，就不会有新的群众革命国际。如果不继续建设第四国际，就不会有新的群众革命国际，即使后者并不是简单地从前者发展而来，但却是前者广泛重组的结果。

我们甚至可以进一步扩展这个观点：如果没有重要地区工人群众早先的经验，没有工人群众依此经验在群众革命国际中行使职能，换句话说，作为一个真正的世界性组织，如果没有被大家自愿接受的法规的束缚，没有至少包含对其会员党（支部）至高统治权的部分限制，那么，在可预见的未来就不会有世界社会主义的联邦——因此也就不会有人类的解放。

但是，在经历了数千年最强大的国家对其他族群、人民、民族或弱小阶级的剥削、压迫和强暴后，在经历了一百年来帝国主义对殖民地和半殖民地人民的超级剥削和压迫后，在经历了几个世纪的种族歧视、种族强暴甚至是种族灭绝后，在经历了半个世纪苏联官僚机构对各种外来民族和境内民族的压迫和歧视后……如果你还认为所有的人民、被压迫的少数族群、工人阶级和革命党将会自动地、自由地、事后决无反悔地接受这种对主权的限制，那你就只好去相信圣诞老人了。

对他们来说，似乎必不可少的是首先必须经历这样一种经验，这种经验教导他们：世界范围内的合作只有在绝对平等的基础上才有可能实现；"弱小"力量的权利（力）并不比"强大"力量的权利（力）少；主权的限制应先用于"强大的"力量，后用于"弱小的"力量；所有基于性别、种族、民族和族群的歧视都应该予以严禁。

一切都表明，只有参加一个群众革命国际，在那里才能最先获得这种经验。这样一个国际的功能——今天的第四国际已经是这样一个例子了——必须建立在这种双重原则的基础之上：国家的政党在选择其领导层和国内策略时拥有完全的自主权，但涉及国际政治策略时，国际准则必须以少数服从多数的原则为基础（列宁主义原初意义上的民主集中制，而不是斯大林主义歪曲后的官僚集中制）。

如果第一个原则被抛弃，它就会导致季诺维也夫主义式的操纵或露骨的斯大林主义官僚政治方法，从而窒息内部民主，进入一个完全错误的选择国家领导人的进程。在这种情况下，只有最屈从于"国际中央"的追随者才会存活下来。但如果第二个原则被拒绝，它就会以一个可怕的结局告终，正如罗莎·卢森堡出色概括的："全世界的工人在和平时抱成一团，但在战争时就亲自把自己撕成碎片！"

所以，1938年建立第四国际的种种理由在今天仍然有效。让我们总结一下分析的结果。资本主义的继续存在表明，在当前遭遇一连串灾难的危险要比以往更大，这些灾难不但会破坏文明，而且会毁灭人类的肉体存在。唯一的挽救途径便是革命推翻资本主义制度（通过改良令其逐步消亡是一种前后矛盾的乌托邦），用世界范围内联合起来的自由联合生产者的统治取代它。只有国际工人阶级才能推翻资本主义，但要做到这一点，阶级意识和革命领导层就必须达到一个能胜任的水平。

工人阶级直接行动的周期性高涨同时也为解决主观因素的危机创造了条件，但前提是革命者在运动中的活动，时间要足够长，要足够有效、规模要足够大。同时，他们必须要以建立新的国家革命党和一个新国际为目标。

从历史层面上看，当前的困境与1938年面临的困境一模一样。

要么是国际无产阶级仍然普遍碎片化地分布在几个国家和地区，单独从事着本质上有限的防御战斗，除少数几个国家外，根本无法冲破资产阶级国家和资产阶级社会的架构。在这种情形下，要建立一个群众革命国际将会失败，建立新的群众国家革命党也必然会失败，人类将会被判为死刑。

要么是主要国家的无产阶级行动起来，就像1968—1969年法国和意大利的工人、1973—1974年葡萄牙的工人、1968年与1980—1981年捷克和波兰的工人以及最近几年巴西和非洲黑人无产阶级那样。只要有足够多的干部牢牢扎根于工人阶级，只要具有一个正确的纲领和战略视野，只要能够采取合宜的政治行动和政治首创性，那么当这些条件聚合在一起时，工人运动重组进程中的政治、组织和地域限制就会被慢慢地克服，建立新国家革命领导层和一个新群众革命国际就会成为可能。

既然我们须臾不曾怀疑第二种可能性最终将成为现实，我们对人类未来、一个群众革命国际的发展和第四国际的胜利也就不会有片刻的怀疑。

注释

[1] 这篇文献尤为重要，因为如果世界大战爆发，它筹划了一个双重策略（联合策略）：帝国主义国家先与苏联建立联盟，然后再通过帝国主义国家攻击苏联。在很大程度上，这一联合策略的现实主义态度和必要性已经被第二次世界大战的经验证实。托洛茨基几乎是唯一一个依据这一策略思考问题的人，所以在帝国主义国家与苏联结盟时，他没有放弃无产阶级的阶级利益和政治独立性。

[2] Trotsky, *Writings of Leon Trotsky* 1939 – 1940 （New York：Pathfinder Press，1973），p. 218.

[3] 参见 "The Rocky Road to the Fourth International," by George Breitman，（New York：Fourth Internationalist Tendency，1988）。

[4] 参见列宁 1914 年 11 月 1 日的论文："The Position and Tasks of the Socialist International"（Collected Works, Vol. 21 ［Moscow：Progress Publishers，1977］，p. 35）。

[5] 将食品、纺织品、耐用消费品、医疗服务、教育等的生产和消费的大量增长视为"一种破坏性力量的发展"，当然应该受到嘲笑。

[6] 1921 年，在递交给共产国际第三次代表大会的报告中，托洛茨基概述了在工人阶级历史性失败以及可怕的大屠杀和破坏之后，资本主义将在未来 25 年持续增长这一假设：1921 + 25 = 1946……

[7] 我在 *Late Capitalism* （London：Verso，1987）一书中试图提出一种系统的"长波"理论（受托洛茨基关于该问题的相关论著的启发），后来在一部专门性著作中特别发展了这一理论，参见 *The Long Waves of Capitalist Development* （Cambridge：Cambridge University Press，1980）。

[8] 这是近几十年来通货膨胀和债台高筑所产生的历史作用。

[9] 这是列宁在俄国社会民主工党第一份纲领中曾经使用过的定义，这份纲领是他和普列汉诺夫一同起草的。

[10] 参见我们发表在 *Quatrième Internationale* （No. 20，May 1986）上的关于未来劳动的论文。

[11] 这种情况发生在最有才华的托洛茨基的合作者海耶诺特（Jean Van Heijenoort）身上，以此为基础，1948 年他同托洛茨基主义和马克思主义决裂了。

[12] 我们还有必要提醒读者，从第一次资产阶级革命（在荷兰）到革命以"成熟"和确定的形式在法国取得胜利，在这期间，革命不断地被工业革命巩固，这一切不是已经过去 200 年了吗？

[13] "工人有时也得到胜利，但这种胜利只是暂时的。他们斗争的真正成果并不是直接取得的成功，而是工人的越来越扩大的联合。" *Communist Manifesto* （*Marx*

and Engels, *Basic Writings on Politics and Philosophy*, ed. L. Feuer［New York：Doubleday 1959］, p. 58.）（参见《马克思恩格斯选集》, 2 版, 第 1 卷, 281 页, 北京, 人民出版社, 1995。）也可以参见马克思《路易·波拿巴的雾月十八日》序言中的最后一段话, 即关于无产阶级革命长期具有暂时性和自我批评特性的著名论述。

［14］这的确是改良主义的恶魔逻辑：从争取旋即可实现的事物到资产阶级议会国家制度允许的事物（参见伯恩施坦："运动就是一切, 目的是微不足道的"）, 与资产阶级基本保持共识, 这就迈出了危险的一步。

［15］"这个时代的革命特征并不在于能够在任何时刻实现革命, 即获取政权。这种革命特征由时局深刻而急剧的转变以及经常突如其来的变化来保证。" Trotsky, "Criticism of the Comintern Program" in *The Communist International after Lenin*, Vol. 1（Paris：Presses Universitaires de France 1969）, p. 179.（由法文译出）。

［16］这里有两个经典的例子：考茨基在一篇为《新时代》所写的文章中宣称, 超帝国主义将阻止战争的爆发, 这篇文章恰好在第一次世界大战爆发后发表。遗憾的是, 希法亭在为德国社会民主党的理论杂志 *Die Gesellschaft* 所写的一篇文章中强调, 幸亏有一个明智的策略, 这个党已经阻止了国家机器同纳粹的结盟, 因此阻止了希特勒掌权, 这篇文章刚好在冯·兴登堡总统选择希特勒担任总理后发表。

［17］沿用卡尔·马克思的方法, 革命者在评估一切社会立法的确切价值时, 依据的是该立法究竟在多大程度上扩展到了全部工人阶级以及工人阶级明显最弱的地区。那些较少被组织起来、所受剥削最重的阶层要想被很好地组织起来并普遍获得更好的报酬, 只能通过直接行动来实现。

［18］至于阿尔巴尼亚和朝鲜, 我们尚没有足够的资料判定：这两个国家的共产党夺取政权, 到底多大程度上是源于真正的人民革命, 多大程度上是源于像东欧一样的外国军事干涉。

［19］把斯大林主义定义为以"一国建成社会主义论"为基础的党, 这在本质上是唯心主义的。它也是一个明显的混乱之源。很多社会民主党都是"一国建成社会主义论"的支持者, 然而它们却不是斯大林主义的政党。

［20］意味深长的是, 菲德尔·卡斯特罗将格林纳达灾难的罪责归咎于革命力量的"分裂"。事实上, 任何胜利革命内部的分化都不可避免地面临新问题和新选择, 避免这种分歧终将以退化告终, 就像科尔德派几乎不可能是机构和领导层内部令人窒息的分歧的产物一样。补救的办法不仅在于尊重最广泛的内部民主和拥有不同倾向的权利, 还在于工人阶级能够在他们民主选出的委员会中行使最高权力。

［21］即使我们先将联邦德国的情况搁置一边, 在那里, 通常被视为社会民主主义左翼的绿党获得了 7% 的选票, 我们也可以看一看丹麦的情况, 在那里, 明显的社会民主主义左翼 SF 党仅仅在全国性选举中获得了 13% 的选票, 在无产阶级的首府哥本哈根, 加上两个较小的极左党, 它差不多获得了 25% 的选票, 总票数超过了社会民主党的票数。我们也提到, 根据《世界报》（*Le Monde*）的一份民意测

验，在法国三个极左的总统候选人总共（尽管他们有分歧）获得了 7% 的工人选票。这是一个新现象。

[22] 1935 年，在《致第四国际的公开信》（Open Letter for the Fourth International）中，托洛茨基以"新时代需要一个新国际"为题写下了这样一段话："替所有国家规定一条单一的前进道路，这将会是一个致命的错误。针对国家的条件、旧工人组织的腐败程度以及在某一特定时刻它们自身力量的状况，马克思主义者（革命的社会主义者、国际主义者、布尔什维克—列宁主义者）可以时而作为一个独立的组织发挥作用，时而作为一个旧政党或旧工会内部的派系发挥作用。当然，这个派系无论在哪里工作，都只不过是建立第四国际新政党的一个阶段，这些新政党要么是作为革命分子的重组从旧组织中发展而来，要么是源自于独立政治团体的行动。"Leon Trotsky, *Oeuvres*, Vol. 5 （p. 355）。

[23] 这与我们上面所探讨的一点也不矛盾。尽管核子世界大战显然不是一个解决资本主义经济危机的方法，在危机的氛围下，军备竞赛无疑仍是大规模资本的一个"替代市场"。因此，不管人们对核战的自杀特征作何感想，军备竞赛都将会继续下去。

[24] 季诺维也夫主义在共产国际的统治于 1923 年之后达到全盛，尤其是通过共产国际内部领导层粗暴介入（有时纯粹以行政手段）的方式更换国家领导层。

8. 马克思主义对今日革命的辩护 [*]

什么是革命？

革命是生活中的历史事实，当今世界上几乎所有的主要国家均产自革命。无论人们喜欢与否，我们的国家曾发生过 30 余次这样的革命——有些胜利了，其他的失败了——没有丝毫迹象可以表明，我们的革命经历已经走到了尽头。

由于普遍的生产关系和政治权力关系的结构性本质，革命曾经是而且依然是生活中的事实，更准确地说，由于这些关系是结构性的，绝不会就此"消失"——也由于统治阶级对逐步废除这些关系打算抵抗到底——因而革命将作为废除这些关系的手段出现。

革命的本质在于对占支配地位的社会和（或）政治结构进行一场突如其来的彻底颠覆，由此出发（跃入历史进程）人们不应得出结论说，一座不可逾越的万里长城横亘在发展（或改良）与革命之间。历史上当然存在渐进的社会量变，就像历史上存在着革命性的社会质变一样。尤其在一个特定生产方式衰落的时代，量变常常为质变做好了各项准备。新的生产关系和革命阶级（或主要的阶级派别）政治力量的兴起，使得占主导地位的经济和政治权力关系有可能被侵蚀、削弱，日益受到挑战，甚或是慢慢崩溃。这便是前革命危机阶段的一般特征。但是，一种特定社会或政治秩序的侵蚀与它的覆灭根本不同，演进并不等于革命。如果有人从演进与革命

---

[*] 这篇文章发表于 *The Socialist Register*，eds. Ralph Miliband, Leo Panitch, and John Saville（London：Merlin Press, 1989），p. 159。

不存在恒定不变的差异这一事实出发，得出两者不存在根本差异这一结论，那么辩证法就变成了诡辩论。

然而，统治结构倏然间被推翻，这也只不过是社会现象的一个主要特征，而另一个特征是，统治结构通过大规模的群众动员，通过普通民众在政治生活和政治斗争中骤然间大规模的积极干预而走向覆灭。[1]

阶级社会最令人费解之处在于，尽管它建立在相对少的一部分人对大多数直接生产者的剥削和压迫之上，大多数人却能够在"正常"情况下大体忍受这种状况，并做出各种周期性的有限回应。历史唯物主义试图成功破解这一秘密，它把经济动机、意识形态操控、文化社会化、政治司法压制（包括偶尔运用暴力）、心理过程（内化和认同）综合在一起，为我们提供了一种多维的阐释。

正像 1789 年法国革命爆发之初一份革命报纸所说的那样，被压迫人民尽管在数量上占据优势，却通常在他们的压迫者面前感到无力，因为他们跪拜在其脚下。[2]只有克服了这种无力无助的感觉，只有人民群众突然意识到"我们不能再继续忍受下去了"，同时相应地展开行动，革命才有可能发生。巴林顿·穆尔（Barrington Moore）在《顺从与反叛的社会基础》（*The Social Bases of Obedience and Revolt*）这本趣书中试图证明，司法不公的折磨和意识并不足以在广大群众中引发一场大规模的造反运动（革命）。按照穆尔的说法，在相信蒙受司法不公的过程中起关键作用的，既不是认为它不可避免地将会发生，也不是一种"较少的恶"的信念，即认为一种更好的社会体制将会实现。[3]然而，对于直接挑战特定的社会秩序和（或）政治秩序而言，本地或区域内造反运动的碎片化本性却成为了一种障碍。一般地，当造反运动在全国范围内被统一起来时，它就会转变为革命。

此外，这些挑战还可以用亚伯拉罕·林肯关于阶级社会基本事实的构想加以阐明，并由历史经验来证实，这毕竟也是历史乐观主义（相信人类进步的可能性）的一个成因："你可以一时蒙骗所有人，也可以永远蒙骗一些人，但不可能永远蒙骗所有人。"

当绝大多数人不再继续被蒙骗和恐吓时，当他们不再长跪不起时，当他们对压迫者的重要弱点有所了解时，他们便有可能在一夜之间由表面上温顺、柔弱和无助的绵羊变为威武的雄狮。他们中越来越多的人会罢工、集会和组织起来，尤其是在大街上游行，甚至会直面统治者发动的巨大且恐怖的血腥镇压，因为这时强大的武装机构仍然掌握在统治者手中。他们常常表现出前所未闻的英勇精神、献身精神和顽强的忍耐力。[4]这可能会以他们最终战胜压迫性机构以及这些机构开始走向崩溃而告终。任何一场革命的最初胜利都预示着这样一种崩溃，而革命的最终胜利则需要武装力量从先前统治者那里转到革命阶级（或者一个主要的阶级派别）手中。[5]

这样一种关于革命的描述性定义必然会同时融入一种对革命成因的分析。当占支配地位的生产关系不再能够容纳生产力的发展时，当这些生产关系开始日益充当生产力发展的桎梏时，当这些生产关系开始导致一种破坏性的癌肿不断扩散时，社会革命便发生了。同样，当占支配地位的政治权力关系（国家政权的形式）成为占支配地位的生产关系制度下生产力进一步发展的桎梏（尽管发展仍然是可能的）时，政治革命便发生了。这便是为什么这些关系通常会巩固而不是削弱一种特定社会秩序的原因。

当回答"革命为什么在这个时候发生"这类问题时，马克思主义所提供的关于革命的唯物主义阐释似乎必不可少。革命已经在各种不同的阶级社会按照不同的方式应运而生。显然，无论是将这些革命归因于心理因素的永恒操控（据说是人性固有的侵略性、"破坏性"、"妒忌"、"贪婪"或"愚笨"），还是将之归因于政权结构的偶然巧合（特别是无能、愚笨、盲目的统治者碰到数量渐增且自信满满的积极反对者），都不合乎逻辑。按照某一历史流派所说，人们可以在过分诉诸镇压、突然引入较大幅度的改革或两者独特的争议性组合中目睹到这种盲目的愚笨。[6]

当然，这样一种心理的、政治的分析包含着片面真理的内核，但对于革命爆发的连续性和非连续性，即它的周期性本质来说，这些分析并不能给我们提供一种满意的解释。为什么许多国家"无能"的统治者能够每隔一段时间便接替"合格"的统治者？想必这不会是某些神秘的遗传变异循环所致。关于历史的唯物主义阐释有一个最大的优点，那就是用较为深刻的社会和经济动因来解释革命的发生。不是统治者的无能导致了前革命危机的出现，而是一种潜在的社会—结构危机引发的瘫痪令统治者越来越无能。在这个意义上，当托洛茨基强调"革命对于一个特定的瘫痪病人来说不过是最后一击和一弹解千愁（coup de grace）"时，他是完全正确的。

列宁以经典的方式对基本分析做了总结。他强调，当那些位于下层的人们不再愿意像以前那样接受统治时，当那些位于上层的人们不再能够像以前那样继续统治时，革命就发生了。从根本上说，一个统治阶级或它的主要派别无法继续统治有其客观原因。这本身便反映出统治者的内部分裂正日益增多，尤其是围绕如何除去显而易见的混乱这类问题时更是如此。不断增长的自我怀疑、对自己的未来丧失信心、无理寻找一些罪犯（"阴谋论"）代替对社会矛盾的真实客观分析，所有这些在这里纠缠在了一起。如果不是单纯消极处事的话，正是这种组合导致了政治上的无能以及一种反生产的活动和反应。根本的原因始终是制度的腐朽性，而不是一帮统治者的独特心理。

显然，人们必须将革命的基本历史成因与触发革命的因素（事件）区分开来，前者是结构性的，后者是偶发性的。[7]

但需要强调的是，即便对于结构性的成因而言，马克思主义对革命的理解也绝不是单一"经济主义的"（economistic）。生产力与占支配地位的生产关系和（或）政治权力关系之间的矛盾并不完全是经济的，从根本上看，它是社会经济的，涉及一切主要的社会关系领域。直到最后，这种矛盾将集中表现在政治领域而不是经济领域。军人拒绝向游行示威者开枪，这是一种政治道德行为，而不是一种经济行为。只有在深究这一现象背后的东西时，人们才会认识到它的物质根基。这些根基并没有将政治道德的决定变为一个纯粹的"外观"，或是一种纯粹推诿（shadowboxing）的表现。它自己有一种清晰的现实，但这一重要现实本身并没有让深入发掘物质根基变得毫无意义，也没有让它变成一种"教条主义"的习练，或让它仅仅流于对次要利益的"抽象"分析。[8]

无论怎样，伴随着一种意识形态道德危机（普遍的"社会价值体系"的危机）的出现，统治者无法继续统治并不仅仅是一个社会政治事实，也涉及技术—物质的方面。统治同时还意味着控制通信物质网络和中央集权的镇压机构。当这个网络瘫痪时，统治才在直接的意义上算是崩溃了。[9]因此，我们绝不能低估成功革命的技术方面。但是，马克思主义的革命理论同时也取代了一种历史阴谋论的独特变体，这种变体倾向于将一场胜利革命完全归因于成功造反或政变（coups d'état）的技术机制。[10]相反，正是主要社会力量的物质利益及其自我认识为历史转折点提供了基本的说明。

革命与反革命

尽管革命是生活的历史事实，反革命同样是无可争辩的现实。事实上，反革命似乎经常紧随革命而来，犹如晦往明来一般。词源学确证了这一悖论，"革命"概念恰恰源于天文学，行星按照轨道的方式运行，最后又回到了出发点。因此，这就暗示了类似的结论：作为巨大的加速器和历史的火车头，革命的作用不过是短视浅薄的观察者（即使不是乌托邦的白日梦者）的视觉幻象。这种关于革命的诠释（诋毁）与意大利历史学家维科（Vico）的世界历史循环论正相契合。

在 1660 年英国反革命胜利的影响下，17 世纪伟大的政治哲学家（尤其是霍布斯和斯宾诺莎）基本上都对人类命运持一种悲观主义的论调。革命注定会走向失败："万变不离其宗。"（Plus ça change, plus ça reste la même chose）。早在两千年前，希腊和中国的政治哲学家就已经得出相近的结论，据称，除了在不道德的社会条件下寻求个人幸福，通过自律（斯多葛学派、儒家、斯宾诺莎）或享乐主义（伊壁鸠鲁学派）实现幸福外，人类命运别无出路。[11]

18 世纪，启蒙从经验层面和理论层面对教条怀疑主义悲观论的根基提出了质疑。[12]一种对于人类完美性、历史进步和革命进步作用的信念再度出现（随便说一句，只有诡辩论者或不诚实的批评家才会将这一完美性等同于达及一种完美的终极状态）。实际上，革命在反动时期看上去更为美妙。然而，早在 1789 年革命爆发之前，启蒙的阵营就已经分裂为基本怀疑派和社会谨慎派，像伏尔泰（"培育你的花园"［cultivez votre jardin］）[13]这样的资产阶级知识分子以及卢梭这样的更为激进的小资产阶级思想家，即使不是完全保守的人，也会激发雅各宾派的革命者。这种分裂在革命自身的进程中被加深了。在随后到来的反革命阶段（热月、波拿巴主义的法兰西共和国、法兰西帝国、波旁王朝的复辟），向着 17 世纪怀疑主义的反转流行开来，这里囊括了那些从前热衷于革命的人，英国诗人华兹华斯（Wordsworth）（雪莱［Shelley］除外）就是其中的一个典型。只有极少数人继续把希望寄托在未来革命身上并为此奋斗。[14]相近的共识是：革命的成本实在太大了，尤其是考虑到它们的成果竟是如此微不足道。[15]

俄国革命的热月及其悲惨的后果（斯大林主义的恐怖）再现了人们对革命相似的厌恶之情，这首先出现在 20 世纪 30 年代末和 40 年代，接着，在 20 世纪 60 年代和 70 年代早期的暂时缓和过后，于 20 世纪 70 年代中期在更广泛的范围内全面爆发。苏联对捷克斯洛伐克尤其是对柬埔寨和阿富汗的军事干涉，以及欧洲 1968—1975 年更为普遍的革命风暴的退潮（从法国开始经捷克斯洛伐克、意大利和葡萄牙），强化了这一政治上的回撤。我们可以再次把相近的共识总结为这样一个原则：无论从哪个方面看（包括朝着更加人道化的社会前进），革命都既无用又有害。事实上，这就是今天普遍流行的新保守主义、新自由主义和新改良主义的意识形态最关键的陈词滥调之一。

然而，这种观点如果不是彻头彻尾的骗人把戏，也明显建基于一种半真半假的陈述。那种认为革命即使不回到比此前更糟的形势下，也将复归它们的历史出发点的观点，一般建立在对社会反革命和政治反革命的混同基础之上。尽管有少数社会的反革命确实已经发生，它们却只是例外，而不是规则。无论是拿破仑还是路易十八，都没能恢复法国农村半封建的社会经济条件和半封建贵族阶层的政治统治。斯大林也没能恢复俄国的资本主义。英国复辟后，光荣革命接踵而来。内战结束后，美国宪法的妥协最终也没有导致农奴劳动的普遍化，反而导致了对它的禁止。这份清单可以任意添加下去。

主观选择的问题与这份客观的平衡表紧密相连。它们让怀疑论者和悲观主义者陷入了一种真正的两难境地。反革命不仅仅是对革命的"自然"反应，即不仅仅是一种不可避免的、机械的溜溜球运动的产物。它们还导源于制度内部矛盾的恶化，正是这一点引发了革命。然而，它们却实现了一种具体社会—政治力量关系的转移，反映了政治性群众活动及其成效的相对衰落。的确，这里有一种"自然法则"在发挥着作用。作为真正的群众性革命，它们通常意味着政治性群众活动质性水平的提高，然而，由于明显的物质和心理上的原因，它们不可能无限期地保持下去。要吃饭你就必须去生产，当你去游行示威和参加群众性集会时，你便无法生产。同样，数量众多的人民群众的生活不可能永远维持在一个高度兴奋的水平之上，他们也不可能永远处于一种高强度的紧张情绪之中。[16]

与这种群众活动的相对衰落相比，旧统治阶级（层）及其各种各样的支持者和食客们的活动（成效）则相对上升了。至少是在顷刻之间，主动权由"左"转向了"右"（未必大获全胜，正如存在失败的革命一样，也存在失败的反革命）。[17]同样，也存在着预防性的（preventive）反革命，印度尼西亚（1965）和智利（1973）的政变就是这方面的例子。然而，恰恰是这些预防性的反革命清晰地暴露出悲观主义怀疑论所面临的悖论，那就是，对于人类生命和人类幸福而言，反革命付出的代价通常过于昂贵——远比革命的代价高。与抵消一小撮统治者的权力相比，要镇压一支高度活跃的广泛的人民群众队伍，就需要有更多镇压、更多血腥、更多残忍（包括刑讯），这一点不足为奇。因此，通过对反革命上升的趋势不理不睬——以革命本身无用和有害为托词，人们即使没有成为血腥反革命和大规模群众苦难的帮凶，事实上至少也变成了一个消极的旁观者。

这是道德上的反叛，因为它意味着对压迫者暴力和剥削的容忍、协助和教唆，尽管人们可以找到各种各样的合理化借口拒绝援助被压迫者的自卫和解放尝试。政治上的反革命同样也是令人厌恶的，从怀疑论者所谓的致力于捍卫民主制度和改革的立场出发，它最终常常被证明是一种自我毁灭。

关于这一点最悲惨的案例便是第一次世界大战即将结束时的德国社会民主党。在所谓"挽救民主"的目的下，埃伯特和诺斯克完整无缺地保留了帝国军事统治集团和普鲁士卫戍部队，并与它们相勾结共同反对工人——首先是单独在柏林，接着是在整个国家。他们让国防军的将军接受魏玛共和国的政治裁决，并同意这些将军创立和巩固自由军团，而军团中相当大一部分人后来被纳粹冲锋队和纳粹党卫军的军官吸纳为新成员。因此，他们为纳粹的上台和最终夺取政权铺平了道路，反过来，这又导致了社会民主党的覆灭。他们相信自己可以在一种民主的反革命框架内抑制衰退和反动。[18]历史给了我们惨痛的教训，那就是，当加深的社会经济矛盾将一种对群众运动的总体（不是部分）压制变成统治阶级当前的目标时，民主的反革命最终常常导致更为严重的独裁和暴力。

必须再次强调，这并不是偶然的，而是符合一种较为深刻的历史逻辑。革命的本质常常被等同于一种暴力和大屠杀的普遍爆发，这当然是不正确的。革命的本质不是在政治上运用暴力，而是在根本性质上质疑一种占支配地位的经济或权力结构，并最终推翻它。参与旨在推翻这些结构的群众活动的人越多，革命与反动的力量对比就越是朝着有利的方向发展，革命的自信心就越强，反革命在道德思想上就越瘫痪，群众就越少倾向于使用暴力。事实上，对于历史进程的那个时期来说，普遍运用暴力恰恰只能适得其反。

但是，在革命进程的某些关头，多数情况下会出现（若非经常出现）这样一种现象，即统治者阵营中最激进、最坚挺的派别会孤注一掷地诉诸暴力，趁一切还来得及时甘冒所有风险，因为他们仍然拥有人类的物质资料，这使得他们可以那样做。在某些高潮的峰值处，革命和反革命之间的对抗通常呈现出一种暴力的特征，尽管暴力的程度主要取决于总体的力量对比关系。为了回应反动的暴力，群众将会倾向于武装自卫。反革命的瓦解、瘫痪和缴械为革命的胜利铺平了道路，反革命的胜利有赖于解除群众的武装。[19]

当关键时刻来临，权力关系被剥夺了一切调解的可能性并显露出赤裸裸的本质时，弗里德里希·恩格斯的原则便可以被经验证据验明了：归根结底，国家事实上是一群武装的群众。垄断武装力量的阶级或阶层掌握着（要么是维系，要么是夺取）国家政权。再强调一次，这就是革命和反革命的所有内容。坐视旁观不可能阻止这种对抗，无休止地拖延至算总账的日子也毫无助益。归根到底，怀疑论者和改良主义者对革命的厌恶包含了这样一个隐性选择：与革命推翻统治所需的成本和后果相比，保持现状充其量只是一种较小的恶。这种选择反映的是一种社会保守主义，它并不能被经验证实，它也不是一种关于历史"成本"平衡表（即现实的革命和反革命）的理性判断。

没有哪个正常人会喜欢通过运用暴力来实现社会目标。最大限度地减少政治生活中的暴力应该成为一切进步的社会主义倾向的共同努力。只有那些极度令人生厌的人（总体上对建立一个真正的无阶级社会没有丝毫帮助）才确实喜欢大范围地宣扬和践行暴力。事实上，越来越多的国家正在不断地拒绝使用暴力，这便是一个明证，它表明，至少某些道德和思想上的进步在最近 70 ~ 75 年中已经发生了。人们只需将几乎所有重要的西方知识分子和政客在 1914—1918 年间对战争所做的野蛮无耻的辩解，同今天相同环境下他们强调进步和普遍反战的情绪做一个对比，就会明白这一点。

双重道德标准依然在阶级与阶级、国家与国家间的关系中占据重要的主导地位，但是，至少统治者普遍使用暴力的合法性正在日益遭到质疑，该质疑采取了系统和一贯的方式，远远超出了 1914—1918 年或 1939—1945 年的人数。一方面是必然拒斥武装对抗的意识的增长，另一方面是当前和未来武器所具有的实际破坏性的增长，未来人类的肉体生存就取决于这两个方面竞争的结果。如果前者没能通过成功的政治行动排除后者，后者最终将不仅会毁灭前者，还将毁灭一切人类生命。

但这样一种政治行动只能是革命的，因此，必然至少包含对有限武装力量的使用。不相信这一点就意味着，相信统治者将不使用他们手中仍然掌握的武器，便会完全和平地对自己进行裁军。这就否认了任何暴力反革命的威胁，依据现实的历史经验，这是一种彻头彻尾的乌托邦。它做了这样一种假设，即认为统治阶级和阶层总是专门表现为温和善意的自由主义者。去吧！把这些告诉华沙隔离区和奥斯威辛的囚徒、雅加达的百万受害者、南非受压迫的非白种人群、印度支那的人民、智利和萨尔瓦多的工人与农民、被谋杀的巴勒斯坦暴动参与者、19 世纪殖民战争和巴黎公社以来全世界千百万在复辟和反革命中的受害者。

面对这一可怕的记录，基本的人类道义便是拒绝回退到（再次）私有化的境地，同时，要竭尽所能帮助受压迫、受剥削、被羞辱和被蹂躏的人，为他们的解放而斗争。从长远看，只要人们不做出任何虚伪的现实政治（pseudo-*Realpolitik*）承诺并能够自由遵循以下规则：全面出击，永远反对一切剥削和压迫人类的社会和政治条件，那么，这也就会令个体参与者成为更加人性化、更加幸福的人。

西方革命的可能性

作为现实的历史进程，革命与反革命总是在实际的社会—经济条件下发生，这个条件常常是具体的。世界上没有哪两个国家是一模一样的，这是因为它们的基本社会阶级以及这些阶级的主要派别是这些国家各自具体历史的产物。因此，每一场革命的特征都反映了"一般"和"具体"的独特结合。"一般"源于革命的逻辑，正如我们前面概括的那样，"具体"源于某一特定国家、特定时刻占支配地位的生产关系和政治权力关系的特异性，同时伴有一种独特的内部矛盾和矛盾的加剧机制。

一种革命的战略[20]表现为，革命者自觉地试图通过他们的政治行动来影响客观革命进程的结果，支持被剥削者和被压迫者（当今世界主要是雇佣无产阶级、它的同盟者和贫困农民）的胜利。反之，革命成功必然只具有最小的可能性，因为它将不得不迎合当前社会流行的分化型的社会现实。我们可以用"世界革命三个部分"的公式来大体上标明截然不同的战略任务：帝国主义国家的无产阶级革命；"第三世界国家"的民族民主革命、反对帝国主义的革命与社会主义革命的联合；后资本主义社会形态下的政治革命。[21]我们将依次考虑这些革命。

就资本主义工业化的重要中心而言，一种对于革命战略可能效力的强烈反对意见已经被提了出来。许多怀疑论者和改良主义者并不仅仅将自己局限于声称革命是无用且有害的，他们还认为革命在这些国家不可能发生，无论以何种方式都绝不可能发生，在他们看来，希望或预期革命将会发生完全是乌托邦，试图为革命做准备或推动革命完全是浪费时间和精力。

这一分析思路基于两种（根本矛盾的）不同的假设：第一种假设（仍然是真实的）认为，截至现在，没有任何一个纯粹的帝国主义国家曾经发生过成功的革命。1917年俄国革命的例子被看成是一个欠发达国家与帝国主义独特结合的例外。但是，仅仅认可那些已经获得成功的革命也不合理，甚至是幼稚的。一旦人们承认20世纪的确在帝国主义国家出现了革命进程，那么对于一个革命者来说，逻辑结论必然是为了图绘这一进程进而对这些革命详加研究，以便它们在未来再次出现时不再失败。

第二个假设认为，过去触发革命的一切因素（革命危机和革命进程）[22]将永远不会再次出现。资产阶级社会（资本主义经济和议会民主）将有望达到这样一种稳定度，在这里，大量雇佣劳动者在一定程度上被

"整合"起来，以至于他们在可以预见的未来不会构成严重的威胁。[23]这个已经在战后的繁荣期（作为生活水平和社会保障不可否认的增长的一个明显结果，对西方无产阶级来说不过是一个意外收获）流行开来的假定，受到了 1968 年五月事件及其直接后果的严重挑战，至少在南欧（以及 20 世纪 70 年代早期英国的部分地区）如此。1974—1975 年之后，随着无产阶级撤出中心国家并从根本上转向防御斗争，这一假定又重新获得了强有力的可信性。

我们应该理解问题的要点所在。事实上，这个看似先验的假设将要或者被历史证实，或者被历史证伪。它只不过是一个运作假设（working hypothesis），而绝不会是一个最终的真理。它假定 20 世纪后半叶资本主义发展的基本趋势是这样一种特定的变体，即一种矛盾趋于缓和且体制能够避免危机爆发（更不用说避免灾难发生）的变体。

在这个意义上，它与改良主义经典版本的运作假设具有惊人的相似性，后者亦拒绝一种革命观点和革命战略。例如爱德华·伯恩施坦在那本引发"改良主义辩论"的书中明确将如下假设作为其改良主义结论的前提，那就是，在体制的内部矛盾中存在着一个客观上不断下降的趋势：资本主义危机越来越少；战争的倾向越来越少；独裁主义的政府越来越少；世界上的暴力冲突越来越少。[24]罗莎·卢森堡简明地回答了伯恩施坦，事实恰恰相反。那时，在 1905 年俄国革命的影响下，考茨基最接近革命的马克思主义，无疑应是列宁、卢森堡和托洛茨基的导师。[25]考茨基也明确认定，"资本主义必将导致灾难"这个观点是马克思主义革命观点的重要支柱之一。[26]当他离开革命的马克思主义后，他便开始认为这些灾难越来越不可能发生，也就是说，他开始欣然分享伯恩施坦的运作假设了。[27]

历史都记录了些什么呢？两次世界大战、1929 年以来的经济危机、法西斯主义、广岛、无数次殖民战争、第三世界的饥饿和疾病、不断恶化的生态灾难、新的长期经济大萧条。正是罗莎·卢森堡已经被证明远比伯恩施坦正确，1907 年的考茨基而不是 1914 年"超帝国主义"论的考茨基，也被历史证明是正确的。今天去释义让·饶勒斯的一个著名原则似乎比以往任何时候都更正确，那就是，像云层携带着暴风雨一样，晚期资本主义自身也携带着一连串的严重危机和灾难。[28]

当人们暗讽革命的马克思主义者可谓是预期或预告了每一个帝国主义国家每一年发生的固有灾难时，便把显而易见的真理（3/4 个世纪可靠的历史证据可以证明这一点，正是在这个意义上，我们说它是明显的）变成了一幅毫无意义的讽刺画。除去那些极端分子，严肃的马克思主义者从来不曾站到这样的立场上来。但就特定的国家而言，这并不意味着他们从来不对自己的错误分析和判断感到内疚。如果人们冷静地分析一下 1914 年以来西方和日本的经济、社会和政治危机的起伏盛衰，便可以看到群众斗争在中心国家周期性高涨的典范，正是这种危机不时将革命推上议事日程。在我们看来，自马克思主义者最初提出资本主义生产方式的历史衰落期这一假设至今，导致这一倾向的机制仍然有效。如今，证明情况并非如此的重任落到了这些人身上，他们相信，今天的资产阶级社会在某个方面根本异质于 1936 年的资产阶级社会，更不要说是 1968 年的资产阶级社会了。关于那种资产阶级社会的社会性质，我们还没有看到任何有说服力的论辩。

革命在帝国主义国家有可能"周期性（不是永久性）"爆发这一概念，在逻辑上引出了一种关于西方革命可能性的类型学，从本质上说，它将这些革命视为非革命时期群众斗争和群众经验质性上的"跨越式增长"（transcroissance）。我们经常描绘这一"超增长"（overgrowing）的进程，这不是基于猜测或一厢情愿，而是依据西方在前革命时期和革命爆发期切实存在的经验。[29] 因此，我们可以把自己限定在对如下一连串事件进程的总结上：群众罢工、政治性群众罢工、总罢工、静坐总罢工、罢工委员会民主选举的协调与集中、总罢工由"被动"向"主动"的转变，在这种情况下，首先在公共领域和金融领域，罢工委员会开始承担国家职能（公共交通的管制、通信的使用、罢工者专用储蓄和银行账户的使用、相同职权的免费医疗服务、罢工者在职权范围内"等同的"师资教学，这些实例来自一种"主动的"总罢工，它们作为准国家功能的发挥正不断被付诸实践）。这导致一种现实存在的、普遍的双重权力形势的出现，群众的自卫机构也随之出现。

这样一连串事件概括了西方群众斗争高潮期早已清晰可见的趋势：1920 年在意大利北部、1927 年 7 月在奥地利、1936 年 6 月在法国、1948 年 7 月在意大利发生的事件以及 1968 年 5 月法国的五月事件、1969 年意大利的"火热之秋"、1974—1975 年葡萄牙的革命高潮。其他的总罢工经历[30] 包括那些在 1920 年的德国和 1936—1937 年的西班牙（尤其是加泰罗尼亚）发生的一系列类似事件。尽管所处的社会背景完全不同，工业无产阶级在革命形势中的运作倾向却大体相同，这可以在 1956 年的匈牙利、1968—1969 年的捷克斯洛伐克和 1980—1981 年的波兰找到根据。

这种关于无产阶级革命在帝国主义国家实际作用的观点，使得争取改良（经济的和政治—民主的）的斗争与为革命做准备的关系这个早在 20 世纪初便一直困扰着革命马克思主义者的问题迎刃而解。罗莎·卢森堡在辩论之初已经对该问题做出了回答，这个回答直到今天仍然和它刚被提出时一样有效。[31]改良主义者和革命者之间的差别根本不是后者拒绝改良而前者拒绝革命，恰恰相反，严肃的革命者将会是一切改良最坚定、最能干的斗士，只要这些改良与群众的需要以及他们认可的当务之急保持一致。所以，改良主义者和革命者之间的真正差别可以概括为：

（1）在不拒绝或不忽视立法提议的前提下，革命的社会主义者通过广泛直接的议会体制外的（extra-parliamentary）群众行动优先考虑争取改良的斗争。

（2）在不否认必须顾及实际社会政治力量对比关系的情况下，革命的社会主义者拒绝将争取改良的斗争限定在那些资产阶级允许的范围，或者更糟糕的是，不打乱基本的社会政治权力关系。出于这个原因，每当体制陷入危机，改良主义者便更加不会倾向于为了严肃的改良而战。因为像资本家一样，他们明白这些斗争有"破坏政府稳定"的倾向。对于革命者而言，优先要考虑的不是保卫体制的需要或逻辑，也不是保留任何与资本家的共识，而是为了群众的需要和利益而战。

（3）改良主义者将限制和消除资本主义的弊病视为一个不断发展的过程。相反，革命者则教导群众，危机的必然性将打断改良的不断积累，并周期性地对昔日的征服镇压构成威胁。

（4）改良主义者将趋向于阻碍、反对甚或是压制一切形式的直接群众行动，正是这些行动超越或威胁到了资产阶级的国家制度。恰恰相反，甚至是在为当前改革所做的日常斗争中，革命者也会无视"破坏政府稳定"的后果，有条不紊地支持和设法发展群众的自我活动和自我组织。由此便形成了这样一种传统，越来越广泛的群众斗争经验，在普遍的群众斗争——总罢工——发生时，将有利于一种双重政权形势的出现。因此，可以将上面描述的无产阶级革命类型视为前革命时期甚或是革命时期越来越广泛的群众改良斗争的有机产物（或高潮）。

（5）改良主义者通常会把自己限定在宣传改良的范围内。革命的马克思主义者将会把改良斗争同连贯系统的反帝宣传结合在一起。他们会教导群众，体制存在弊病，并且会主张用革命推翻它。在这里，构想过渡时期的要求（这些要求尽管符合群众的需要，却无法在现行体制框架内实现）并为之而战起着关键的作用。

在西方，这样一种关于"真正可行的革命"的看法真的没有严重低估西方无产阶级明显依附于议会民主所形成的障碍吗？这种看法真的没有阻碍人们去推翻资产阶级制度吗？没有这种看法，革命就不可能胜利吗？我们并不这样认为。

首先，将群众同民主权利和自由合理地联系在一起，这在许多方面并非都与资产阶级国家制度有关。用托洛茨基的阐释公式表示就是，它们表明在资产阶级国家内部存在着无产阶级民主的内核（nuclei）。[32]群众自我活动、自我动员和自我组织的程度越高，民主工人的权力之蝶就越是趋向于从它的"资产阶级"之蛹中破茧而出。基本问题在于资产阶级国家政权的"裸核"（中央政府、镇压机构等）与群众对自身可控的民主制度的依恋之间的对抗正在不断加深。

其次，没有理由以一种完全教条主义的方式将直接的工人机构与根源于无差别普选权的大众权力和机构对立起来。工人、人民委员会及其集中协调（本地的、区域的、国家的、国际的委员会代表大会）能够以更加高效和民主的方式让成千上万的劳动者直接行使政治、经济和社会权力。但是，如果说拒绝议会痴呆症是必要的，那么同样道理，拒绝反议会痴呆症也是必要的。无论何时何地，当群众明显流露出期望通过普选权选出议会类型的权力机构时（匈牙利、波兰和尼加拉瓜的例子十分明显），革命者应该接受这个意见。就群众已经通过他们自己的经验认识到委员会较之最广泛的单一议会制民主能够给他们带来更多的民主权利和实际权力而言，就在工人掌权的情况下，宪法能够详细阐明苏维埃和议会制这两种机构准确的劳动职能分工而言，这些机构没有必要取代苏维埃政权。

当然，苏维埃制度能够并且也应该在普选权的基础上被选举出来。议会制民主和苏维埃民主之间的根本差异并不表现在选举方式上，而是表现在功能方式上。从本质上看，议会制民主是代表制的民主，即间接民主，它在很大程度上局限于立法的领域。苏维埃民主则包含了更高分量的直接民主，包括选民为他们的代表所提供的"有约束力的授权"（binding mandates）文书以及选民即刻召回这些代表的权利。另外，它还暗示着一种立法职能与行政职能的大规模联合，兼顾轮流坐庄的原则，这确实使大部分市民能够行使国家的职能。

伴随着一种对权限的分配，起实际作用的立法机构的增殖也起着同样的作用。苏维埃民主的主要特征同样在于它是生产者的民主，也就是说，它把经济决策同工作场所和联合的（federated）工作场所（在本地、区域和支部层面等）连接在了一起，并赋予那些工作着的人们某种权利，让他们可以决定自己的工作量，决定产品和服务的分配。尤其当工人们普遍意识到他们额外努力的结果并非有利于自己，同时也无法决定劳动成果的分配时，他们为什么还愿意做出牺牲，耗费时间、精神和体力去增加产量呢？

生产者的民主似乎越来越成为克服生产动力（责任感）下降的唯一手段，更不必说是克服经济的整体衰退了。无论是资本主义的市场经济，还是官僚计划经济，都以这种民主形式为特征。

第三世界革命的教训

自第二次世界大战以来，第三世界的革命进程已经确证了不断革命战略的合法性。无论在哪里，只要这些进程已经实现同旧统治阶级和国际资本的完全决裂，民族民主革命（民族统一和从帝国主义中独立出来）的历史任务就算完成了。南斯拉夫、印度支那、古巴和尼加拉瓜就属于这种情况。无论在哪里，只要革命进程没有达及完全决裂这一顶峰，民族民主革命的主要任务就仍然没有完成。印度尼西亚、玻利维亚、埃及、阿尔及利亚、智利、伊朗就属于这种情况。

自 20 世纪 20 年代中期以来，不断革命的理论（战略）便与共产国际和共产党的传统战略相对立，后者是"阶段革命论"，它认为，在革命的第一个阶段，通过一场普遍的政治斗争，"四个阶级的联盟"（"民族"资产阶级、农民、城市小资产阶级和无产阶级）应该可以消除包括国外帝国主义在内的半封建寡头政权组织。只有到了革命的第二个阶段，无产阶级夺取政权的斗争才可以崭露头角。这一战略导致严重的失败，它在许多共产党内所受的挑战也日益增多。

运用抽象的公式避免做出这种基本选择是毫无益处的。"工人和农民的政府"，或更糟糕的是，"人民的政权"或"工人阶级霸权支配下的广大民众联盟"，这些公式不过是回避了问题。所有的革命都是关乎国家政权的。国家政权的阶级性质（以及一个特定阶级的主要派别行使国家权力的问题）是关键。要么，这些原则与推翻资产阶级寡头政治的（bourgeois-oligarchic）国家及其军队和镇压机构同义，与建立一个工人的国家相当，要么，这些原则暗指现存的国家机器将不会被"直接"摧毁——在这种情况下，国家的阶级性质仍然是资产阶级寡头政治的，革命将会失败。

当我们听说工人阶级如果不夺取政权，先前统治阶级的国家如果不被推翻，民族民主革命的历史任务将无法彻底实现时，这并不意味着这些任务中的任何一个都不可能在资产阶级或小资产阶级政府统治下着手进行。第二次世界大战后，在没有推翻资本主义秩序的前提下，大多数先前的殖民地国家仍然获得了政治上的民族独立。在某些情况下，至少印度是最突出的一个，这并不完全是形式上的，而是意味着在一定程度上摆脱了帝国主义，实现了经济上的自治，至少使民族资产阶级所有制的初步工业化成为可能。从 20 世纪 60 年代晚期开始，一系列半殖民地国家（或地区）成功开启了半工业化的进程，该进程不断深化（韩国、巴西、墨西哥、新加坡都是最重要的例证），并经常得到重要的土地改革这一必要的跳板（launching pads）的支持。因此，历史已经解答了 20 世纪 50 年代和 60 年代那场关于所谓"依附"（dependencia）理论——没有与帝国主义的彻底决裂，任何重要的工业化发展都将无从谈起——的著名论战。

同样，认为不断革命论暗指旧统治秩序覆灭后，彻底的土地革命必然会与在工业中彻底消灭资本主义私有财产保持同步，这种解释也不正确。的确，尽管工人正致力于或已经成功解除资本家武装并消灭了他们的政权，我们仍然无法期待工人阶级能够在工厂层面忍受他们自身所受的剥削。但由此出发只能得出这样的结论，援引《共产党宣言》中的一个判定，那就是，对资本主义私有财产领域进行"强制性的干涉"（despotic inroads）将成为不发达国家胜利社会主义革命的起点。这些干涉的节奏和程度将取决于政治和社会力量的相互关系以及经济优先权的压力。这里没有适用于一切国家一切时刻的普遍原则。

反过来，资产阶级剥夺（expropriation）的节奏和程度问题，又与工农联盟这一多数第三世界国家政治策略的核心问题紧密相关。保持资本家的财产完好无损，以至于不能满足贫困农民获得土地的热望，这显然是反生产的。从经济的观点看，打击私有财产，告诉中农他们也将失去财产，以至于达到引起恐慌的程度，也是反生产的（它也可以在政治上成为反生产的）。

然而，总的说来经验确证了理论上的建议。摆脱帝国主义实现真正的独立是不可能的。离开了对工业、银行业、农业、商业和运输业大资本（无论是国际资本还是民族资本）的剥夺，真正动员工人阶级实现国家的社会主义重组，也是不可能的。只有当小规模和中等规模资本剥夺和容忍的界限（包括它们对经济增长、社会平等、直接生产者的动机所产生的一切影响）必须被确定时，现实的困难才会产生。

历史记录表明，独特的双重政权形式和新旧政权间的对抗，已经在不发达国家所有胜利的社会主义革命中出现：双重政权反映的是一种将国家领土划分为解放区的做法，在这些区域，新政府出现了，然而在国家的其他地区，旧政府依然当政。反过来，这种独特的双重政权形式又体现了革命（以及反革命）进程自身的独特形式，那就是，武装斗争（游击战和人民战争）占据着核心地位。对于南斯拉夫和越南来讲则源于这样一个事实，尽管革命日益变得同贫富人群间的内战（即社会革命）纠缠在一起，它却始于一场反对国外帝国主义侵略者的民族解放运动。对古巴和尼加拉瓜而言，革命同样始于一场反对恶意镇压和可憎可鄙专政的武装斗争，该斗争再次逐渐发展成为一场社会革命。

当然，人们不应把源于这些经验的模式进行简化。至少在古巴和尼加拉瓜（在某种意义上，也包括早期印度支那革命以及南斯拉夫革命的若干阶段），城市暴动发挥了重要的作用。一场成功的总罢工和城市暴动决定了古巴和尼加拉瓜革命的结果。与 20 世纪 60 年代相比，为了引导革命走向胜利，今天武装斗争战略的支持者们通常采纳了一个更为复杂、更具欺骗性的战略，那就是将游击战、创建解放区和动员城市区的群众组织（包括全副武装的自卫形式）三方面结合在一起。这种结合在许多半殖民地国家似乎是合理的，在那里，在前革命条件下，国家镇压没有为革命策略留下别的选择余地。然而，我们认为不应忽视特定时刻的具体情况以及特殊的社会和政治力量关系，不能认为这个模式在所有第三世界国家都是必然的。

所谓社会主义社会的政治革命

官僚化社会——由资本主义向社会主义（官僚化的工人国家）的过渡——中的（反官僚制度的）政治革命概念，最早由托洛茨基在 1933 年提出。这个概念源于对不断增长的苏联社会矛盾的诊断，源于这些矛盾无法通过改良被消除这一预言，因此，它与官僚机构不可能进行自我改革这一预言有关。[33]大多数左翼倾向都仔细地反思了这一概念及其赖以存在的假设，这一假设要么以空想为基础，要么以一种对反革命的客观要求为基础。它们假定，官僚政治独裁的覆灭只能导致资本主义的复辟。

这些反对意见毫无根据。与对苏联社会矛盾的分析一样，托洛茨基对政治革命的预测似乎是他对马克思主义最重要的贡献之一。自 1953 年以来，我们见证了一连串的东欧革命危机：1953 年 6 月德意志民主共和国的革命危机、1968 年捷克斯洛伐克的革命危机、1980—1981 年的波兰革命危机。米哈伊尔·戈尔巴乔夫自认为他的改革是一场革命，甚至可以同法国 1830 年、1848 年和 1870 年的革命相媲美。[34]所有这些具体的革命进程都不存在复辟资本主义的普遍倾向。这不仅源于这样一个客观事实，即战斗人员中的绝大多数是工人，他们对复辟资本主义不感兴趣，而且在主观上还取决于这些斗士们的要求，如他们在匈牙利就成立了工人委员会，并与布达佩斯中央工人委员会一道领导了革命斗争。类似的发展还出现在捷克斯洛伐克和波兰，苏联政治革命的前进路线也与之十分相似。

另一方面，不可否认存在着许多官僚机构自我改革的尝试——其中最引人注目的一个例子是 1950 年南斯拉夫在工厂层面引入了工人自我管理。尽管这些尝试有助于"缓和"官僚机构对社会的压制，在不同程度上也能促进群众活动和群众政治化的复兴，它们却始终无法解决这些社会的基本病症。对于苏联赫鲁晓夫发起的历史上最重要的尝试来说，更是如此。的确，今天多数"自由主义"的和"左翼"的苏联历史学家和知识分子会将赫鲁晓夫失败的原因归于来自下层的活动不足。顺便提一句，这也是戈尔巴乔夫对赫鲁晓夫经验的官方看法。

于是，历史的平衡表再次表明：一种自我改革的尝试可以在官僚化的工人国家引发一场变革运动。它们甚至有利于促进一场真正的群众运动。但是，它们不能将这场变革和运动推向成功的高潮。正因如此，一场真正普遍的革命不可或缺。官僚机构中开明一翼的自我改革无法代替这场革命。

官僚机构是一个根深蒂固的社会层，它从根本上依赖于对政权行使的垄断，享有着巨大的物质特权。然而，官僚机构在社会上却没有发挥任何必不可少的、有用的作用。它的作用本质上是寄生的（parasitic），因此它的统治越来越浪费。它往往是一连串特定的经济、社会、政治、意识形态—道德危机的根源。因此，废除它的统治地位便是扫除社会主义行进障碍的一种客观必然。为此，群众活动（首先是工人阶级的政治活动）的复兴是必要的。尽管一场革命在经济领域可能会有多种含义，它将在根本上巩固和增强生产资料的集体所有制和社会化的计划，这就是为什么我们要谈论一场"政治革命"而不是"社会革命"的原因。[35]

在很大程度上，官僚机构的统治是作为工人阶级政治被动性的产物发挥作用的，托洛茨基甚至认为，它是通过工人阶级被动的"忍耐力"发挥作用的。众所周知，这种被动性的历史—社会根源是：国际革命的失败；俄国消费商品的短缺以及由相对落后导致的文化匮乏的压力；斯大林恐怖活动的后果；一种对历史维度的幻灭感，导致无法想象一种非官僚统治的历史替代方案。然而，尽管存在着官僚机构的暴政，恰恰是苏联社会过去半个世纪在十月革命剩余战利品的基础上所取得的进步，慢慢削弱了这种被动性的基础。工人阶级越强大、越有技能、越有文化，他们的期望同经济增长减缓以及由官僚机构暴政和浪费引发的各种社会危机之间的矛盾就越大，他们的不满就越强烈。于是，恢复工人阶级活动的条件便出现了。

蒂莫西·加顿·阿什（Timothy Garton Ash）援引了波兰新任主席米奇斯瓦夫·拉科夫斯基（Mieczyslaw F. Rakowski）的一份引人注目的备忘录，备忘录中有这样一个预言：如果"社会主义的组织形态"无法找到改革自身的力量，"我们的组织形态随后的历史将会以日益增多的开明民众所引发的震荡和革命爆发为特征"。的确如此。但正如阿什自己明确指出的，尽管米奇斯瓦夫·拉科夫斯基朝向恢复资本主义的顺利改革被一种"自由的"民主调和，困难却恰恰在于社会力量的相互关系：工人阶级还没有准备好为因重返资本主义而付出的代价（即大量失业和不平等）埋单。因此，你不可能拥有普遍化的市场经济和政治民主，你只能拥有部分市场经济和政治压迫；你不可能拥有激进的改革，你只能拥有不断扩大的政治革命。阿什自己颇具讽刺意味地总结道："只要能够不断地推进社会利益的进一步多样化，革命便极不可能获得成功（也就是说，避免革命的可能性极大），这似乎是一个合理的建议。私有部门的取消尤其意味着匈牙利仍然存在一个将会设障的企业家资产阶级——反对造反的工人。资本家和共产主义者肩并肩地反对无产阶级：这是一个同中欧社会主义相称的结果。相比之下，和平转变的概率几乎屈指可数。"[36]

然而，正因为官僚机构不是一个新的统治阶级，而是一个一般说来在工人阶级和社会身上寄生的毒瘤，因此，通过一场由工人发动的政治革命去推翻它，就不需要武装冲突这种迄今为止与阶级社会（包括现代资本主义社会）相伴的革命形式。就其本质而言，这更像是一次外科手术。这一点已经被 1956 年的匈牙利革命证实，这是一次最大限度地朝着胜利政治革命的努力。绝大多数共产党的机构以及几乎整个军队都倒向了工人（人民）阵营。只有一小撮秘密警察特工以公开武力挑衅的方式反对胜利的群众，进而引发了一场公开的冲突（以及他们自身的悲惨命运），除此之外，其他都是可以避免的。1968 年，捷克斯洛伐克也有类似的事情发生。事实上，从迄今为止所有这类政治革命的例子中可以看出，只有外国的军事干涉才能阻止它演变成几乎没有血腥的胜利。就苏联而言，人们看不出有哪种力量可以取代这种外国军事干涉，或许不是苏联军队。退一步讲，克格勃（国家安全委员会）对 2.65 亿民众的压制能力似乎是值得怀疑的。

历史还确证了"社会主义在单独一个国家或少数几个国家可以完全建成"这一观念的乌托邦特性。可以确定，苏联（及"社会主义阵营"）无法逃避世界市场的（或国际资本主义的）压力、无法逃避战争和永久性军备竞赛的压力、无法逃避技术不断革新的压力、无法逃避大多数生产者消费方式不断变革的压力。但是，远非作为那种压力不可避免的结果，官僚机构的专政逐渐削弱了革命的主客观抵抗力。一场在苏联和东欧胜利的政治革命将在相当程度上增强这种抵抗力。革命将使得朝向社会主义的新发展成为可能。但是，我们不应落入这样一种幻想，即认为不依靠别处的革命发展，一个无阶级的社会可以自行实现。

今天的世界革命

世界革命三个组成部分的观念意指今天的革命进程将面临不同的战略历史任务，但这只代表了今日世界革命的概念朝着具体化方向发展的第一步。关于这些组成部分、它们之间的相互作用以及这些部分日渐统一的问题，必须被提出来。

数十年来，斯大林主义专政的辩护士们曾宣称，揭露苏联（东欧）现实的阴暗面，将会阻碍西方社会的工人从事推翻资本主义的斗争。但是，历史已然充分表明，以谎言、半真半假的事实或掩饰真相为基础，不可能引出一场为了美好事业的斗争。从长远看，由于无法掩盖苏联现实中令人生厌的方面，西方和日本（包括那些依附或投票赞成共产党的国家）的大多数工人通过接受这些方面而走向了尽头。真正让工人们受挫和士气低落的不是揭露这些事实，而是这些事实本身——包括共产党及其同路人对他们长达十年的压制。阻碍西方工人阶级革命意识新发展的其中一个最大的主观障碍便是斯大林主义加在社会主义（共产主义）身上的那副令人生厌的面具。通过采取有助于摘除这副面具的行动，一场在东方胜利的政治革命大大推动了全世界社会主义事业的发展。这场革命不仅没有削弱反对资本主义和帝国主义的斗争，反而增强了这一斗争。

无论如何，认为这样一种革命至少将会在国家层面上削弱苏联（或者"社会主义阵营"），进而改变世界范围内支持帝国主义的军事力量关系，同样是一种毫无根据的观念。

此外，也不可能将军事力量同它的经济、社会基础以及政府的政治性质割裂开来。一个通过多元的社会主义民主和大多数劳动者的广泛同意维持统治的苏维埃联盟（且不说是一个"社会主义阵营"），将在经济上更加高效，将在世界上更有影响，因而也将会比当前苏联的军事力量更为强大。[37]

尽管第三世界国家的胜利革命能够削弱帝国主义，它们却无法推翻帝国主义，这个事实确证了世界革命三个组成部分相统一的观念。在核武器时代，帝国主义显然只能在中心城市内部被推翻。然而，推翻帝国主义的主要障碍并不是帝国主义或资产阶级国家的客观力量，也不是在中心城市缺乏周期性爆发的游行示威。障碍主要是主观上的：西方（以及日本）工人阶级意识的水平以及工人阶级领导层的政治品质。正是由于这个原因，苏联和东欧面向社会主义的新的质的推进以及官僚机构专政的清除，将大大有助于问题的解决。

另一方面，在西方以及最发达的半工业化第三世界国家（如巴西），任何一个向胜利无产阶级革命的飞跃（在比俄国十月革命便利得多的主客观条件下发生）都将会引发物质和社会的变化，对于所有国家的劳动者来说，这都是一支强大的兴奋剂，这一切将从苏联的劳动者开始，如果他们此刻还没有摆脱官僚机构束缚的话。对于经济发达国家未来任何胜利的无产阶级革命，我们只需提及一个关键的方面：半个工作日的实现将与"土地、面包、和平"这个口号在俄国革命中所起的作用一样。如果这一切实现了，全世界工人阶级中还有哪部分人能够对征服保持无动于衷呢？

世界革命三个组成部分之间潜在的相互作用（我们说它是潜在的，是因为它显然还不是事实）有两个前提：一个是世界工人阶级历史的、社会的统一，另一个是朝着统一自觉意识发展的力量的强度。我们清楚地知道，阻碍这种政治意识形成的力量有多么强大，这些阻碍因素已经被我们列举和分析过无数次了。我们要强调的是，更加强大的客观趋势的运行，能够克服这些障碍。

世界革命进程的统一与生产力和资本的日益国际化有关（作为晚期资本主义在世界市场上占据主导地位的公司，跨国公司的出现是一个典型的例证），而这又不可避免地导致了阶级斗争的日益国际化。残酷的物质现实教导工人阶级，向纯粹的民族防御战略（例如保护主义）撤退，会把一切好处都留给资本，并使对特定的生活水平和政治权利的保卫瘫痪。对于资本力量和策略的国际化唯一有效的响应，便是工人阶级的国际合作、团结和组织。

在最近数十年里，世界革命作为在世界范围内三个组成部分的统一，其客观必要性达到了一个新的、惊人的程度。这根源于资本主义超出它的历史合法性阶段并继续存在这一事实，并通过当代技术和经济倾向中破坏潜能的不断增长体现出来。庞大的核（化学）武器库的堆积、核大国的扩张、热带丛林的破坏、世界范围内的空气污染和水污染、臭氧层的毁坏、非洲大片土地的沙漠化、第三世界不断扩大的饥荒，所有这些倾向都预示着灾难，也给人类生存画上了问号。所有这些灾难都不可能在国家甚或是欧洲大陆层面上被阻止或预防。它们一致要求在全世界范围内寻找出路。一种关于全球性人类危机以及全球性解决方案的意识（很大程度上是层叠的民族国家），已经迅速发展起来。

从问题的全球化以及阻止核战的绝对必要性这一正确的观点出发，米哈伊尔·戈尔巴乔夫及其主要顾问和思想支持者倾向于得出如下结论：这些全球性问题将通过帝国主义国家和"社会主义"国家日益扩大的合作逐步得到解决。就此而言，他们将自己的理论建立在以下两个假设的基础之上：首先，他们认为世界革命进程将会恶化国家间的关系，并将会发展到这样一种程度，即这时一场世界大战若非不可避免，也更有可能爆发。其次，他们心照不宣地假定，资本主义的内部矛盾将趋于减少，实际的阶级斗争将变得不太可能爆发，阶级合作不断增强的趋势将在 21 世纪普遍流行开来。这两个假设都是彻底不符合实际的，与那种期冀在单独一个国家建成真正社会主义社会的观念如出一辙，在某种意义上，它正是这种观念的逻辑延续。

事实上，尽管胜利甚或是未展开的革命无疑将会遭到帝国主义政权的反革命干涉，这些革命却曾经多次阻止大战的爆发。如果没有 1918—1919 年的德国革命、1920 年的德国革命总罢工以及同年英国为总罢工所做的准备，一场所有帝国主义政权反对苏维埃俄国的大战很可能已经爆发了。如果没有十月革命的胜利，第一次世界大战即使不是推迟几年的话，也很可能将至少推迟一年。1936 年西班牙、法国和捷克斯洛伐克的革命高涨大大减缓了向第二次世界大战行进的速度。如果说仅有西班牙一个国家的革命取得了胜利（更不必说还有法国和捷克斯洛伐克），第二次世界大战就将有可能被阻止。因此，将革命等同于不可避免的战争，这不过是对历史记录的一个误读罢了。事实上，今天法国和英国的胜利革命（且不说美国的革命）将是阻止世界大战爆发最稳妥的方法。

新改良主义者戈尔巴乔夫"全球化"版本的现实推理是以古典改良主义的幻想为基础的，即认为资本主义和资产阶级社会内在矛盾的爆发力和强度在不断下降。我们已经对这种假设不切实际的特征进行了分析。它的错误尤其表现在，没有考虑技术与经济资源的破坏性使用同竞争倾向、竞争冲突、私有财产、市场经济之间的结构性关联。资产阶级社会绝不可能把我们引向一个没有武器的世界，它也绝不会不计成本地将技术革新应用于自然和人类生态。你需要社会主义去实现这些目标。如果人类想要存活下来，你就必须实现这些目标。今日世界革命最强有力的正当性在于，人

179

类确实面对着一个长期的悖论：要么是一个世界社会主义联盟，要么是死亡。

注释

［1］恰恰因为马克思主义的革命概念包含有群众行动的必要维度，因此严格说来，"来自上层的革命"（revolution from above）这一概念并不准确，尽管恩格斯曾经使用过这个概念，当然，它具有严格限定的意义。奥地利约瑟夫二世的改革、沙皇亚历山大二世废除农奴制、俾斯麦统一德国、日本的明治"维新"，都是用来自上层的激进变革取代来自下层的革命的历史尝试。这些变革的历史意图在多大程度上或取得成功或走向失败，必须依照各自的具体情况加以分析。做必要的修改后，这也适用于今天戈尔巴乔夫在苏联的改革进程。

［2］这是周刊 *Revolutions de Paris* 中的警句，1789 年 8 月底最初发表于巴黎。

［3］参见 Barrington Moore Jr., *The Social Bases of Obedience and Revolt*（White Plains, N. Y.: M. E. Sharpe, 1978）。

［4］1979 年伊朗德黑兰大街上伊朗国王垮台前的那段日子即是如此，这个场景随着伊朗的发展在很大程度上已经被人们遗忘。

［5］这不会随着先前军队的瓦解和解除自动出现，统治阶级可以尝试着用一支新的资产阶级军队代替原有的军队，古巴的巴蒂斯塔（Batista）和尼加拉瓜的索摩查（Somoza）垮台后的情形就是这样，但却没有成功。

［6］这是当前颇为流行的一种关于伊朗国王垮台原因的解释：破坏伊朗传统社会稳定的"白色革命"，外加伊朗国家安全情报组织的野蛮。

［7］在俄国，1917 年 2—3 月革命的原因在于，沙皇专政的腐败以及寄生阶层在国家总体经济发展的基础上对农民的残酷剥削。那场革命的导火索是彼得格勒女工发起的饥饿暴动，哥萨克人拒绝镇压。与 1905 年革命中出现的镇压相反，这场革命表明工人阶级和农民之间已经出现了一种实际存在的联盟。然而，在结构和危机间还存在着一种深深的辩证调和。沙俄特殊的社会和政治秩序既决定了它将会参加第一次世界大战，也决定了它在处理胜利战争的物质和政治前提时，将会越来越乏力。这种乏力感反过来又以一种引人注目的方式加深了社会危机——导致长期的食品短缺、饥饿骚乱、1917 年 2—3 月革命的爆发。要理解当代的革命时刻，一种类似的多层次分析必不可少——包括成功的例子，如 1968 年法国的五月事件。法国在群众高涨和总罢工达及高潮时所发生的一切应该被视为一场革命，尽管它失败了。要理解巴黎学生造反运动的导火索，必须将它置于社会和政治关系较为深刻的结构性危机中才能做到。作为西方马克思主义分析的一个补充，苏联社会学家赫洛平（Khlopin）在 *New Social Movements in the West: Their Causes and Prospects of Developments* 中引人注目的研究在这里是有益的。

［8］在俄国，作为农民的后裔，哥萨克的物质利益一方面与政治意识相连，一

方面与农村生产关系的爆发性危机相连，所有这些汇聚到一起便解释了哥萨克在某一特定时刻和特定场所行为的独特变化。

[9] 当然，这种垮台有可能只是暂时的，即只持续几周或几个月，但这并没有使倒塌变得不那么真实。在德国——不只是德国，当然尤其是在柏林——这正是1918年11—12月所发生的一切。在法国，这正是1968年5月的革命高潮时所发生的一切。的确，最近得到了证实，在那一刻，戴高乐将军不可能跟在德国的法军指挥官马苏（Massu）将军通电话，由于一场有效的总罢工，在巴黎他已经丧失了对整个电信系统的控制权，他在最后能够亲自对话的一名匿名女话务员，拒绝服从他的命令。罢工委员会的决议获胜了。他们是无名的男女革命英豪，这是无产阶级革命得以构成的基础。

[10] 参见 Edward Luttwack, *Coup D'Etat: A Practical Handbook* (Cambridge: Harvard University Press, 1979); cf. interview with *Stampa-Sera*, August 8, 1988。

[11] 尽管斯宾诺莎本人对革命的结果表示怀疑，他却明确宣称人民拥有革命的权利，同美国《独立宣言》（The American Declaration of Independence）序文（以及后来的法国《人权宣言》[Declaration of the Rights of Man and Citizens]）最初确立这一权利相比，整整早了一百多年。据我们所知，今天的南斯拉夫宪法是唯一一部既明确包括这一权利，又在具体条件下增添了革命义务的宪法。

[12] 人类本"恶"的信条建立在西方原罪迷信的基础之上。最近，随着康拉德·洛伦茨学派做出人类具有普遍攻击性的声明，该信条获得了一种伪科学的外观。于是，一些心理学家倾向于推出人类具有自我毁灭倾向这一结论。心理学家中的前辈，首先是西格蒙德·弗洛伊德，指出人类心灵由一种合作倾向和自我毁灭倾向、生本能和死本能、爱人和杀人组成。如果后者大行其道，人类早在很久以前就已经消失了，绝不会表现出这种令人印象至深的人口学和生物学扩张。

[13] 两千年前，犹太哲学家希勒尔（Hillel）以一种简明扼要的方式表达了个人怀疑论的矛盾："如果我不为自己，谁将为我？如果我仅仅为自己，那么我又是什么？如果不是现在，那么是什么时候？"康德试图通过他的"绝对命令"摆脱这一悖论，但却没能令人信服地将之诉诸社会矛盾（参见他对法国革命的态度）。马克思在他的"绝对命令"中找到了出路，即为反对一切人类被贬低、被压迫、被异化的社会条件而斗争。

[14] 一小撮巴贝夫（Babeuf）的追随者坚持革命的连续性，通过邦纳罗蒂（Buonarotti）这个人，他们协助促成了奥古斯特·布朗基（Auguste Blanqui）的四季社，进而在19世纪30年代引出了一个新的革命组织。但在将近40年的时间里，国内只发生了为数不多的几次有组织的革命，100年里可以见到的也只有5次。

[15] 当然，争论仍然在继续。塞迪约（Rene Sedillot, *Le coût de la revolution française*, [Paris: Perrin, 1987]）是现代最厚颜无耻的魔鬼杀手，两个世纪过去了，他仍然持续有力地反对法国革命。他的论点通过以下事实显露出来，即将反革

命的殉难者，首先是拿破仑战争中的殉难者，计入革命的成本。但是，他却没有将这些"成本"同那些旧体制下的王朝战争的成本（德国 1/4 的领土被毁坏、18 世纪初法国的大饥荒等）进行比较。

[16] 顺便提一句，这是托洛茨基附加阐述的"不断革命规律"的客观基础之一。由于革命进程在一个特定国家衰退后仍在继续，所以它的重心必须移向另一个国家。

[17] 关于失败的反革命政变，经典的例子有：1917 年 8 月俄国的科尔尼洛夫政变、1920 年德国的吕特维茨暴动、1936 年 7 月西班牙加泰罗尼亚、马德里、巴伦西亚、马拉加和巴斯克自治区的军人法西斯暴动等。

[18] 一场民主的反革命在击退工人夺权和武装自己的尝试后，总是想方设法地保持资产阶级民主的基本特征，包括合法的群众劳工运动、普选权和广泛的出版自由。当然，尽管参与了对德国革命的镇压，埃伯特、诺斯克及其全体官员为了维护资产阶级国家，有组织地剥夺了民主自由、禁止了政党、叫停了报纸、征用了罢工者甚至宣布罢工是非法的。此外，当埃伯特否认为了镇压的目的而带领军队开赴柏林时，我们说他在全德工人与军人代表大会（1918 年 12 月）上冷笑着撒了谎。他确实已经这样做了，背着独立社会党的同僚——"人民的委员"（部长），与帝国军队的高级指挥官直接勾结在一起，几天后，镇压便开始了。

[19] 让我们引一些例子，这种情况曾发生在德国，1919 年 1 月始于柏林，后扩展至整个德国，还有就是 1937 年 5 月之后巴塞罗那发生的事件，希腊 1944 年 12 月起发生的事件以及印度尼西亚 1965 年的事件。勇敢的左翼社会主义者，如战前奥地利的社会民主主义者和智利的萨尔瓦多·阿连德（Salvador Allende），手持武器，坚持同反革命进行斗争。然而，他们却拒绝系统地组织群众，拒绝在这场不可避免的决战到来前为群众做好准备，他们还故意将主动权留给敌人。一般认为，这是在招惹祸端。

[20] 革命者既不会"导致革命"，也不会人为"激起"革命（这是一场革命和一场暴动的根本差别）。恩格斯进一步指出："那些自夸**制造出**革命的人，在革命的第二天就会看到，他们不知道他们做的是什么，**制造出的**革命根本不像他们原来打算的那个样子。"（letter to Verra Sassulitch of April 23，1885［MEW］，Berlin：Dietz-Verlag，Vol. 36，p. 307。）（参见《马克思恩格斯文集》，第 10 卷，533 页，北京，人民出版社，2009。）

[21]"联合革命"的概念也适用于某些帝国主义国家，但联合构成要素的比重却与第三世界国家不同，例如，在西班牙，无产阶级革命与受压迫的少数民族自决之间的联合；在美国，无产阶级革命与黑人和西班牙裔人解放的联合。

[22] 例如，1917—1918 年的芬兰、1918—1919 年、1927 年和 1934 年的奥地利、1918—1923 年的德国、1919—1920 年、1944—1945 年和 1969 年的意大利、1931—1937 年的西班牙、1936 年和 1968 年的法国、1974—1975 年的葡萄牙。

［23］有些人认为，无法逃避的"技术强制"在今天构成了无产阶级革命和"马克思的社会主义"前进道路上的一个无法克服的障碍。这是一个未经证明的假设，它建立在这样一种循环论证（*petitio principii*）基础之上，即认为技术无论如何可以独立于那些生产资料所有者（在大规模商品生产和资本的条件下）的社会利益而得到发展和应用。

［24］参见 Eduard Bernstein：*Die Voraussetzungen des Sozialismus und die Aufgaben der Sozialdemokratie*（Stuttgart，1899）。

［25］关于考茨基在 1909—1910 年远离革命马克思主义的思想演变、转折点（他在审查制度上屈服于执行委员会，这主要体现在《取得政权的道路》这本书中）以及他反对罗莎·卢森堡赞同政治群众罢工的政治后果，参见 Massimo Salvadori，*Karl Kautsky and the Socialist Revolution*（London：NBL，1979），pp. 123 ff。

［26］Karl Kautsky，*Les Trois Sources du Marxisme*（1907）（Paris：Spartacus，1969），pp. 12−13。

［27］在 1912 年发表的关于超帝国主义的论文中，考茨基认为帝国主义内部的战争越来越不可能爆发。最后一篇在《新时代》杂志上的论文不幸正好在第一次世界大战爆发后发表。

［28］关于这个观点的深入阐发，参见我们的论文《建立第四国际的理由及其今日缘何依然有效》，*International Marxist Review*（Summer-Autumn，1988，pp. 143−178）。

［29］Ernest Mandel，*Revolutionary Marxism Today*（London：New Left Books，1979）。

［30］1920 年德国工人对卡普政变的回应，以及 1936 年 7 月西班牙工人对法西斯军人暴动的回应（在一种更为有限的意义上，还包括 1948 年意大利工人的起义），有助于同"无产阶级能够回应资产阶级大量反革命倡议"这一类问题融为一体。与过去一样，今后在西方这仍将被列入议事日程。但是，这并不能为下面的分析提供辩护，该分析拒绝承认这样一个事实：西方和日本的无产阶级革命进程将极有可能与下面这些特殊的例子明显不同，即与第二次世界大战期间和之后在南斯拉夫、印度支那、古巴、尼加拉瓜的革命进程完全不同。

［31］参见 Norman Geras，*The Legacy of Rosa Luxemburg*（London：New Left Books，1976），另外，与托洛茨基一道，卢森堡也是源于工人群众罢工的双重政权理论的缔造者。

［32］Trotsky，"What Next? Vital Questions for the German Proletariat"（January 1932）*The Struggle Against Fascism in Germany*（New York：Pathfinder Press，1972），p. 142.

［33］利昂·托洛茨基首次阐述这个结论是在 1933 年他的一篇论文中，"The Class Nature of the Soviet State"（October 1，1933），*Writings of Leon Trotsky* 1933−

1934（New York：Pathfinder Press，1975），p. 101f。

[34] 关于该界定在多大程度上是合法的，参见 Ernest Mandel，*Beyond Perestroi-ka*（London：Verso，1988）。

[35] 关于"政治革命"定义的理论基础和成因分析，参见 Ernest Mandel，"Bureaucratie et production marchande"，*Quatrieme Internationale*，24（April 1987）。

[36] *The New York Review of Books*，October 27，1988.

[37] 墨西哥社会学家巴勃罗·冈萨雷斯·卡萨诺瓦（Pablo Gonzales Casanova）曾经试图以全球范围内革命任务的层级结构为基础，驳斥官僚化工人国家政治革命的合法性。只要帝国主义还存在，世界各地的革命者（社会主义者和反帝国主义者）将会越过一切其他斗争，优先反对这个怪物。（参见他的论文"La Penetraction metafisica en el Marxismo europeo，"in *sabado*，magazine supplement to the Mexican daily *Unomasuno*，8/1/1983。）这一推理背后的假设是，在官僚化的工人国家中，一场正在发展的政治革命（更不用说是一场胜利的政治革命了），无论如何都将会削弱反对帝国主义的斗争。但是，这个假设是毫无道理的，个中缘由我们已经分析过了。

译后记

对于国内学界而言，欧内斯特·曼德尔这个名字似乎并不陌生。其代表作的中译本已经出版了至少六部，有些甚至还有多个译本。通常，曼德尔是以经济学家的身份出场的，尤其是其"资本主义发展的长波"理论已经为人们所耳熟能详。然而，长期以来，曼德尔作为政治学家的面孔却日益模糊，人们对他的理解似乎一直停留在托派理论家这个层次上。由于国内对托派理论一直持批判态度，曼德尔这位托派领袖自然就成了替罪羔羊，其政治理论长期被束之高阁，无人问津。希望本书的出版，能够一石激起千层浪，令这种研究状况有所改观。当然，曼德尔在托派的旗帜下坚持"不断革命论"，反对"一国可以建成社会主义"，这个观点是值得商榷的。问题在于，苏联的社会主义能否代表真正的社会主义？社会主义"建成"的标准是什么？如果用心去感受曼德尔，那么，我们定会深深地为他的理论所打动。至于本书各章的基本观点，史蒂夫·布卢姆在"序言"和"导论"中已有简要的交代，这里不再赘述。

感谢鲁克俭教授，正是他举荐我翻译此书；感谢中国人民大学出版社的郭晓明先生，正是在他的敦促和策划下，本书才得以同大家见面；感谢于凯燕、李慧平编辑，正是她们细致入微的编辑工作，消灭了书中不少文字方面的错误，确保了译文质量。当然，由于水平所限，书中定有不少错漏，敬请各位专家不吝指正。

颜　岩

2012 年 10 月于中南财经政法大学

马克思主义研究译丛·典藏版

图书在版编目（CIP）数据

革命的马克思主义与 20 世纪社会现实/（比）欧内斯特·曼德尔著；颜岩译. —北京：中国人民大学出版社，2016.10
（马克思主义研究译丛：典藏版）
ISBN 978-7-300-23411-3

Ⅰ.①革… Ⅱ.①欧…②颜… Ⅲ.①马克思主义-研究-世界-20 世纪②社会主义-研究-世界-20 世纪 Ⅳ.①A81②D507

中国版本图书馆 CIP 数据核字（2016）第 230404 号

"十三五"国家重点出版物出版规划项目
马克思主义研究译丛·典藏版
革命的马克思主义与 20 世纪社会现实
［比］欧内斯特·曼德尔（Ernest Mandel） 著
颜岩 译
Geming de Makesi Zhuyi yu 20 Shiji Shehui Xianshi

出版发行	中国人民大学出版社			
社　　址	北京中关村大街 31 号		邮政编码	100080
电　　话	010－62511242（总编室）		010－62511770（质管部）	
	010－82501766（邮购部）		010－62514148（门市部）	
	010－62515195（发行公司）		010－62515275（盗版举报）	
网　　址	http://www.crup.com.cn			
经　　销	新华书店			
印　　刷	北京联兴盛业印刷股份有限公司			
开　　本	720 mm×1000 mm　1/16		版　　次	2016 年 10 月第 1 版
印　　张	12.5 插页 3		印　　次	2024 年 5 月第 2 次印刷
字　　数	201 000		定　　价	59.00 元